上海市闵行区政协文史丛书

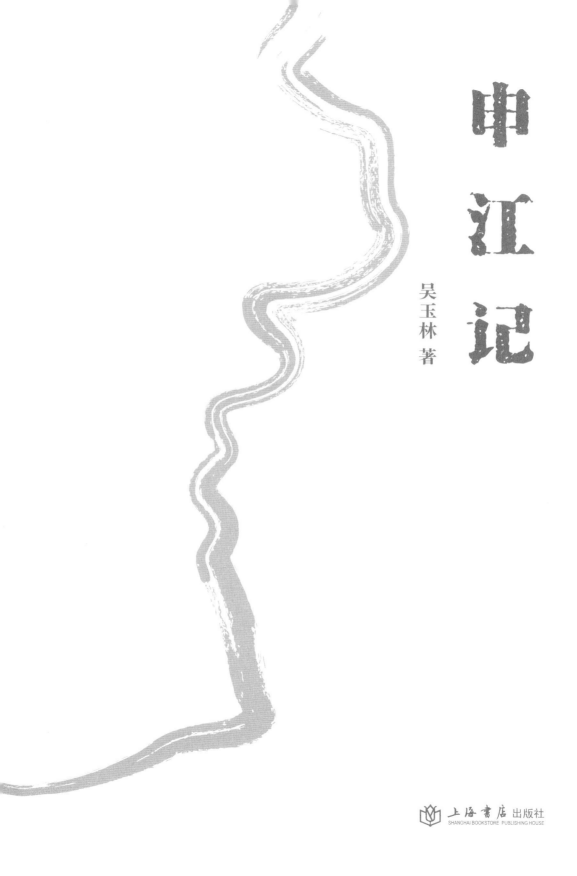

申江记

吴玉林 著

上海书店出版社
SHANGHAI BOOKSTORE PUBLISHING HOUSE

序：何以上海，因为浦江

祝学军

大江汤汤，经百里乃成；大城泱泱，历千年而兴。

世间伟大的城市，几乎都有一条河流相伴。伦敦的泰晤士河、巴黎的塞纳河、纽约的哈德孙河、东京的江户川……水是生命之源，因为有了奔腾不息的河流，城市才有了无限灵动和蓬勃生机。上海依水而生，以港兴城，她的历史，就是一部江海相融、沧桑巨变的历史。被誉为上海母亲河的黄浦江，虽然没有壮阔激越的自然景观，全长仅113.4公里，但却是一条独特而富有传奇的大河。流经上海市域十个区的黄浦江是上海城市的基因，汇聚上海的灵气，浓缩岁月的精华，是地域的符号、城市的标志。

"江海之通津，东南之都会。"何以上海？因为浦江。农耕文明、吴越之光、江南文化是其精神内核；上海开埠后与世界的积极对话——书写中国近代工商业发轫的不朽篇章，逐渐形成拥抱百川千泾、开放而又自成一体的海派文化；从石库门中燃起的星星之火，燎原两岸，汇聚成熠熠生辉的红色文化。

描写和记载黄浦江的各类书籍和文章特别多，有文史典籍，有学术研究，也有与之相关的文学作品。而《申江记》是首次以文史散记形式为黄浦江立传。从"水脉"探索"文脉"，深耕地方历史文化资源，全景式描绘了黄浦江旖旎多彩的自然风光，东西方文明互鉴图景和波涛汹涌千帆竞发的时代变迁，记录下上海从江南小聚落蝶变为国际性大都市的千年历程，为上海"人民城市"建设提供了生动而鲜活的注脚。

追寻家乡历史，赓续地方文脉。自 2017 年以来，闵行区政协始终把"发现闵行之美"系列文史丛书的编撰作为重点工作在推进，连续出版了三十多部文史作品。该系列丛书是对闵行区本土文史的系统梳理和全面介绍，在推动闵行悠久历史的发掘、保护、利用及接续传播中起到了积极的作用。今年，区政协推出这部《申江记》，不仅是因为黄浦江对上海有着非凡意义，对闵行更是如此。黄浦江在闵行区域有着绵长岸线，六百年前"江浦合流""黄浦夺淞"的倡议者叶宗行是闵行人，"浦江第一湾"更是在闵行地界，让闵行人引以为荣。当年建设中国工业卫星城，"四大金刚""五朵金花"等重大工业项目也都落地于闵行的黄浦江滨水沿线。如今上海交通大学、华东师范大学等知名高校在这里入驻，紫竹高新园区在这里勃发，"大零号湾"科创策源功能区在这里扬帆启航……

蜿蜒的黄浦江畔，万家灯火、生机盎然。气势恢宏的人民城市美丽新画卷已经展开。漫步在黄浦江滨江水岸，人们感受到的不仅是上海这座城市的"高度"，还有暖意融融的"温度"。一条江，一座城，一群人的故事，仍在继续，生生不息。

是为序。

2024 年 5 月

目录

引子：家住彭家渡

20世纪七八十年代，乡下的孩子眼窝子还是浅的，没见过外面的大世界。黄浦江在我们眼里就是一条大大的河，在上海千泾百川中，占据着"老大"的地位。而我们所看到的江岸风景就是芦苇摇曳，"蒹葭苍苍，白露为霜"，和潮落时显现的那一大片滩涂。潮来时浊浪滚滚，裹挟着杂物扑向堤岸，还有江中忙忙碌碌、川流不息的江轮。至于几十公里外那外滩的繁华，只能存在想象中，遥远而陌生。

同一条黄浦江，城里的，乡下的，迥然不同，泾渭分明。

黄浦江彭家渡一带的滩涂（卓孝辉 摄）

壹

我对黄浦江熟悉又陌生。

说熟悉，是因为我从小生活在黄浦江边，听着江水的潮起潮落长大，即便后来从乡下搬进了城，家也是安在黄浦江边。从楼上的阳台上一抬眼，就能清晰地看到不远处的闵浦二桥——那是一座斜拉桥，横跨江两岸，由闵行通往奉贤。桥西侧还有西闵线的渡轮在来回摆着渡，不算当年民间的义渡，就官渡而言，也有着上百年的历史。

阳台上有风，看不到，却能听得到，闻得到。心中有个奇怪的念头，想着那风不太可能是从江那里吹来的吧？这个距离，就算江上的风，也早就吹散了。不像在乡下时，家离江岸才数百米，可以听到江中拖轮的突突声，一阵风掠过，卷起门前的枯叶，氤氲间带着江水的潮气。

也许正因为太熟悉了，倒显得陌生起来。我读到过好多人笔下的黄浦江，也看到过镜头下、影视中的黄浦江，大都风光旖旎，美不胜收。几乎每个上海人都骄傲地说，黄浦江是上海的母亲河。母亲这个称呼，在所有为人子女的心中有着无可替代的地位，神圣而崇高。江南文化（吴越文化）的古典与雅致，国际大都市的现代与时尚，造就了上海独特的美，上海城市精神中的"海纳百川"，凸显出开放又自成一体的风格，充满韧劲和张力，让这种美变得多元、丰富，而且立体，兼容并包。无论是百年前的建筑还是现在的都市风情，或者是上海人的日常生活，总是透着一股说不出的格调。也许，这就是魔都的"腔调"。上海是复杂的，复杂得常常要被旁人评头论足，有时还要承受毫无道理的攻讦。而"城里人"和"本地人"则有着截然不同的分化，没有谁有底气有资格说自己代表真正的"上海人"。

或许在别人的眼里，这座移民城市有可能是老早以前留声机里轻声曼语的吟唱；是弹街路上高跟鞋踏出的优雅和自信；是"红房子"里的咖啡和裱花蛋糕，也是弄堂口烟火气中的豆浆和油条；是吴侬软语的沪剧传承，也是绞圈房子里的勾针结花、水桥头邻里间的谚语声声……既有魔力和魔性十足的独立和清傲，也有朴素无华的平民气质。上海的美是独一无二的，可以是风情万种，也可以是浓郁的挥之不去的乡土沉淀，所以，黄浦江既然能被敬称为上海的母亲河，在人们的心目中自然也是美的，无论是信息传递，还是亲眼所观，总是不知不觉把这种定论更加深刻地固化。至于大家说"黄浦江是上海灿烂文化的象征，也是上海历史的见证"，这话似乎更是没毛病的。所谓公认，便是公众一致的决定。上海人这么"公认"，其他地方的人也就不可能再说三道四了。这就如广州人说珠江是他们的母亲河，重庆人说嘉陵江是他们的母亲河一样，旁人又有谁有资格反驳这样的说法？

是啊，每个地方的人，心目中都有自己的一条母亲河。"山随平野尽，江入大荒流"，河流穿过乡村、荒野、城市，最后百川归流汇入大海，无不见证着所经之地的文明和发展。一条河流不仅流过空间，灌溉着两岸的阡陌田野，哺育着一方土地上的人们，同样也穿越时间，无形地记录着古往今来，背负历史中的国运兴衰、名人轶事与文学艺术的创作。生活在两岸的人便不知不觉与之有了某种融入血脉的亲近，甚至有种视之为图腾一般的信仰和崇拜。但是倘若深究一下，我们对黄浦江这样一条被敬称为"母亲河"的大河到底有多少了解呢？就如同上海，即便用再多的语言描述，总觉得还是说不透道不明，都是碎片化的印象，哪怕生于斯长于斯，总有一种朦胧感或远或近，飘浮不定，有真实的体悟，也有想象的繁衍，甚至是道听途说的曲解和误会。这或许就是熟悉与陌生之间的辩证吧。

江岸边随处可见的芦苇（卓孝辉 摄）

　　我被这样一个问题纠结着，忽然觉得自己的肤浅和幼稚。是的，我在黄浦江畔长大，但我或许并不真正了解黄浦江，除了我生活过的那一块区域，其余大抵是从书中获得的，还有很多江岸旁的角落我从来都没有涉足过，甚至说闻所未闻。

　　于是，我对自己说，我要行走黄浦江。能不能花上一年时间，走一走这 113.4 公里的岸线，在江风徐徐中赏春、避夏、品秋、读冬？

　　黄浦江是上海这座城市的地域符号和文化密码。不是全部，但不可或缺。

贰

　　我的老家是个叫彭渡的地方。就在黄浦江上游的北岸，西至女儿泾与松江的车墩接壤地带。

　　彭渡之名有个说法：早在明初，因当地彭氏族人在黄浦江边义设手摇

1981 年 5 月，韩仓村八队成为公社水产队（顾福根 摄）　　　　村里用以农田灌溉的引水渠（卓孝辉 摄）

船摆渡，往返于两岸，久而久之，故称之为彭家渡，简称彭渡，所在的村宅也因渡而得名。对岸则为奉贤的巨潮港口，因此又称巨潮渡。

彭渡村民的姓氏较杂，历来以高姓、吴姓、奚姓为多，反倒是彭氏家族人口较少。20 世纪 90 年代初，西隔壁的韩仓村与彭渡村合并，组成了新的彭渡村，地盘扩大了近 1 倍，人口也增加了将近 2000 人。

春风杨柳、小溪潺潺、河道蜿蜒、阡陌交错，一派乡村自然风光。这是萦绕在我脑海深处的彭渡。实际上江南的乡村大抵都是如此的，水脉相通、文脉相连、人脉相亲，每一寸土地都留下了深厚的农耕文明时代的足迹，贯穿着勤勉劳作的主题。

说来惭愧，对于彭渡我只知它的今生，却从没探究过它的前世。有一次无意间看到一份资料，上面记载自己生活过的这个小村落竟然至少有着 600 年的历史，这无疑让人内心升腾起一种莫名的自豪感。600 年岁月，600 年风雨，算来也是蛮久远了。但这个村子曾经经历过什么，却没有村志可考，乃不得而知。

彭家渡农家小院（卓孝辉 摄）　　　　原来的村委会就在黄浦江畔，离江才百米远（卓孝辉 摄）

　　前些年，彭渡被列入中国传统村落保护名录，我在欣喜的同时也有些讶然，因为印象中，这个村子其实没有什么特殊之处，似乎缺乏深厚的人文底蕴，因为我从来没有听说这里出过什么大户人家，可以让村人炫耀的前辈和名人，至于显赫的家族更没有了，也没有特别浓郁的耕读传家的氛围，一切都那么平平淡淡。小家小户的村民，没有家谱可传，哪怕在这里生活了几代，十几代，也只能在老人们的碎碎念中获知上辈、上上辈一丁半点的信息，且不一定准确。村里的建筑也实属一般，大多是普普通通的民居。在20世纪80年代初，我所住的周围，有一些人家住的是颇有江南特色的绞圈房子，有着挺大的庭院、雕梁画栋，稍显气派。近几年有人专门在研究这些几乎消失于上海市郊的绞圈房子，称它为"江南四合院"，想想，倒还是有点相像。据说我家以前也是绞圈房子，后来翻建成了瓦房。但我一丁点儿印象都没有。岁月磨砺，就算老底子留下了多少珍稀的坛坛罐罐，早就风化消弭于泥土之中，不留痕迹。

　　后来并入彭渡的韩仓村倒是有着不少故事，这里据说是八仙传说中韩湘子成仙得道的地方。民间传说不作数，那是乡人们饭后茶余的闲谈，虽是有趣，但当不得真。但在明代这里的确出过名门望族龚家，一门双进士，还是明末书画大家董其昌夫人龚婉琰的娘家。

虽然我认为原来的彭渡只是一个平淡无奇的传统村落，可如今一想到这里竟然有着600多年的历史，又让我怦然心动，就算再平淡无奇，时间明摆着的，总有我们未知的惊喜吧？

人啊，就这样，总有摆脱不了的世俗，总想着有光彩的贴面，因而灿烂起来。

叁

2023年春，一个周末。

一帮小学中学的同学约了一起聚个餐。受累于三年疫情之困，大家很少见面，这次以前玩得好的同学大多来了，自然要开怀畅饮。

酒喝多了，话也多了，气氛烘托到这个程度，大家不知不觉便将话题带到了小时候那些事儿。人到中年，回忆过往不知不觉便成了维系情感的纽带，少时的种种琐碎就是如今的谈资。

我们这批同学大多是一个村上的，老宅也大多在黄浦江边上。他们从我微信的朋友圈中得知我正在行走黄浦江，于是兴奋起来。

是啊，黄浦江承载着我们这批人童年、少年时代太多的记忆，有着太多的生活印痕，犹如岸边条石上的青苔，虽经年冲刷，却依然顽强而生。

20世纪七八十年代，乡下的孩子眼窝子还是浅的，没见过外面的大世界。黄浦江在我们眼里就是一条大大的河，在上海千泾百川中，占据着"老大"的地位。而我们所看到的江岸风景就是芦苇摇曳，"蒹葭苍苍，白露为霜"，和潮落时显现的那一大片滩涂。潮来时浊浪滚滚，裹挟着杂物扑向堤岸，还有江中忙忙碌碌、川流不息的江轮。至于几十公里外那外滩的繁华，只能存在想象中，遥远而陌生。如果当年我能读到诸如"黄浦江两岸荟萃了城市景观的精华，是一条具有浓郁海派特色的文化长河，散发着生生不息的人文气息……"这样的文字，我一定会觉得这种表述似乎有点夸张，至少是以偏概全。同一条黄浦江，城里的，乡下的，迥然不同，泾渭分明。

当年，我们这帮孩子最乐此不疲的是在江边戏水。每到夏天，七八个 10 多岁的男生赤着身子天不怕、地不怕地游过三百多米宽的江面，坐在对岸的奉贤农田上边歇上半天，然后再游回来。记得那时奉贤人喜种西瓜，我们少不更事，又贪嘴，于是忍不住做些顺手牵羊的事，把小肚皮填得滚圆。然后在村里人的骂声和追赶中嬉笑着作鸟兽散，扑通到江中……我是个不喜运动的人，什么体育项目都拿不上手，唯独游泳却是引以自豪的。这得益于自小在江边"野游"的缘故。

潮落时，黄浦江会形成很宽的滩涂，小伙伴们就沿着江边捉鱼摸蟹，一天下来，浑身都被晒得乌黑油亮，但带去的小篮子里断少不了"战利品"的。回到家，大人看着孩子们一个个泥猴似的鬼样，心里生气口中也骂，但见有鱼有蟹，口气就软了许多，之后只剩下担心的嗔怪了，作势打一记"头塌"后就接过篮子开始拾掇，在灶上点了火，煮熟后一家人聚在门口，支个方桌搬个板凳便津津有味地吃开了。

那时最为心惊肉跳的是每年八九月份的台风和潮汛，黄浦江水位陡涨，往往会越过警戒线，搞不好就有江堤崩溃、江水倒灌的灾难，这个时候村干部们是最为忙碌的，他们紧急动员，带领全村的党员干部、基干民兵上江堤用草包泥土进行加固，安排专人不分昼夜巡逻。这是关乎全村安危的

村里已难得见到年轻人，唯有部分老人还在坚守故园（卓孝辉 摄）

大事，当年的江岸都是土垒的，经不起江潮冲击，一旦决堤，将威胁到整个村的村民生命和财产。像我们这样临近江岸的人家，更是首当其冲。

也是这个时候，这里的江段便会停进许多大型货轮，泊在江中央。宅上的小孩子们没见过这样的大场面，便会不约而同地顶着风雨去看那些大轮船，在泥泞的江岸边哇哇地跳着叫着，兴奋得像过节。我家隔壁有个小嫂嫂，丈夫是上海渔业公司渔船上的大副。她会跟着孩子们的屁股后头去，期望着那些船中会出现她丈夫的身影。孩子们晓得她的心事，于是便冲着那些船，齐声高喊她丈夫的名字。小嫂嫂顿时红了脸，在雨水中越发妩媚。

肆

二十多年前，村里为了引进投资项目，动员村民们搬迁。我们这批同学的家大都在规划之中，于是同大多数村民一样，"舍小家，为大家"，从彭家渡迁了出来。离开故土，到附近的城区重安新家。

当年，一同搬迁的有 300 多户人家，占了老彭渡村人家的三分之一，他们散落在昆阳、红旗、碧江、鹤庆等地方。我是早些年就出来的，因那时母亲还在乡下，故老宅尚在，但这次也无可奈何地被拆除了。千百年来，中国农民总是聚村而居。如果迁居，最大的原因可能是战争、贫困、自然灾害等，或者在外发迹了有了功名，于是搬到条件更优渥的城镇，但老家的概念却依然根深蒂固，祖坟在这里就是一根坚韧的无法扯断的线，还要回乡祭祖，告慰先人。当然，乡人们迁出去还有一个原因，就是这块土地的人口达到饱和点，没办法再养活了，就如费孝通先生在《乡土本色》中所说的那样："过剩的人口自得宣泄出外，负起锄头去另辟新地。可是老根是不常动的。"

而今，老宅没有了，人也就散了。平日里再也听不到东家长西家短的八卦。都是喝黄浦江的水长大的，彼此知根知底，或许还因为鸡零狗碎的事吵过闹过，但过了也就过了，毕竟家乡人的亲情还在，地方很小，保不了拐几个弯便沾亲带故的。彭家渡一带民风淳朴，人都善良，乡里乡亲的相处得还算和睦。比如说遇到刮风下雨，邻居家一看你家没人，便会主动把你晾在外面的衣服收了；碰到孩子放学了，大人还没回家，邻居就招呼他（她）一起吃饭……"乡土社会在地方性的限制下成了生于斯、死于斯的社会，常态的生活是终老是乡。假如在一个村子里的人都是这样的话，在人和人的关系上也就发生了一种特色，每个孩子都是人家眼中看着长大的。在孩子眼里周围的人也是从小看惯的，这是一个'熟悉'的社会，没有陌生人的社会。"这段文字同样也是出自费孝通先生的《乡土本色》，收录在 1948 年出版的《乡土中国》一书中，我在 20 世纪 90 年代初读到时，却依然感同身受。

曾经野游过的小河浜、钻过的稻草堆，同小伙伴们避过暑玩过"躲猫猫"的小树林，还有用小瓶子挖过蜂蜜的破墙洞，端过鸟窝的老槐树……都已成为过往。所谓的乡愁，停留在了回忆和叙述之中，尤其是夜深人静，故土情结弥漫全身。从乡下搬到了城里，从农宅变成了商品房，人还在，物已非。我们的孩子不再是周围的人看着长大的孩子，这个"周围的人"其实就是乡里乡亲。

前些年，我偶然遇到了原先宅上的村民组长老顾。老顾十分感慨地说，他这个村民组长当得有些名不副实，因为他已没有了可管的土地，没有了村民。他的口袋里常年装着一本笔记本，上面记录着二组数十户人家的联系方式。村里有什么农业补贴，他要通知；村里开村民代表大会，他要通知；村里要传达关乎村民切身利益的重要政策，他也要通知……总之他就是个

还在自家屋后宅基地里劳作的村民（卓孝辉 摄）

传声筒。也只有在接到老顾电话时，那些散落在各处的村民们才会猛然想起原来自己还有另一个身份——彭渡村村民。实际上，在户口本上，虽然大家共属一村一组，除非有血缘或亲戚关系的，基本上是不来往了，尤其是那些年纪轻一点的，二三十岁那拨人，几乎没有了老家的概念，他们大多没有在村里生活过，不要说感情，连印象都没有。事实上，我曾和几个同学心血来潮，组织过一次回老家的活动，兴致勃勃地开着车回村，短短的十几年，原先熟悉而亲切的村庄已变得十分陌生，连那条走了几十年的乡间小道也湮没在了萋萋芳草中，心情不由得变得黯然。

没有了土地的村民，还算村民吗？老顾很疑惑。但老顾还是按照村里的要求不折不扣地执行，该通知的通知，该联系的联系，他认认真真地履行着自己的职责。他拿着村里发的工资，虽然不多，但很知足。在他看来，他目前是村民们连接这块土地的一个重要渠道或是纽带，就冲这一点，便让他有些自豪，微微得意。散落在外的村民们接到老顾的电话，心中不由得泛起对家乡的怀念。大家心里明白，往后再也没有机会在傍晚时分端着饭碗串门了，或许唯一能聚起来的是遇上宅上的老人去世，接到报丧后，各家会派出代表参加葬礼。这是农村普遍的风俗，但若干年后，等这一代老人走得差不多了，估计就没有了。因为小辈们相互间基本不认识，而那时，这个村、这个宅真的不复存在了。

有个画面我至今难以忘却：那年村里大动迁，乡人们纷纷来到黄浦江堤岸旁，他们焚香燃纸，拜祭安葬在这里的先人。很多墓早已残破不堪，只剩一个小小的坟头或一块陈旧的木牌，书写着墓主的姓名。有钱的人迁了坟，没钱的只好随它去了。或许，来祭拜也是求得心里的安慰，毕竟祖祖辈辈生活在这里，要走了，总得告知一下埋在泥土里的先人。而现在村上的老人过世，他们的家人会让卡车装上老人生前的衣物和床架、箱子等，来到江岸边，寻一个地方焚烧，就算是魂归故土的一种形式吧。人死了，也要找到回家的路。

伍

有段时间，由于工作关系，我往乡下跑得比较多，一些镇里还保留着部分的农田和村宅，如火如荼地建设着美丽乡村，直接刺激着我的神经。

"暮春三月，江南草长，杂花生树，群莺乱飞。"如今这些村的河道整治了、绿化优美了，宅前宅后环境整治得干净了。正所谓油菜花开，稻谷飘香。我想象着，如果我们村没有被动拆迁，那么这样的美景一定也是能够实现的，而我又怎么去规划我的家呢？我肯定不会去造那种所谓的洋房别墅，而是在黄浦江畔，在原先老宅这里，把它设计成具有江南风格的

在原彭家渡东面的昆阳客渡，如今已废弃（吴玉林 摄）

彭家渡附近的船坞（卓孝辉 摄）

农家小院，或许便是绞圈房子那种，有厢房有庭院，有水墨的意境，屋前围着篱笆，种上一些花，一些树，屋后有自留地，种上有机蔬菜，还有小片的竹林。闲时与邻居品茗坐谈，清风拂面，悠哉游哉。

至于那个彭家渡老渡口，在20世纪80年代中期后就废弃了。在其东侧则建起了一个昆阳客渡（对江则叫邬桥客渡），它的实际位置已不在彭渡，而是相邻不远同属马桥的金星村。在2008年这条航线最鼎盛时期，每天从早上5点开航到次日凌晨1点结束，来往乘客绝大多数是从奉贤到闵行经济技术开发区的企业打工的村民。而到了2013年，由于客流减少，航班运行时间缩减到每天早上5点至晚上10点。几年前，昆阳客渡也终于永久停航。现在彭渡村的地界上，尚有一座位于上海重型机器厂码头处的民用轮渡口，通对江的松江叶榭。记得那里原本有家规模不大的轮船修造厂，我还在读小学时，因为喜欢画画，曾独自背着哥哥送给我的画夹去

江面上的作业船（卓孝辉 摄）

那里写生。木质的渡船很小，只能乘十来个人，"突突突"行驶在江面上，稍有风浪便颠簸不已。回忆起这些往事，我便在家里翻箱倒柜，竟然在一大箱旧物中找到了几幅当年的写生作品，幼稚的笔触却让我倍感温暖。

彭渡村这数十年来几经发展，加之动迁，已经同我记忆中的村落没有任何的重叠了，少时的足迹早已湮灭，归家的路更是山重水复不见其影。为了考证彭家渡，我还是几经周折，找到了早已废弃停运的昆阳客渡，权当是对彭家渡的漫想。江上，拖轮汽笛声声，而江边，码头四周却是落寞萧条，一片败落之色。这里早已没有了当年熙熙攘攘的过江客，码头上停靠着两艘破旧的铁驳船，一个船老大模样的正百无聊赖地蹲在船头。我好奇一问，他说他们来自苏北宝应，这两条船其实是水上超市，平时卖油盐酱醋、烟酒杂货，还卖米、卖猪肉，以及五金工具什么的，专门供给江上停泊的船只。少顷，有三三两两的路人从堤岸边匆匆走过，他们的目光从我的身上掠过，一定在奇怪我为什么会独自伫立在江边，任凭寒风萧萧乱了发。

不论是彭家渡，还是彭渡村，在我看来，这是黄浦江畔无数个小村落的缩影，有着江南水乡的形态和气质，也有着江南文化的语境。"江南好，风景旧曾谙"，千年来，江南以诗性精神为内核，演绎着它的唯美。如今，随着城镇化建设的加速推进，农耕文明已成为相册里泛黄的老照片。怀旧其实是对失去了的过往的一种追念。彭家渡或许不一定有着典型的标本意义，却有着江南村宅的共性，有着上海这座城市原始的、最初的基因密码，萌芽并茁壮成长，进而又经历了岁月洗涤，完成一次次的蜕变，但无论现在变成了什么模样，今后又何去何从，但它总是存在过，总是给一些人留下了念想，或多或少。

江水拍岸，哗哗作响。仿若是600多年前的回音。

第一章 世上本无黄浦江？

黄浦江位于上海市中部，是上海陆域水系的最大干河，也是长江入海前最后一条大支流。它没有壮阔激越的自然景观，流经区域也仅限上海这座城市，但谁也不可否认它超凡卓越的历史地位和社会发展价值，以及在社会文明进展中所承担的角色。

黄浦江不是一蹴而就的，是经过数百年乃至上千年岁月积淀才有了如今的形态，有自然加持，更有人为而成。

春申君

　　春申君（公元前324年—前238年）姓黄名歇，战国时代楚国大臣。楚考烈王元年，以黄歇为相，封为春申君，并称为"战国四公子"。

　　曾经"请封于江东"，今天的上海地界均属于春申君的封地，在上海地区留下了春申塘、春申庙等纪念春申君的历史遗存。民间曾流传着春申君"开凿黄浦"的故事，故此，大黄浦也被民间呼为"黄歇浦""春申江"。

位于闵行春申公园内的春申君塑像，于2023年11月24日揭幕（卓孝辉 摄）

闸港原来是个镇，如今只是一个萧条的村宅，名为永新。

这里属于闵行区浦江镇区域，同奉贤交界。

四十多年前，那时我正好读小学二年级，第一次从姐姐那里知道了这个地名。

姐姐和村里很多的青年人被抽派到闸港一带开河。

那条河叫大治河。那是 1977 年的冬天。

大治河，是上海最大的人工河。从黄浦江东岸的闸港到东海之滨的出海口，是一条横贯东西，穿越闵行、浦东两区的水运大动脉，全长 39.5 公里。当年有 30 多万人喊着"宁吃千辛苦，引来幸福泉""愿流万担汗，汇成生命河"等响亮的口号，参加了这项声势浩大的开挖工程。

才 16 岁的姐姐是这 30 多万人中的一个。那时的她，人比扁担矮，但挖土挑泥一样不落下。开河期间住在闸港当地村民家中。闸港当时属于上海县鲁汇乡管辖区域。轮休时姐姐回家，包里塞着几个淡馒头，蒸热后软软的，吃起来有点甜。物资紧缺的年代，淡馒头也是稀罕的美食。

于是不经意中记住了大治河，记住了闸港。但那时不知道的是，闸港河里的水也是来自黄浦江的，由西向东，奔涌入海。而大治河就开在其北侧。新河立，闸港废。

闸港静伫近 600 年，记录着黄浦江改天换地、成功改变上海水系和生态的一段重大历史。

闸港的对岸即为浦江第一湾，明永乐初年江浦合流工程的起始点。

所谓闸港，即设水闸以控水势，促使黄浦江在此转弯，北上入海。

从此，原来名不见经传的黄浦江崛起，从一条普通的河，一路高歌，成就了现在的地位。

我走在闸港的乡村小道上，寻找一个人。

还来到他的故乡，那个离闸港不远，叫正义村的地方。

又到召稼楼古镇上的礼园，那里有他的纪念馆。

他是生活在 600 多年前的、一个来自乡野的小秀才。

他的名字叫叶宗行。

有人说：无叶宗行，就无黄浦江；无黄浦江，就无大上海。

或许这话有些绝对，但又不无道理。

壹

世上本无黄浦江。

黄浦江从何而来？

这条上海的地标河流又是如何从无到有、茁壮成长为境内最大的河流的呢？

黄浦江位于上海市中部，是上海陆域水系的最大干河，也是长江入海前最后一条大支流。长江径流广远，流域开阔，拥有 7000 多条支流。长江流域同黄河流域一样，同为中华民族的摇篮，长江有八大支流，即：雅砻江、岷江、嘉陵江、乌江、沅江、湘江、汉江、赣江。在这八大支流面前，黄浦江无疑是"小阿弟"的角色。它没有壮阔激越的自然景观，流经区域也仅限上海这座城市，但谁也不能否认它超凡卓越的历史地位和社会发展价值，以及在社会文明进展中所承担的角色。

江河是大地数亿年来演变过程中的匆忙行者，600 年前的黄浦江，不似今天我们所看到的黄浦江。那时太湖流域有三条大江，即松江、娄江和东江。松江乃吴淞江的前身，占据着上海河道"老大"的地位，娄江为今

闵行区浦江镇正义村为叶宗行故里（徐晓彤 摄）

浏河前身，而被称为东江的河流后来则演变成了黄浦江。元代之前，黄浦就是一条默默无闻的小河，但黄浦之名在宋时就已出现在史书上。《宋会要辑稿·食货八》中有载："（华亭）县东北有北俞塘、黄浦塘、盘龙塘，通接吴松大江，皆泄里河水涝。"那时黄浦仅以塘称，说明其体量的确为一条小河。在南宋淳祐十年（1250）三月，高子凤为西林（今浦东三林镇西）南积善教寺所作的《碑记》中也有黄浦之名。南宋时期的黄浦，指的是今闸港迤北向一段，为吴淞江支流。入元以后，黄浦的名气才逐渐大了起来，到明初时被称为大黄浦，但还仅是闸港以北的统称。当时的大黄浦与吴淞江在今虹口区嘉兴路桥附近汇合，"阔尽一矢之力"，这一矢之力即射出一支箭的距离，有人说大约在50米左右，也有人说元人是马上民族，善射，这"一矢之力"恐有70—100米之多，但即便如此，从河的宽度而言，还真算不上大河。而现在的黄浦江比之当时不知宽阔了多少。我查了一下《上海水利志》，上面清楚地写道：黄浦江全长113.4公里，干流上段自米市渡至闸港为东西向,河身较顺直,河面宽在300米左右。干流至闸港(大治河西口)转为南北向,其中在龙华以下河道弯曲较多,贯穿上海市区后在吴淞口流入长江。该段河面宽度自320米放宽至770米。

不算青浦区,黄浦江干流流经上海的松江、闵行、奉贤、徐汇、黄浦、虹口、杨浦、宝山和浦东新区九个区后,从吴淞口汇入长江。沿岸有五十多条支流,水系在上海市境内流域面积达5000多平方公里,占全市总面积百分之八十以上。岁月悠悠荡荡,数溪汇河,百川归海,积淀着成长的澎湃力量,孕育着无限畅旺的生机。

寻根溯源,我渴望着探寻黄浦江这条被我们视为"母亲河"的前世今生,以及它漫漫的成长史。

长期以来,从官方层面所认可的说法是,黄浦江上游有斜塘、圆泄泾、大泖港三大源流,西北一支自淀山湖湖口淀峰起为拦路港,下接泖河、斜塘至三角渡;中间一支为大蒸塘—圆泄泾,与西北一支汇合后为横潦泾,又东流后与大泖港相汇,三源在三角渡汇合后转向北流,为竖潦泾,竖潦泾在米市渡以西,米市渡以下称黄浦江。2011年第一次全国水利普查时,将横潦泾与竖潦泾河段归属黄浦江干流段,以三角渡为黄浦江起点。干流段自三角渡至吴淞口,长89.91公里,宽214—1091米。这也就表明黄浦江的源头是淀山湖。淀山湖位于上海市青浦区与江苏省苏州市昆山市交界,总面积约62平方公里,是上海最大的淡水湖泊,上游承接太湖吴江地区来水,经急水港、大朱库、白石矶等24条河港汊入湖。

对于上海人来说,淀山湖之名耳熟能详,有着风吹芦苇倒,湖上渔舟漂,池塘荷花笑的怡人景象,让人愉悦。环湖散落着享有盛名的朱家角、周庄、锦溪等古镇,还有上海大观园、东方绿舟、上海太阳岛、陈云纪念馆等风景区。这些地方风景优美,有着江南水乡的特质,节假日游人如织。

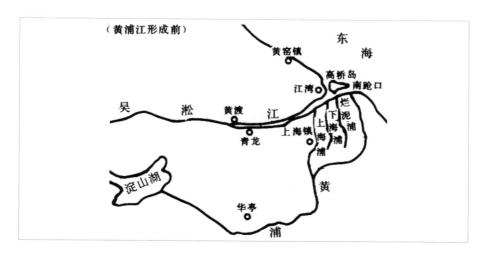

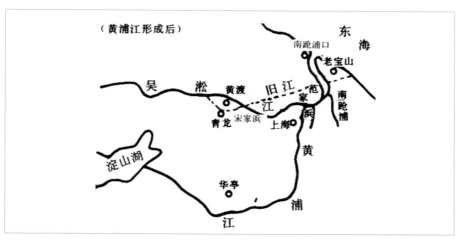

上下图：黄浦江形成前后对比（资料图片）

有人称淀山湖为"东方日内瓦湖"，大概是为了彰显它的美，可两者似乎没有什么可比性或相似性。

淀山湖属于太湖流域。太湖下游古有"三江排水入海"之说，这"三江"就是前面所说到的松江、娄江、东江，都经过今天的上海及附近地区。"三江既入，震泽底定"，《尚书·禹贡》中曾这么记载道。"震泽"就是指太湖，而不是如今狭义单指苏州吴江的震泽镇。若这"三江"泄太湖水入海，震泽平原就可畅通安定，粮田万亩茁壮生长。人们一般都认为"三江"是介于长江与钱塘江之间，位于太湖东面的入海河流，这些河流情况变化很大，到明代中叶以后，只有黄浦江成为太湖东部的主要河流和太湖水出海的主干。当然，中小河流仍然很多，形成了著名的江南平原水网，把太湖以东苏、松、嘉三府紧密地联系在一起。

大多数人认可淀山湖是黄浦江源头的说法。同时认定上海市松江区石湖荡镇的东夏村一块三角地带为"浦江之首"，斜塘和圆泄泾两水正好汇集于此，经横潦泾流入黄浦江，故而又被称为"黄浦江零公里处"。

但是也有专家提出了不同意见，尤以上海师范大学教授陶康华的"安吉龙王山源头说"最为言之凿凿。这还要追溯到1998年8月，陶康华带领14所大学的40多名夏令营成员沿黄浦江逆流而上，进行水文地理考察。到达安吉龙王山后，营员们分析研究发现，黄浦江主源来自太湖，而入太湖的水70%来自苕溪，苕溪又分为东、西两支，苕溪的水60%又来自西苕溪，西苕溪的发源地则为龙王山，于是认为龙王山是黄浦江的正源。回上海后，陶康华将探源成果与上海有关专家进行交流，他认为黄浦江的淀山湖源说，或是太湖源说，都不全面，以湖泊作为江河源头的说法在世界地理中很少见，况且太湖是个浅湖盆，有多方来水，不能算作完整的源。找到太湖的源头才能找到黄浦江真正的源。1999年9月，上海市地理学会组织专家再次实地探源考证，最终认定安吉龙王山是黄浦江的发源地。这一结论得出后，上海市老市长汪道涵先生欣然命笔题写了"黄浦江源"四个大字，并镌刻在龙王山马蜂瀑的一块巨石上。

龙王山，风景由幽深生动的峡谷水景、险峻多姿的峰崖岗岭，丰富繁茂的花草树木，变幻无穷的云、雾、雨、雪和淳朴的竹乡山村等主要景观

龙王山"黄浦江源"（选自《黄浦江志》李东鹏　摄）

构成。以亲切交融的幽谷溪流为主体景观，完整的原始风光为其风貌，集丰腴与野趣为一身。浩瀚无际的森林植被是龙王山的主要风貌，从山脚拾阶而上，拇指峰、观云台、千丈岩、松峰天堑等景点点缀其中。峰峦峭壁之下，溪涧河谷交错，长年水流不息，造就了龙王山深潭、浅滩、跌水、瀑布相互组合的动态水景。

　　但龙王山为黄浦江源之说，却受到了太湖流域管理局、浙江省水利厅、原杭州大学的一些专家的质疑。他们认为太湖的水除了来自浙江的西苕溪还有江苏荆溪，即便西苕溪是主干源，它还分为西溪和南溪两支，而南溪的发源地是狮子山。因此这些专家较为一致的看法是，黄浦江源头不是一个点，一条溪，而是由多个源头组成的水源区。当然，有人认为，这样一个说法貌似也可成立，但就是太宽泛了些，"多头则无头"，从纪念、宣传

与感恩的角度看，就有点无所适从。

在争争吵吵中，有学者则表示："科学上、地理上的源头或应视作龙王山；历史上、情感上的源头仍可视作淀山湖。"

2023年5月，新华社上海分社首席记者、我的多年好友张建松女士得知我正在写关于黄浦江的文章，询问我是否可以参加分社组织的黄浦江报道组。我问她准备从哪里走起，她说是安吉龙王山。

贰

安吉是个好地方。

安吉，据说取自《诗经》"安且吉兮"，光听名字便会觉得很温柔浪漫。但事实上它原本只是个没有名山大川，缺少驰名景点的浙北小县，与浙江一带众多具有丰富自然旅游资源的地区相比，显然并不出挑。龙王山黄浦江源之说，让安吉嗅到了其潜在的巨大影响力和商机，于是便利用自身所拥有的竹海密林的资源，大打"上海安吉一江水，源远流长一家亲"的旅游牌，遍开"上海村""上海街""上海店"，热情召唤上海人前来探源。如

湖州市安吉县溪龙乡白茶茶山（摄图网）

今，每年来自上海的游客占全县游客总量的三分之一。

2005年，时任浙江省委书记习近平在安吉提出了"绿水青山就是金山银山"的科学论断，安吉在生态保护方面迈入了一个新的历史时期。

安吉属于湖州市，有意思的是，湖州人竟把战国晚期楚国令尹春申君黄歇列为自己的"开山鼻祖"（也就是这个黄歇，被后人误认为是他开凿了黄浦江，后面我们详细述说）。其所辖吴兴区道场乡，山清水秀、风景宜人，有着丰富的名胜古迹、人文景观，被称为江南吴越文化遗产的自然博物馆。最吸引人的是此地还有着国家重点文物保护单位——下菰城遗址。

2020年3月，我曾驱车前往下菰城遗址，在入口处看到宣传牌这么写道：公元前248年黄歇在此置菰城县，为湖州行政建制之肇始……明代诗人张羽曾慕名来此游览，并赋有《下菰长烟》诗："坡陀废垒青山侧，至今传是春申宅。三千剑履化为尘，蔓草苍烟淡草瑟。"如今，这里城邑已毁，只剩传说，"斜日半篙流水碧，更无黄歇子孙耕"（清严允肇《菰城怀古》），成为湖州人的寻根之地。

其实，不光湖州人对春申君黄歇有着莫名感念，整个太湖流域，包括上海，不也是如此吗？

说起春申君，应该说大多数人是不陌生的，就算没有认真学过历史，大抵还是知道一二的。2015 年年底，一部古装电视连续剧《芈月传》风靡大江南北，一时风光无二。电视剧讲述了秦昭王母亲芈八子的传奇一生。平头老百姓们津津乐道的是上海小女子孙俪又一次在荧幕上演"宫心计"，让秦惠文王、义渠君，还有那个叫黄歇的风度翩翩的楚公子甘拜她的石榴裙下。两千多年前的战国时期究竟是什么样的，我们不得而知，历史本来纷乱杂陈，即便有史留存，又有几多真实。

黄歇（？—前 238 年），战国"四公子"之一，著名的政治家、军事家。他学识广博、辩才出众、明智忠信、宽厚爱人、礼贤下士，以辅佐楚王治国而闻名于世。楚考烈王元年（前 262 年），拜其为相（楚国称令尹），赐淮河以北十二县，并封为春申君。为了避嫌，不引王室猜忌，黄歇主动放弃淮北封地，请封于江东吴地，筑城于苏州。

黄歇及其族人在江东吴地一带经营了十年，以此为基地疏通河道，兴修水利，改造粮田，"春申理水"使长江三角洲的太湖流域一带得到良好的开发治理，受到当地百姓和后世的敬仰。关于他的治水传说分布在以"吴墟"（旧吴地）为中心的地域，即现在属于太湖流域的苏州、无锡、江阴、常州、湖州、上海等地。根据史料和地方志的记载，太湖流域历代有着因春申君而得名的山川、"春申君庙"与"春申君祠"等祠庙，以及其他与春申君相关的水利工程等众多遗迹。太湖流域历代频发洪水等自然灾害，当地人的日常生活因此受到极大影响。为了预防水灾，这里原来就极为重视兴修水利，形成了大禹、吴太伯、伍子胥及范蠡等治水传说及其谱系，春申君属于该谱系之一。

关于上海与春申君的关系，传说是从战国末期开始的，正是因为"春申君开凿了黄浦江"之故，从而使两者关系越加紧密起来。

位于湖州的下菰城遗址（吴玉林 摄）

位于松江区新桥镇春申村的春申君祠（卓孝辉 摄）

嘟嘟嘟，嘟嘟嘟，

爷娘去开黄浦江，

回来再开春申塘，

领头的大爷叫春申君，

住在伲村黄泥浜。

这是很久以前，流传于上海松江、闵行民间的一首儿歌，似乎成了这段历史的见证。在松江区新桥镇，有一个村就叫春申村，说是当年春申君开凿黄浦江时曾在这里设立"指挥所"。现在村里还建有"春申君祠"，我曾两次去往那里。祠堂四周环水，掩映在一片竹林之中，颇有江南传统风格。室内陈列着春申君的相关史料及松江古迹、名人名作。在最后面的两方墙壁上有春申君壁画，据说以前有春申君帛画，现在则恭立着春申君的牌位。

儿歌中所提到的春申塘则从祠堂门前静静流过，它是黄浦江的重要支流之一，西起北竹港，向东穿越闵行区北横泾进入徐汇区，在华泾和关港之间汇入黄浦江。闵行被称为春申大地，与此河有着莫大关系。

不光是民间传说春申君开凿了黄浦江，古代一些官方方志也是这样记载。明崇祯《松江府志》称："（黄）歇因城故吴墟，以自为都邑。治水松江，导流入海，今黄浦是也，因其姓曰黄，亦曰春申浦。"初听似乎挺有道理啊，黄浦江之名来自黄歇之姓，以此推论江为其所开凿，但事实是这样吗？为此，学者们曾有过激烈争议，持批判态度的史学家多方考证，得出这样的结论：春申君黄歇，与上海市滨海地带毫无直接关联。而"春申君开凿黄浦江"更是一番戏说，是明代时期民间和文人雅士的一种附会。这就如同《芈月传》中，芈月同黄歇间的爱情故事那样不可信。

公元前8世纪至前6世纪，上海地区绝大部分还是海。当时的海岸线即今称"古冈身"，是在今奉贤南桥、闵行莘庄、嘉定城区南北一线。此线以东是"海上之洋"，战国时，闸港以北的黄浦江还在海里，两岸还没成陆；以西是今松江、青浦部分陆地。此地块直到唐天宝十载（751）才设置华亭县，隶于苏州府。黄浦作为水道名称，未见于汉、唐时期任何文献，也不载北宋各种专论水利著作，直到南宋和元代才有人提及和记述，出现"黄浦塘""黄浦港"等多种称呼，但这跟战国相差了一千多年。到了明清时，一些文人雅士又给黄浦取了许多别名，如"黄龙浦""黄歇浦""春申浦""歇浦""春申江""申江""黄浦江""浦江"。清代中叶，"黄浦江"逐渐成为主要的名称。

据嘉庆《松江府志》记载，清康熙四十四年（1705）二月，皇帝开始第五次南巡，在巡历松江府时，作了《船泊三江口》《泛黄浦江》《松江进鲜鲥鱼有怀》等三首诗。其中《泛黄浦江》诗云："飞渡浦江意自如，午潮往返到阶除。欲知震泽分流处，非是观渔触浪余。"康熙在诗中表达自己不是来游山玩水吃时鲜，而是来考察江南水利之意——虽贵为皇帝，但他也怕世人误解啊。此诗可见，"黄浦""浦江"之名，在当时已经存在。

康熙之后，文献中"黄浦江"的记载就多起来了。1879年起，许多公文和报纸经常使用"浦江两岸"。随着1958年江苏十县划入上海，"浦江两岸"开始泛指上海市。

虽然说"春申君开凿黄浦江"就是一个传说，一种文人附会，但春申君和上海这份渊源却得以传承了下来。譬如，上海简称"沪"，别称又为"申"，就是一种地域文化认同的依据，也表达着对春申君的民俗信仰，有力地提升了上海的文化形象。直至现在，上海、苏州、无锡一带有多处以"春申"命名的地方。根据《中国·国家地名信息库》可知，目前以"春申"为名的地点，苏州市19处，无锡市8处，而上海则多达56处。"申""申城""申江"都是民间对上海约定俗成的称呼,也为官方所认可。但"申江"还是黄浦江的别称。在近现代社会发展中运用更加广泛,影响力更大。清同治十一年（1872）三月,在上海创办的《申报》,它的原名就叫做《申江新报》。这份报纸在中国新闻史和社会史研究上都占有重要地位,被人称为研究中国近现代史的"百科全书"。上海甚至江南一带,老百姓习惯把《申报》叫做申报纸,甚至把所有报纸统称为申报纸。1998年,上海还创办过一份《申江服务导报》,融新闻性与服务性为一体,在年轻读者中深具亲和力。而诸如申花足球队,申银万国证券等,都和这些报名一样,带着强烈的地域标示性,为大众所熟悉所接受。所以,无论"申"还是"申江",在时代演绎进程中,已成为上海独有的文化符号和地域标识。

春申君如今已然成为江南地区许多城市的共享资源。与春秋吴越争战不同,春申君是融合吴、越而归于楚文化的管理者,是江南地区的第一个文化统一的领袖。春申君早在唐代就被奉为姑苏城隍神,湖州将他奉为开城祖,嘉兴则认为其古城为春申君修筑,而在上海地区,他的地位更是无人可以匹敌。明初,实现"江浦合流"之后,纪念春申君的墓冢和祠庙神阁陆续出现。在朝廷倡导下,城隍文化向纵深发展,有关春申君事迹的故事也增多且被细化。一些文人墨客见景生情,抒怀题咏,比兴寄托,描述故事越发离奇,终于把春申君黄歇推上了神坛。在华东师范大学民俗学研究所教授田兆元看来,春申君的政治才华、外交能力,特别是他对于太湖流域的治水功绩,让人们世世代代不能忘怀。中国文化强调感恩报恩,所以,选择对于当地作出重要贡献的人来命名自己的母亲河,体现出上海先人的博大情怀。延续传统命名,传承地方传说,这也是明清上海先贤的科学态度、敬畏之心和地域文化传承的体现。上海地区最早先出现的有春申侯祠,又名长人司庙,大概在700年前,上海县建城时期。另一处是地处

河畅、水净、岸绿、景美的春申塘（卓孝辉 摄）

　　黄浦江中游闵行镇渡口地段的春申道院，俗称"春申庙"，是当年上海地区唯一一座建在黄浦江边、供奉春申君像的道观。春申道院建有春申阁，面对东首黄浦江转折处的闸港。每逢八月十八日"潮头生日"，这里潮势汹涌，是为观潮胜地，同时也是每年端午节举办龙舟赛的场所。当年，本地文士才人经常在春申阁相聚唱和，留下不少诗作。马桥竹冈黄家河圈处士黄家锟诗有云："歇浦秋涛滚滚来，春申高阁傍江隈。凭栏但觉风成阵，隔岸遥看雪作堆。"

　　我查了一下资料，黄家河圈指的是现在老闵行地区竹港西、华宁路东、景谷路南、鹤庆路北地块，离我现在生活的小区近在咫尺。春申君遭李园之害，遗有一支汴梁派后裔，后随宋高宗南迁，并居于云间（松江府），成为始祖，其后子孙绵延，有一部分集中居住于黄家河圈。由闵行名士黄蕴深纂修的《上海竹冈黄氏宗谱》中这么写道："吾邑闵行乡竹冈黄氏，相传为楚春申君之裔，其源远矣。按其宗谱，春申君遭李园之祸，妾某氏归大梁母族，遗腹生子，遂占籍矣，是为汴梁派。"

　　这里出了多位地方名人和诗人，除黄家锟外，黄琮、黄步瀛都写过登春申阁的诗作，与"春申"有着离不开的情结。黄蕴深曾著辑《闵行诗存》一书，这些诗作大都收录其中。

田兆元教授认为，我们不要轻率地否定明清春申君与传承的文化精神与境界，而要看到这种传说与认同的胸怀与海派文化的远见卓识。

叁

说千道万，需要明确的是，宋时所记载的"黄浦"同我们目前看到的"黄浦江"是不同的，宋时黄浦仅指今黄浦江闸港至龙华一段，而今黄浦江是在元明之际，由吴淞江河口段、范家浜、上海浦、黄浦（黄浦塘）、瓜泾塘与横潦泾、三泖等多条河流共同发育疏浚而成。有的地方如范家浜是疏

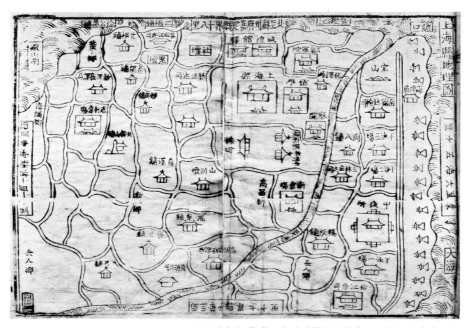

明弘治年间黄浦江水系形势图（选自明弘治《上海志》）

浚的，有的河段是自然的选择。

所以，黄浦江不是一蹴而就的，是经过数百年乃至上千年岁月积淀才有了如今的形态，有自然加持，更有人为而成。

由于修筑捍海塘堰，至唐末，后来演变为黄浦江的东江许多出海水道被截断。北宋政和五年（1115）乍浦堰坏，乃重新筑堰。南宋乾道七年（1171）海患严重，遂重修柘湖十八堰，筑运港大堰，仅留新泾塘以通盐运。南宋乾道八年（1172）除张泾河建闸通海（青龙港）外全部筑坝截断，至此东江下游的出口大多被堵塞。自南宋建炎元年（1127）以后杭州湾出海口先后全部封堵，泖水出黄桥向东直冲大黄浦，加速了黄浦江的形成。其后随着时间的推移，百川归流，黄浦水道的雏形逐渐形成。

南宋以后，由于海岸线向东推进，吴淞江河口段不断淤淀，下游亦几乎淤成平陆。又由于宋初太湖东筑长堤，兴建长桥，江堰来水减弱，水害越来越严重。到元末明初更是一发不可收拾。旱时，"滔滔黄浦如沟渠"，陶宗仪《南村辍耕录》中这么描述道，"欲求一点半点水，却比农夫眼中血"，可见旱灾之烈。

有旱必有涝。早在唐朝，公元 7 世纪左右，东江、娄江已经淤塞，只剩下松江，也就是吴淞江。如此一来，所有的泄洪重任都压在了吴淞江，不仅要帮太湖排水，还要成为江南水网出海的要道。巨大的运量和泥沙的压力，让吴淞江不堪重负，上游淤浅，下游缩窄。唐朝时江阔二十里，到宋代为九里，元代两里。而到了明初，下游几乎淤成平陆，仅为"一百五十余丈"（500 米）。每逢积雨，众水奔溃，排山倒海，直接影响松江、苏州、湖州、嘉兴四府，就像现在的南方多地暴雨引发的水灾一样，损失严重。但由于历代官方的水利思想始终把吴淞江视为下泄太湖之水的"正脉"，所以习惯以疏浚吴淞江来消除涝灾。这样做不仅工程量巨大，且治标不治本，无法彻底解决河道淤塞问题。

公元 1403 年，即明永乐元年，地处太湖流域的苏州、松江和嘉兴地区连降暴雨，"连岁大水，三年六月朔雨，至于十日，高原水数尺，洼地丈余"。（光绪《青浦县志》）由于这一片地区地势低洼，而原有的水利设施既不合理，又年久失修，致使河道淤塞，海塘损毁，酿成巨大的水灾。

滔滔洪水，滚滚白浪，使素有"天下粮仓"之称的江南、浙西一带万顷良田顿成泽国，原本人烟稠密的村庄只剩断垣残壁，灾民流离失所，苦不堪言。

造成这种局面的，既有天灾更有人祸。元明易代，战乱不断。朱元璋开启大明王朝，他首先做的必是打击全国各地的武装反抗力量，保证新政权的稳固，只有这样才能有利于他的统治，而民生则放在了其次。水利，是民生发展基础之一，但朱元璋没心思去关注，加之基层官员腐败，疏于管理，以至于太湖流域一带这么重要的水系没有得到及时整治，造成吴淞江等主要干流下游严重淤塞，水灾连年不断，致使长江三角洲地区的内河航运几乎瘫痪，更严重的后果是殃及农业。

"国家大计半在江南"，江南是国家的财赋重地。灾情传到朝廷，以为国"靖难"之名，刚从宫廷政变中谋得皇帝宝座的朱棣为之震惊，一听到江南水患，他意识到问题的严重，于是赶紧下旨，指派素以才干著称的前朝元老、时任户部左侍郎的夏原吉（1366—1430），带一干人马，前往灾区治理水患。为此他还提拔夏原吉为户部尚书，并同时告示天下，凡地方官吏、百姓如有关于水利的建议，就要呈报，被采纳者，予以奖励；对那些不重视水利事业的官吏，则要加以处罚。

在明朝历史上，夏原吉并不是叱咤政坛的风云人物，也没有什么可以大书特书的传奇经历，履历非常简单，从洪武年一直到宣德年，历经五朝，均在户部任职。但他政绩卓越，才德兼修，是理财高手，也是治水能臣，被后人喻为"肥了天下，瘦了自己"。很多书上把夏原吉写成夏元吉，其实是一样的，原本为"元"，后避讳明太祖朱元璋之"元"，遂改为"原"。

夏原吉领命前来江浙治理水患，然而现实状况比他想象的要严峻很多，尤其是上海及附近地区的形势更是不容乐观。

夏原吉心急如焚，他在上海一带兜兜转转了两个月，也没有实质性进展。但他颇通礼贤下士之理，根据朱棣旨意，在民间遍访治水高手，以获良方。

于是，原本偏居上海县鲁汇叶家行（今闵行区浦江镇正义村）一隅的叶宗行（？—1417）上场了。

叶宗行，也称叶宗人，在不同的史籍中"宗行""宗人"通用。"宗行"最早见于《明太宗实录》："宗行，华亭人。"《云间志略》云："叶宗人，字宗行，华亭人。宋太学生李之后裔，其人喜读书、尚气节，不屑与时浮沉俯仰、随俗习污，亦云间一才隽也。"由此可见叶宗行颇有才学，也是清傲之人。这里所指华亭其实是个大概念，代指松江府。早在元至元十四年（1277），元朝廷下令升华亭县为华亭府，次年改松江府，领华亭县。至元二十七年（1290），统辖华亭县的松江知府仆散翰文以"华亭地大，民众难理"为由上疏分设上海县，当年就获得中央政府批准。划出华亭县东北、黄浦江两岸的长人、高昌、北亭、新江、海隅五乡二十六保设立上海县。叶宗行所在的鲁汇便属于长人乡十九保，所以称他为上海县人倒更为准确。不过在明初时，这里还没有形成市镇。反倒是距此不远的东北面，有个叫召稼楼的地方十分闹猛，"十里晓烟破，数声召稼钟"，是古代浦东的垦荒中心，上海农耕文化的重地。如今这里已是上海历史文化风貌区。

叶宗行只是个生员，俗称秀才，但他通晓天象、农事，精于历算、测绘，尤对水利颇有研究。在古代，大多要"看天吃饭"，于是叶宗行在习文之余，经常外出考察家乡周边的地形、地貌、河港、水道，并负笈从师，刻苦学习宋元以来的治水案例，希望能用自己掌握的知识技能，为当地百姓做些实事好事。譬如，他矢志要以治理苏松水患作为自己的功德之业。

起初的时候，其实是叶宗行先"怼"上夏原吉的。明正德年间，曾任礼部郎中的苏州吴县人都穆在其《都公谭纂》中，记录下了叶宗行提治水建议时的情形。"宗行为人，性颇刚直，以原吉治水日久，未底成绩，潜具奏以闻。有旨令原吉覆奏，原吉初不知，及得旨，大惊，即日引咎，朝廷方倚重原吉，竟不加罪。"小秀才叶宗行实在是勇气可嘉，竟然直接向朝廷上书指责夏原吉治水不力，弄得他诚惶诚恐，没有二话，直接承认过错。等到叶宗行去拜见夏原吉时，夏原吉更是不顾及自己的身份，直接出衙门"下阶相迎"。

叶宗行向夏原吉等一众治水官员提出了一个大胆的水利改造方案，即"治浦为先"——放弃已成痼疾的吴淞江河段，挖深挖宽范家浜，使范家浜南接大黄浦，北接吴淞江近海江段，江浦合流，"黄浦夺淞"，冲泄入海。

"黄浦夺淞"，让当时名不经传的黄浦江"上位"，成为上海地区的入海主流，这个想法虽然新颖，但太过大胆，自然引得治水诸公一片质疑。一旦决策失误，不光劳民伤财，或许还会引得龙颜震怒，这是要掉脑袋的。

叶宗行胸有成竹。他提出这份治水建议是有底气的，主要有实际依据。在此之前，他已经实地考察过，摸清了太湖下游逢雨必涨的原因，也研究比较了各种方案的优劣。他面对夏原吉，先陈述太湖下游逢雨必涝的原因：一是上游来水太多，下游出口既少又小，缓不敌急；二是吴淞江、东江虽然通海，但上游带来的淤泥，加之下游海口因潮汐涌入的沙砾，导致壅塞，排水不畅；三是海滩不断向东延伸，致使出海口经常淤塞改道；四是濒海

浦江镇召稼楼景区礼园内的叶宗行塑像（吴玉林　摄）

乡民为御海潮，大多自筑堤坝，各保一方，不但布局失当，质量参差，而且更加阻碍了水流的通畅；五是有些地方豪绅擅自围垦河滩，造成河道日趋窄小，水流日趋缓慢，终至淤塞。

"一是放弃吴淞江一段淤塞，二是加深拓宽黄浦……"可以想象，当年叶宗行站在江浙水利图系前，面对一众治水官员如此侃侃而谈。他这里所说的黄浦，相当于今闵行区浦江镇闸港以北的黄浦江，"三是疏浚上海浦北面的范家浜，使范家浜上游接上海港、黄浦、泖湖、太湖，下游与吴淞江合流后，从南跄浦口入海，四是在太湖出口处建造蓄水闸，以控制湖水排泄之量"。叶宗行所说的范家浜，相当于今外滩至复兴岛附近，而从南跄浦口入海，便是如今大名鼎鼎的黄浦江出海口吴淞口。

叶宗行的这套治水方案在今人看来，就如心脏搭桥手术再造一条新的血管治堵一样，很大胆，无疑是新颖、独特的，从根本上颠覆了前人狭隘、

范仲淹　苏轼　郏亶　郑侨　范文英

保守的水利思想，让夏原吉等人眼前一亮。站在江浙水利图系前，一群人细细琢磨，大都觉得这是一个行之有效的治水措施，如果能付诸实施，这将是上海地区治河史上一次突破性、开拓性、转折性的思想解放。夏原吉是个办事认真、作风踏实、从善如流的好官，他对叶宗行说："原吉治水无功，诚有如先生之所云者，受益多矣。"为了验证叶宗行治水方案的可行性，夏原吉又同叶宗行等人一起实地勘察，仔细研究历代治水的经验得失，最终得出结论，这套方案十分合理，应尽快落实推进。

夏原吉在叶宗行等协助下，制定了庞大的、切实可行的治水工程规划上奏朝廷。夏原吉行事光明磊落，不是贪功之人，他在奏章中明确说明这是叶宗行的思路。"引太湖诸水入扬子，于上海东北浚范家浜接黄浦，通流入海，用宗行言也。"正德《松江府志》中如此写道。明成祖朱棣看到奏章后，甚为赞赏，当即批准。并命叶宗行协助夏原吉一起治水，为国效力。朱棣又指派苏州、松江、嘉兴民夫二十余万人听候夏原吉的调遣。

根据规划，夏原吉和叶宗行等人将治水工程分段展开。一路人马自昆山东南开凿夏驾浦，引吴淞江水汇入刘家河；一路人马开挖嘉定的西顾浦，引吴淞江水灌塘，由刘家河入海；一路人马在常熟开浚白茆塘，引太湖下游水泄入扬子江。

历代在江南地区治水的能臣

疏浚施工时，叶宗行在夏原吉的支持下，把指挥部设在工地前沿，头戴笠帽，身穿布衣，来回步行勘察指挥。严寒不避冷，盛夏酷日也不打伞遮阳。有时候夏、叶等人还加入民夫行列，挑担运土。在他们的感召下，民夫大为振奋，工程进展很快。

开凿范家浜时，总计开挖河道长一万二千丈（40000米），河道拓阔达三十余丈（100米），冲刷扩展到二里许，并在东江口造水闸（就是现在的闸港），调控东流水量，迫使江水北折而去，形成了"浦江第一湾"（如今的闵行区吴泾镇一带）。

历时一年多时间，苏松地区的治水工程告竣，大黄浦—范家浜—大跄浦河道形成，吴淞江水滚滚而来，汇入黄浦，流向大海，水势猛，冲击力大，大黄浦不断发育，成了名副其实的大江大河。江浦合流，终成现实。

江浦合流，黄浦江替代吴淞江成为太湖泄洪的主要通道，不仅改善了上海西南部众水壅滞淀山湖、泖湖的局面，而且形成"以浦代淞"的水系变化和浦东浦西的地理格局，为日后上海港的建立和上海地区的繁荣创造了条件。从此，当地人将向北去的浦江称"东黄浦"，而将西来的浦江称"南黄浦"。

一江春水向东流，唯有黄浦向北望。

肆

夏原吉治水之初,大黄浦在高桥岛附近汇入长江,嗣后,高桥岛与上海海岸线连成一体,原先的浦口被堵,于是大黄浦改由今天的吴淞口入江出海。明永乐十年(1412),平江侯陈瑄在吴淞口筑土山,建烽堠,"昼则举烟,夜则明火,海洋空阔,遥见千里",极大地便利了海船安全进入长江。朱棣御赐土山为"宝山",并亲自撰文记之,令刻石立为御制《宝山碑记》。当年郑和下西洋的船队经过吴淞口时,就以宝山烽堠为航标。只可惜,这一中国历史上首座大型灯塔在明万历十年(1582)的一次大海潮中被冲没

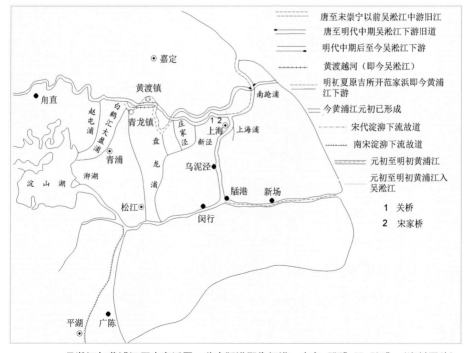

吴淞江与黄浦江历史变迁图,此中牐港即为闸港,古文"牐"同"闸"(资料图片)

了，但"宝山"之名和那块御碑至今仍在。

　　当然，"江浦合流"之策也不是一劳永逸的。虽然黄浦江有了新的河道，但开始时其宽度仅百米左右，尚不能完全担负起太湖泄流主力军的重任，一遇到水涝仍会造成局部灾害。因此，黄浦江、吴淞江及其他塘浦的疏浚治理仍在不断进行。自1412年至1521年，前后实施了9次相当规模的疏浚工程，可前8次的治水主政者还是拘泥于"吴淞江为太湖排水正脉"的传统理念，继续大浚吴淞江下游河段，结果事倍功半，收效甚微。明正德十六年（1521），巡抚都御史李允嗣奉命主持疏浚吴淞江。他总结前人的经验和教训后，首浚白茆、吴淞两江，发动苏、松、常、镇各府州县共同完成。然后修筑圩岸堰坝，疏浚支流湖泊港湾，参加民夫共达32万余人。这次工程规模较大，李允嗣在管理上和技术上有所创新，以诸县食利之厚薄为编户受役之多寡，划水道为井地，示以开凿之法，户占一区，计工刻日，先竟者赏，后者罚，职责明确，赏罚分明，工夫皆乐于趋事。又改造和推广一种"浚川耙"，使泥沙随水冲走，不致积淀。在一个时期内，"潮汐不壅，淫雨不泛，旱潦有恃，其利甚溥"。隆庆三年（1569）夏，刚担任应天（今南京）巡抚的清官海瑞，得知苏松地区发生水患，于是实地考察吴淞江和黄浦江水道，详细了解灾情，丈量淤塞河段，不断优化调整治水方案，创造性地提出"以工代赈"方案，动员灾民上河做工，疏浚了吴淞江和白茆河。"海瑞巡视上海亲行相视，感到吴淞江下游淤填的趋势已不可逆转，遂把吴淞江作为支流开浚，江面原阔三十丈，决定开其半为十五丈，自嘉定县黄渡艾祁至上海县宋家桥（今市区福建路桥附近）八十里，在今外白渡桥附近与黄浦江接通，两月告成。"（《上海水利志》，1997年版）从而奠定了吴淞江下游段（今上海市区苏州河）的河形。这项工程完成后，又用剩余工银开浚白茆、刘家河、黄浦江诸河口以及湖、浦、泾、娄和浙江交界的湮塞处所，但工程尚未全部完竣，海瑞就遭人排挤，被降为南京粮储，遂谢病归里。"抚吴甫半载，小民闻当去，号哭载道"，实际上被罢官 16 年。万历十三年（1585）重又起用时，年已七十二岁，召为南京都察院金都御史，力主严惩贪污，平反冤狱，以疾卒于官。海瑞一生为官清廉，两袖清风，死后竟无钱治丧，民罢市痛悼，哭者百里不绝。后人为纪念他治水功绩于吴淞江畔建"海公祠"以祀之。

有史料称，在金汇港口东侧，修坝建闸港，调控东流水量，使上游来水大多改走黄浦，就是海瑞作为。但我在《上海水利志》等专业志书上没找到佐证，这跟叶宗行"设闸控水"之说似有矛盾之处，其间也隔了一百多年，不知哪个说法更为准确。参考了相关史料，我和多数学者一样，认同是夏原吉、叶宗行之举，海瑞更可能是在前人的基础上作了完善。但可以肯定的是，在上海古代水利治理史上，很多人尽己所能，做出了卓越贡献。元代上海本地人任仁发，明代夏原吉、叶宗行、海瑞，清代林则徐等，就是其中的代表。

12—13 世纪上海手工棉纺织业兴起，商船多由黄浦江进泊今十六铺一带，黄浦江成为上海商船进入的门户。尤其是在 1843 年上海开埠后，西方列强进行经济掠夺，急需发展航运，治理黄浦江的问题遂又提到议事日程上来，引进了西方近代水利思想整治黄浦江下游段，提出了导治线规划。1922 年后主要按导治线疏浚黄浦江，并维持了黄浦江航道。在下面的篇章中我会陆续阐述，这里不做展开。

不得不说，"黄浦夺淞""江浦合流"是古代伟大的水利工程，不但畅通了泄水道，有利于农田水利建设，更重要的是促进了交通和航运事业的发展。明中叶后，松江地区以上海为中心，逐渐形成了内河航运、长江航运及沿海的北洋、南洋航运和国际航运等五条航线，使上海"襟江带海"

的自然优势得到发挥。同时，经过长期浚治及潮汐的自然冲刷，黄浦江水面日渐开阔，明后期，黄浦江就已宽达 1000 米，水深可行大船，成为"海运要津"，"东南通闽越，西北距河淮"。上海逐渐发展成"舟车辏集"的商业城市，初步确定了上海作为中国东南沿海良港的地位，从而揭开了古代上海发展史新的一页。黄浦江不仅成为城市主要的泄水通道，还逐渐形成了黄浦水系，为上海成为今天著名的东方大港，打下了基础。

上海大学原副校长李友梅教授说："世界上大多数城市，都会与一条河流紧密地联系在一起。这条河流与河流两岸的生命、城市兴衰也是联系在一起的。"黄浦江沿岸，每一棵树，每一根草，包括每一幢建筑，都是上海城市发展或者历史发展的一份记忆或者一个符号。

如果没有黄浦江，上海还是现在的上海吗？

伍

我在浦江镇地界寻找叶宗行。

谁说百无一用是书生？上海水利史上永远留下了叶宗行的名字。他献计朝廷，治理黄浦江，可谓遗泽后世。治水成功后，叶宗行被举荐为浙江钱塘知县。他在当地务实为民，清廉为人，留下了"钱塘一叶清"的盛誉。无论《明史》，还是历朝历代《上海县志》中都载入其名。乾隆《上海县志》称："永乐中，东吴大水，松江尤甚，宗行上书请浚范家浜引浦水，以归于海，上善其言，命夏尚书原吉治之，水患果息，原吉还朝荐其才，擢之钱塘知县。"知县职级并不高，但叶宗行是以诸生身份为官，算是破格了。

当代著名历史学家熊月之先生在《先贤纪念与历史文脉》一文中，把叶宗行列为上海先贤，是十分有道理的。春申君开凿黄浦江是民间戏说，文人附会，但叶宗行却实实在在在黄浦江治理史上书写下了浓墨重彩的一笔。然而就是这么一个值得后世怀念、凭吊、祭祀、效仿、学习的人物，我们似乎并没有给予他应有的历史地位，黄浦江也没有留下雄伟壮观、供人瞻仰的水利建筑遗迹，这不能不说是一种遗憾。1989 年 7 月，上海市地方志办公室曾编过一本《上海辞典》（上海社会科学院出版社出版），在"人物"词条中罗列了上海或与上海有关的古代和近现代名人，却没有叶宗行，连夏原吉也没有。倒是有任仁发，不知何故。2007 年 12 月由上海辞书出版社出版的《上海大辞典》收录了叶、夏两人的词条。

因叶宗行设闸卡住东流水，故而被称之为闸港的地方，现在是浦江镇永新村地界，清光绪时称闸港镇，宣统时称闸港口镇。数百年间是个比原鲁汇镇还闹猛的集镇。因为西来东往的船只在这里交会，进港休整候潮，商市益盛，遂成水陆码头。1977 年，闸港北面开挖大治河，于是闸港河被废弃，全镇迁往大治河西水闸畔，只留南岸零落村宅，不复往日集镇之热闹繁华。

我在闸港一带东找西寻，试图确认古时闸港的确切位置，可惜毫无踪迹，就见村宅之后有一小湖泊。看到一位七八十岁的当地老人，便上前询问，才知这个小湖泊就是当年闸港残留段，原先还与黄浦江相通，前些年才被围堰筑堤。老人姓邢，谈到叶宗行，他竟然知道这段历史。他指着东侧不远处跟我说，当年，远近闻名、号称"浦东第一桥"的跨闸港河大桥就建在那里，"老里八早（很早以前）就有了"。我回来查了一下资料，果真是。该桥明弘治年以前就建有，清乾隆四十五年（1780）重修。为什么能称"浦东第一桥"呢？一说是因港阔桥长，一说是因为这里是进入浦东地界的第一座桥。1937 年侵华日军便是在此登岸，杀人放火，小镇遭殃。1949 年国民党军队溃退时，木桥被炸毁，只能靠木船摆渡。1963 年，原

浦江镇杜行老街（汪思毅　摄）

位于黄浦江畔杜行地区的浦江郊野公园（陶颂华　摄）

址建起一座钢筋混凝土结构的闸港桥。

　　闸港就是黄浦江折北处，隔江是吴泾镇的寺嘴角，那一片区域便是"浦江第一湾"。我站在岸边，看到对面矗着两组巨大的牌子，面南的写着"浦江第一湾·闵行"，面东的则为"吴泾·科技时尚源"几个大字。目之所及，兰香湖畔，六幢商品楼清晰可见，那里叫作"紫竹半岛"。

　　去过闸港不久，我去拜访浦江镇党委书记陶兴炜，同他聊起在闸港的所见所闻，并谈及了自己的一些想法。我说，叶宗行是浦江人，他是闵行的骄傲，上海的骄傲，如今把他的纪念馆圈在召稼楼一个小小的礼园，总是觉得有些可惜。对此陶兴炜表示赞同，他说，浦江镇是黄浦江沿岸唯一一个以"浦江"命名的镇，就如黄浦区，有鲜明的地域特色，浦江镇的江河文化，叶宗行的治水精神，是浦江人的精神内核之一，是一种信仰，

闸港这里还保留着农村风貌（徐晓彤　摄）

永新村是闸港第一桥所在地（吴玉林　摄）

大治河西闸水利枢纽（徐晓彤　摄）

大治河通江口（陶颂华　摄）

一种追求，一种形象，更是一种品牌，对内具有强大的聚合力，对外则有广泛的影响力。陶兴炜表示，其实当地一直考虑如何把叶宗行这个符号做好做大，让后人能够记住这位黄浦江的水利功臣。比如建公园、塑雕像等，让市民了解这段历史，亲近这样的人物。陶兴炜还介绍道，闵行区目前共有 10 个规划保留保护村，其中浦江镇黄浦江以东大治河以南就集中了汇东、汇中、汇南、光继、永丰和叶宗行故里正义 6 个规划保护村区域，区域总面积 15.15 平方公里，是离上海中心城最近的成片规划保护村区域，整体地理、空间、生态、资源都非常好，但因为地理位置等因素所限，长期以来发展滞后。如今，闵行将在这里打造新时代乡村振兴示范区，发展现代产业、壮大集体经济、建设美丽乡村、构建和美乡村，走一条具有现代化国际大都市特点的城乡融合发展新路子。还将在这里建设一个以"江河文化"为主题的展示馆，对叶宗行的宣传肯定是必不可少的组成部分。浦江镇文史研究者陈公益先生对叶宗行这位本乡本土的先贤更是推崇有加，他是当年召稼楼复建时的文史顾问，曾对叶宗行作过深入研究。我和年逾八旬的陈老师作过多次交流，还就叶宗行的"行"到底应该读"háng"还是"xíng"探讨过。我们都觉得如果从历史、地域、语言、习俗而言，应该读"háng"，浦江有老地名陈行、杜行，还有叶家行，都是这个读音，最为典型的是闵行区的"行"，但根据普通话多音读法和现代释义，用于人名中，则读"xíng"，品行的行。这是个有趣的纠结，却也不必耿耿于怀。

2023 年 11 月 10 日，由闵行区文旅局出品，上海上艺戏剧社制作的本土历史题材原创话剧《大江北望》，被列为第二十二届中国上海国际艺术节参演剧（节）目，在上音歌剧院公演。该剧以艺术形式再现了"江浦合流"的这一恩泽后人的伟大水利工程和夏原吉、叶宗行这些治水先贤的精神风采。人物塑造饱满，戏剧冲突合理，情节设置有张有弛。更主要的是，

大江北望

All The Way North

图为原创话剧《大江北望》公演海报

让我们从一个侧面，一个历史事件了解了黄浦江艰苦卓绝的治水过程，上海城市化进程中的时代缩影和精神风貌，感念数百年来这块土地上的人们与天地自然作斗争所付出的不懈努力、智慧创造。据闵行区文旅局局长杨继桢介绍，这部话剧历时两年创作，几经修改，精心打磨而成。主创团体希望以当代视角回望历史，充分挖掘历史文脉资源，为上海的主旋律文艺创作探路。在话剧公演前，有人认为这段治水故事在史书上记载极为平直，并无多少戏剧性，"今人创作的故事是否真实可信，令人担忧"。而我在看过之后，觉得这种担忧根本是不必要的。所谓"艺术再现"，如果一味拘囿于细节末枝，没有突破性的创新意识，那就会变得索然无味。大事不虚，小事不拘，在真实历史的大背景、大框架下，艺术可以有丰富的表现形式展现其戏剧效果，达到主题升华。而这一点，《大江北望》显然是做到了。余音袅袅，荡气回肠。

一个城市如果没有记忆，那它是苍白的，是没有厚度的。也许，一部话剧承载不了历史的厚重，但这并不意味着我们可以忘记。复旦大学历史地理研究所原所长邹逸麟先生说过："可以说，是黄浦江挽救了大上海，上海城市的发展，离不开黄浦江。"正因为如此，在杨继桢看来，我们所要做的，就是应该以真正的情怀去发掘，去思考，用心用力投入创作，不要缺席，不要敷衍。

所以，我寻找的是叶宗行，也不仅仅是叶宗行。

第二章　从"零公里"处出发

　　站在三角洲头，那里横卧着一块大石，上面雕刻着四个隶书大字——浦江之首。红色的字，红得鲜艳、红得饱满。

　　江水平静，没有汹涌拍岸的壮阔，但两河夹洲，汇成一股向东一往无前的奔流，却有种磅礴如虹的气势，大大小小的江轮穿梭如鲫，鸣笛交会，散发着勃勃生机。"舟楫之利，以济不通，致远以利天下"，人类文明得以进步，除了陆地，还有江河和大海。

黄浦江干流起点处的郊野风景（米市渡附近）（徐晓彤 摄）

东夏村，一个偏僻的江边小村落。曾经普通得寂寂无名。

如果没有处于特殊的地理位置，这样的小村落是很容易被人忽视掉的。在江南水乡的绿树翠竹掩映之中，车一阵风地掠过，尘土扬起，留不下一点痕迹。

即便说到它所在的石湖荡镇，大概很多上海人也会一脸茫然。只怪"九峰三泖"之地的松江人文历史底蕴太深厚，可说可游的地方太多，这样的乡村如果缺乏了名胜古迹的背书，总归有种落寞的命运，恨不能争也是种无奈。

谁也想不到，原本寂寂无名的东夏村，这两年摇身一变，竟成了旅游风景区，引起了人们的关注，不仅媒体多方报道，也出现在"小红书"和"抖音"等网络平台上。

这一切皆因其拥有着得天独厚的地理资源。

这里是"浦江之首"——黄浦江的零公里处。

壹

从申嘉湖高速下来，进闵塔公路，而后转入影视路，就到了东夏村的地界。原本以为村路不太好走，导航经常出岔子，还好，一切挺顺利，没有走冤枉路，"浦江之首"的导视牌标注得很清楚。

一条通往村宅的路为什么取了"影视路"这样的路名，这是我所疑惑的，但无处问询。松江有个著名的车墩影视基地，又名上海影视乐园，位于北松公路上的车墩镇，始建于1992年，是以民国时期上海为背景的建筑群，那里倒是去过多次。还有一个胜强影视基地，在松江的永丰街道，主打的则是明清风情，小桥流水古戏台，亭台楼阁九曲桥，还算有些意境。有一年夏天，我因参与上海电视台非遗纪录片的拍摄，在那里小住了几晚。夜里拍戏，被蚊子叮得手臂和腿上起了不少大包。

影视路是东夏村民进出的主干道。后来我了解到，这一条不足一公里的村道，因为推进乡村振兴建设之需，被改造为景观道路。

通往"浦江之首"的路上车来车往，找了很长时间才看到一个停车位，总算挤了进去。原来藏在深闺人不识的黄浦江零公里处俨然成了网红打卡地，在获批为国家 3A 级旅游景区后，吸引了众多市民前来游览。

黄浦江上游位于上海的西南部。根据《上海水利志》（1997年版）的说法，上游有斜塘、圆泄泾、大泖港三大源流。在东夏村境内，有一块三角洲形状的地带，来自江浙蜿蜒东流的斜塘（源起淀山湖口淀峰，初始段称拦路港，西北—东南流向，下游称斜塘，也称泖河）、圆泄泾两水在此处汇集，称之横潦泾。再向东流，与大泖港相汇。大泖港上源为秀州塘，承泄杭嘉湖平原沪杭铁路以南和金山区来水。三源汇合后转北流，为竖潦泾。一个九十度转弯，改为向东流，开始称黄浦江。

古往今来，东夏村的这块三角洲地带一直是苏浙沪航运的通衢要道。过去，这里是附近居民往来县城的"三角渡"。渡口之名完全源自它的形状，三角形的泖岛如同江中之舟，乘风破浪向东方驶去。但令我纳闷的是，既然这里被称为浦江之首，为什么还存在横潦泾、竖潦泾两段河流，然后才称为黄浦江呢？我很希望能找到权威的解释，可遍查资料，大多含糊其词。于是我以为这可能是地方政府为打旅游牌，才有此说法的。后来看到一篇报道，说是上海市堤防管理处曾在"三角渡"一带测量，认定这里就是黄浦江干流的起始点，之后便设立了一块"黄浦江零公里处"的石碑。既有官方认证，那倒不必再纠结什么了。

曾经南来北往的渡口早已湮灭，但随着三角洲地带景区的兴建，"浦

江之首"这独一无二的地理涵义，让人生出几许期待。

贰

　　站在三角洲头，那里横卧着一块大石，上面雕刻着四个隶书大字——浦江之首。红色的字，红得鲜艳、红得饱满。

　　游人络绎不绝。10月下旬的天，本来应该是秋风宜人的，但不巧2022年的这个国庆节过后天气大都有些湿冷。在无遮无挡的江边，更是寒意倍增，好在倒是没有扰了人们出游的兴致。因受疫情之困，大家都闷在家里很久了。出来，不管到哪里，都有种放飞的心态，一种逃出樊篱，获得新生的感慨。尽管口罩还是严严实实地戴在脸上，尽管一路过来要不停地扫各种各样的码，但这有什么关系呢？

　　我站在江头，注视着江面。江水平静，没有汹涌拍岸的壮阔，但两河夹洲，汇成一股向东一往无前的奔流，却有种磅礴如虹的气势，大大小小的江轮穿梭如鲫，鸣笛交会，散发着勃勃生机。"舟楫之利，以济不通，致远以利天下"，人类文明得以进步，除了陆地，还有江河和大海。

陪同我来"浦江之首"的是我的妻子徐晓彤。我对外一般称她为徐老师。徐老师从小生活在洪泽湖畔，对水也有着天然的亲近。她曾经从事编辑工作，热爱文字，也喜欢历史，还对拍摄十分感兴趣。在得知我行走黄浦江的计划后，虽已有身孕的她自告奋勇地表示，一同来完成这个任务。

此刻，徐老师在我身后忙着操控无人航拍，这样的景色和地理形态从空中俯瞰，一定是很有气势的。即便不能称之为壮观，但说独特并不为过。我扭头让她小心点，别一不小心操控失误，将无人机摔入江中。徐老师一脸紧张地回道，我不是怕无人机摔了，而是航拍的人太多，都分不清哪架是自己的了。我抬头一看，还真是那么回事，天空中竟有十多架无人机在嗡嗡地飞着，机架上的信号灯一闪一闪，有的相距很近，有的速度很快，不免有些吓佬佬，倘若一个操控不当，极有可能撞机，这代价未免有些大了。

其实整个"浦江之首"景区总体规模并不算大，站在入口就能望见三角洲的尽头，但设计得精巧雅致，既有小桥流水，也有绿树繁花。景区主体建筑仿唐代风格，正中的大门门楣上挂着匾额，上书"春申堂"三个字。看这名字就知道，这是为了纪念春申君黄歇。在这里建这样一个纪念堂，并不算突兀，反倒是增添了历史的厚重感。春申君黄歇请封于江东吴地，在太湖流域一带兴修水利，造福百姓，其功其德当为百姓崇敬、颂扬。上海的"申"和黄浦江之名又因他的封号名字而来，足见他在民间的影响力和地域文化的渗透。但开凿黄浦江之事已经证明只是民间传说，文人附会，毫无事实根据。遗憾的是，这座春申堂内关于春申君的介绍，把这则传说竟然当成了真实的存在，内部的人物雕刻，重点讲述了春申君发动群众治理河道、疏浚黄浦江的故事。我觉得建造者应该是对历史有所了解的，但

浦江之首标志性建筑龙王庙航标塔（吴玉林 摄）

浦江之首主体建筑春申堂（徐晓彤 摄）

浦江之首景区游览地图（吴玉林 摄）

为何出此谬误，是故意为之，从而来显示在此处建造"春申堂"的合理性？反正我看着这段介绍颇觉别扭。

有时候把历史和传说混淆在一起，常常令人无所适从。比如在黄浦江闵行段的韩湘水博园内，就矗立着一尊高大的大禹像。大禹是远古传说中的著名治水人物，跟黄浦江根本不搭界，他治的主要是黄河之水，那将他的塑像树立在这里的目的和意义是什么呢？估计也是为了颂扬他在水利方

面所作出的杰出贡献，但不加以说明，估计很多人都会产生误解，从而更多地以讹传讹。

至于春申君是战国时期的人物，但春申堂为什么又是唐代风格的建筑，我给自己找了个说服自己的理由，毕竟春秋战国时期的建筑，于今已遗留无几，较为著名的有芍陂和都江堰，这些都是古代大型水利工程设施，至于亭台楼阁什么的早已消失在历史长河中。而唐代是中国封建社会经济文化发展的高潮时期，建筑技术和艺术也有巨大发展，形成了一个完整的建筑体系，它规模宏大、形体俊美、严整开朗、整齐而不呆板、华美而不纤巧、舒展而不张扬、古朴却富有活力，正是当时时代精神的完美体现。

徐老师前些年写过一本名为《意境》的文史散文集，讲古树古桥古建筑，积累了一些这方面的知识，她的评价是春申堂虽为仿古建筑，也算尽得盛唐建筑风韵。我不了解，但看了航拍镜头，只见春申堂大屋顶肆意铺展，霸气异常，似乎确有种唐风遗韵。

浦江之首圆泄泾一瞥（徐晓彤 摄）

春申堂的正前方，立着一座石塔，名为"疏流利运塔"。底层供奉的是镇水龙王，也被称为"分水龙王庙"。石塔犹如航标灯塔，是指示上海至苏州、湖州和杭州的分叉航道的主要标志，还具有象征意义，寄托着一种风调雨顺，四方平安的良好愿望。

石塔背面所刻的是《浦江之首赋》，旧赋体形式，为上海当代作家陈鹏举先生所作。陈先生出生于黄浦江边，现居松江，也算赋出有源。此赋读来抑扬顿挫，朗朗顺口，历史典故一一道来，行文气势亦足，特录于此：

天湛湛以开笔，水漫漫以破题。子曰日夜不舍，亘古如斯。舍此何往，至此以栖。黄歇开渠，吴王行猎。浙溪震泽，徽徽乎二水并；九峰三泖，汤汤乎图卷一。辟沪渎于鸿蒙，揽东溟之苍碧。

沙船清浅，江村明灭。九鹿徊徨，四鳃喋喋。清露白云，莼羹菰米。秋风起焉，客子归矣。落日采菱舟，吴娃旧曲子。二陆鹤唳于天，百玉磬警于世。烟云沧桑，肝胆文字。千阙城郭，明月可以咏奇绝；万象元化，碧水可以记锦岁。

议祀春申，功在淞府。己丑中秋，群贤毕聚。停古渡之桡，萦滕阁之序。癸巳中秋，百椽臻矣。斟清光之酿，承岳楼之记。凭栏望远，江山斯寄。泐石流绪，岁月静美。生今之时，而今时之人，胜意未已。后三百三千年也，乃三百三千年后之人，谅亦难足胜意。噫！洪波其始，歌以咏志。

陈先生曾在《新民晚报》上撰文，回顾建造春申堂和作这篇赋的经过：2008 年时的中秋，有个难忘的诗会，产生了在浦江之首建造春申堂的最初念想。当时与会者认为，中国每一条有名的江河边，都有一支塔，或一

东夏村民居（资料图片）

东夏村民宿（资料图片）

东夏村露营地（资料图片）

座楼。黄浦江自然也应该有。文中，陈先生如此感慨道：繁华的大上海，给予我许多，只是没给家乡的感觉。我只是一个旅人。今晚，我感觉到了水、土、树、月和乡人的挽留和接纳。今晚，我将不再是睡入梦乡，而是开始睡在家乡。

叁

不知道为什么，走在东夏这样的村落里，总觉得有种莫名的亲近，一草一木，一河一桥，都有种梦里故乡的自然。

这也许因为东夏跟我的老家彭家渡很相像，地处黄浦江的上游，都是江畔小村，田园人家。实际上，在石湖荡、在江南岸的泖港，沿江再往下走，这样的村落随处可见。

"万顷白云迷客棹，一湾秋水下斜塘"，清代华亭人氏杨日照在其所作的《从长泖过斜塘》一诗中如此抒怀。石湖荡地区属典型的江南水乡，就如它的名字，是被水浸润着的一块土地。域内河道密布，大大小小的河流竟有110多条。一条条穿行于农田和村庄的小河，乡民临河而居，隔河相望，鸡犬相闻。所谓人水相处，此间安乐，莫过于此。但在西部地区，因地处泖水洼地，自古常有水患发生。而石湖荡也因塘固而成名。据乾隆《娄县志》记载：宋元之际，乡绅谢徵叟曾在本地市河两岸建成石堤，并建石湖庙，敬石湖老爷，佑护石湖塘永固。另据《松江府续志·寺观补遗》记，明代钱龙锡在石湖塘建石湖道院。时至清末，沪杭铁路建成，于湖荡村的石湖庙约100米处设火车站，取庙名和村名综合命名，即为石湖荡车站。车站带来了客商云集的人气，也导入了天南海北的文化互动，湖荡村随之变为石湖荡集镇。这便是从治水而有石湖塘到石湖荡集镇的前世今生。

　　或许因身处水乡，石湖荡人对水有着特别的感悟。他们在浦江之首景区，特别设立了一个"水文化展示馆"，共分为四个部分，分别为"水之源""水之脉""水之治"和"水之兴"。"水之源"从一幅敦煌莫高窟的壁画开始，讲述历史上吴淞江地区的繁茂变迁以及松江之名的由来；"水之脉"从古代上海的特殊地貌形态冈身讲起，通过黄浦江的演变来展示松江和上海水系的历史发展过程；"水之治"讲述古上海因常年受海水倒灌之苦，先民们取水、理水、治水所付出的艰辛努力；"水之兴"讲述古代上海因吴淞江而逐渐繁荣，近代上海因黄浦江而名贯中外的成就展示。

　　在景区沿路，还有历朝历代的治水功臣塑像，比如夏原吉、海瑞、林则徐等，当然也少不了献计江浦合流，最终让黄浦江北折而去的闵行鲁汇人叶宗行。

　　水生地长的石湖荡镇是在21世纪初，由原李塔汇镇和原石湖荡镇合二为一的。前者是因塔得名，塔就叫李塔，相传始建于唐调露二年（680），是由唐太宗第十四子曹王李明被贬为苏州刺史时主持修建，历经风雨沧桑，依然屹立于集镇中心。但实际上，此塔系宋代初建，明代重建，清代几次修缮。建塔初衷是导航用，因当初塔旁远近水系很乱，现已湮灭的牛脚壳似河似湖，老街周边当时是低洼地中的高地。后者原为古松乡，是因为元末明初诗人、文学家、书画家杨维桢隐居松江时，在集镇西市梢楞严庵中手植了一棵罗汉松，树形苍古、树冠如云，后被乾隆赐名"江南第一松"，故而集镇被命名为古松乡。可惜的是这棵罗汉松在20世纪70年代因天灾枯死。

　　水能兴市，但有时也阻碍了地方的发展。长期以来，以石湖荡镇、泖港镇等为代表的浦南地区地处黄浦江水资源保护区，承担着"水源保护、基本农田保护和生态环境保护"职责，难以进行大规模开发。于是像东夏

黄浦江畔的田野风光（徐晓彤　摄）

东夏村往东，米市渡的工业遗址（徐晓彤　摄）

市民在黄浦江附近的野河浜垂钓（徐晓彤 摄）

村这样旮旯里的村落，因交通不便难寻发展之路，虽说村宅之间都通上了水泥路，却因环保要求渐渐被"遗忘"。年轻人出走，寻找其他发展方向，留下的是白发苍苍的老人。在东夏村，我们看到的是"浦江之首"的风景，而当地人更在乎的是自身美好的生活。"发展"和"保护"，其实不应该成为一对矛盾，但在实际操作时，往往无所适从，难以找到同频共振的最佳契合点。不单单是东夏村存在这种困惑，很多地方都有。当然这种矛盾不是无解的，考量的是为政者的智慧。

2019 年，东夏村被纳入上海市第二批乡村振兴村。借助"乡村振兴"战略，当地政府以农民集中居住为突破口，释放出土地等生产要素活力。

我们从浦江之首景区出来后，特地在东夏村和附近的村庄走了走，看到这里基本保持了历史原有的空间格局与形态肌理，河流、林地、稻田、村落等生态要素构成了丰富的乡村风貌。"靠山吃山，靠水吃水"，借助"浦江之首"的地理优势，当地将发展投向旅游产业，周边古镇建设正在加速推进中。乡野公园建起来了，农家乐的灶火生起来了，除了传统的亲子采摘、民宿外，一批年轻的创客在这里推广起水上皮划艇、空中直升机、地上骑马游等项目。他们把火车车厢改造成了餐厅，在草坪上搭建帐篷，吸引游人前来露营烧烤。虽然说现在还见不到显著的经济效益，但尝试一下总是好的。尝试总怀着一份希望，不尝试则连希望都没有。

当地的打算是，以"浦江之首"景区为核心，串联起域内的唐（李）塔、宋寺、元松等景点，发展全域旅游。

从黄浦江零公里处出发，江水浩浩荡荡，昼夜奔流不息。

第三章　一个马桥，几多人物

　　黄浦江畔，一个原本在许多人眼里"尴尬""落乡"的小镇，原来在中国考古史和上海成陆史上占有如此重要的地位，具有无可替代的历史文化价值，这不得不令人莫名惊诧，尤其是"马桥文化是上海之本"概念的提出，更让马桥人感慨万千，心生对先民（先祖）的敬畏，油然有种自豪感。

位于闵行临沧路上的古藤园（卓孝辉 摄）

2022年9月，老家马桥镇的领导给我来电，约我为镇里庆祝新闵行区设立30周年展写个序言。

我自知才疏学浅，但既得人信任，也只能勉为其难。好在这些年来一直从事着地区的文史编撰工作，又加之出生于马桥，大致情况是了解的。于是，凭自己的理解，形成了一段文字：

黄浦江畔，听潮起潮落；三冈之上，看云卷云舒。

我们脚下的这方土地，南依黄浦江，北靠俞塘河，往来之舟，皆可扬帆。马桥文化，源远流长，文脉传承，厚积薄发。

江流汇成海，山川起为峰。改革开放之初，马桥勇立潮头，一马当先。东方风来满眼春，1992年春，邓小平专门来到旗忠村，留下殷殷嘱托；是年底，"撤二建一"，设立新闵行区，为马桥驶入发展快车道注入澎湃动力。

古老的土地，却有创风气之先的探索精神，成为各方客商创业热土；旗忠体育森林城，引无数海内外友人近悦远来；乡村振兴，构建起生态人文的美丽图景；人工智能创新发展高地和上海陆上丝路桥头堡效应初显，影响力日益凸现。

古藤花下，且听风吟。以而立之年之"精气神"，勠力同心，踔厉奋发。

我有自知之明，对这段文字的遣词用句心中还是忐忑的，文学性略显不足，基本上用了大白话，也没有充分考虑词句押韵，个别地方还是生硬了些。我想的是这样的展览大多数参观者是当地村（居）民，行文上尽可能通俗易懂，效果可能好些。好在镇领导较为满意，说是"写出了马桥的特质和古今韵味"。

人就是这样的，喜欢听好话，或许人家就是客套，但我还是心安了些。虽说是临展，但也有长达一年的展期，许多人会去看。好在自信的是，对于马桥历史的阐述，应该还算是精准，并点到重点的。

壹

黄浦江两岸有许多街镇，比如松江的车墩、叶榭；奉贤的庄行、西渡；浦东新区的三林、高桥；徐汇的龙华、华泾；宝山的淞南、吴淞等，若论知名度，马桥镇是不输于其他地方的。

很多地方为显示底气，往往说自己"拥有悠久的历史和灿烂的文化"，并为此竭力寻找出"人杰地灵"的佐证，但多数是言过其实，没办法，现在内卷厉害，而马桥则不然，作为闵行区最西南的一个镇，它是有真正自信和底气的。虽然在外人眼里，马桥偏居一隅，有些"落乡"，有人甚至说，闵行相对上海而言是个尴尬的地方，而马桥相对闵行而言更是个"尴尬"的地方。驾车导航往往一片茫然。其实这真的是一种误解。

在很多人印象中，上海是直到近代由一个小渔村发展起来的大都市。事实上，经过 50 多年考古研究，上海古海岸线"冈身"地带，已发现一连串的古文化遗迹。而"冈身"是上海等沿海地区特有的一种地理现象，早在六七千年前，在长江和海水交互作用下，在现今上海地区的西部，发育出上海的古海岸线"冈身"。其纵贯了现在上海的嘉定、青浦、松江、闵行、奉贤五个区。考古发现，马桥拥有竹冈、沙冈、紫冈三条古冈身遗迹，故为"三冈"。

1959 年 12 月 7 日，原上海县马桥公社联工大队（今闵行区马桥镇联工村）俞家宅社员在挖掘粪坑时，在 1.5 米左右深处发现鹿角和红色印

马桥文化（马桥遗址）全景，摄于 1960 年（资料图片）

纹软陶碎片，引起在该队劳动锻炼的提篮桥区粮食系统下放干部的重视，他们认为这里很可能是一个地下遗址，立即向马桥公社、上海县有关部门汇报。

几天后，被称为"四大金刚"之一的上海重型机器厂在俞家宅附近的俞塘河北岸用推土机取土。在推至地表 1.2 米以下时，发现大量印纹陶器皿及少量石器，引起了考古部门的极大重视。1960 到 1997 年间，上海市文物管理委员会在这里进行了六次发掘，出土了新石器时代良渚文化遗物及唐、宋、明、清各代文物，分布于 5 个土层。这些文物为研究上海地区的成陆和发展提供了宝贵的实物资料，同时，在这里发现的一条贝壳砂带，为上海成陆的"冈身"之说找到了科学依据。在马桥的这个考古遗址未被发现之前，国内外不少专家都认为上海地区成陆年代有限，不过 2000 多年，而马桥遗址所出土的大量文物则将上海成陆的历史和上海先民的生息活动上推了 2000 多年。同时，考古工作者认为，马桥遗址第四层属于印纹陶文化的一种类型。1978 年夏，在庐山召开的"南方印纹陶学术讨论会"上，因马桥遗址发现较早，文化遗存最丰富，最具典型性，以考古资料积累和认识深化为基础达成共识：将夏商时期的太湖地区作为一个独立文化区，此次会议提出了"马桥文化"的命名。1982 年，国家文物局正式命名"马桥文化"，所处时期距今 3900—3200 年。2013 年，遗址被列为全国重点文物保护单位。

马桥文化是因马桥遗址发现而命名的一支考古学文化。从长江三角洲地区来看，目前已发现马桥文化遗址 40 余处。迄今为止，依然以马桥遗址发掘面积最大、文化内涵最丰富。其特点体现在器物制作方法、器物形制、器物组合等方面。马桥遗址从距今 5400 年左右的崧泽文化晚期开始有人类居住，经历了良渚文化，到马桥文化时期聚落规模逐渐发展，成为上海考古文化的一个高峰。考古发现显示了马桥遗址及上海源远流长的历史。追寻上海先民 5000 年足迹，虽是考古学意义上的数字概念，但它久远的历史过程不容忽视。

马桥文化的组成以南方印纹陶传统为主，同时融合了本地因素、中原地区的夏商文化以及山东半岛的岳石文化等多种文化，它反映了马桥文化时期上海地区多元文化的特色。故而，考古学者和文史专家们认为，如果说崧泽文化是上海之源，广富林文化是上海之根，那马桥文化就是上海之

位于北松公路花王路的马桥文化展示馆（资料图片）

本，都是古代上海文化的根脉所系。这三大古文化，如同构成"沪"字的三点水，缺一不可，共同创造了上海古文化的辉煌，表明上海参与了中华文明起源与形成的共建进程，简而言之，三大古文化，"共同形成了上海文化的源头"。

2017 年、2018 年，由闵行区政协提议，在马桥镇曾先后举办了两场马桥文化论坛，国内诸多知名考古学家、学者汇聚一堂，共同畅谈马桥文化，对马桥文化是"上海之本"的概念表示肯定。我也有幸参与了这两场活动。论坛上，曾经多次参加马桥遗址发掘和考古的专家们认为，马桥文化，既是远古上海走出历史低谷的起点，也是远古上海开始向现代国际大都市攀援上升的原点。马桥文化开放、多元文化融合的特征，在某种程度上成为了上海城市"海纳百川"的最初源头。

黄浦江畔，一个原本在许多人眼里"尴尬""落乡"的小镇，原来在中国考古史和上海成陆史上占有如此重要的地位，具有无可替代的历史文化价值，这不得不令人莫名惊诧，尤其是"马桥文化是上海之本"概念的提出，更让马桥人感慨万千，心生对先民（先祖）的敬畏，油然有种自豪感。

当然，也有人把马桥文化误解为"马桥的文化"。当我跟人谈起马桥文化时，常常要解释一番，这是考古学上的说法。前两年，我所在的单位根据马桥文化出土的陶器器形，研发出了几款文创产品，报送市相关部门参与评审"上海礼物"，就有专家提出，一个镇的考古"文化"太局限了，怎么能代表上海呢？我不知道该怎么回答，就怕理论一番后伤了对方的自尊心。

看来，关于马桥文化的宣传还真的远远不够。松江区花 10 年之功，走文旅融合之路，把一个广富林考古遗址做成了上海市民皆知的旅游风景区，打造了文化共享和旅游消费相结合的打卡新地标。2018 年 1 月，我去拜访刚刚从松江区委书记任上退休的盛亚飞先生，他十分感慨地说道，他在松江工作了整整十年，当时那块土地正准备开发商业楼盘，发掘到遗址后马上停止，在市里支持下调整了规划，才有了现在的博物馆。而考古价值同样与此比肩的马桥文化，其展示馆是在 2018 年 10 月建成的。总建筑面积为 1600 多平方米，以"天""地""人"为展示理念，以"马桥古文化"历史发展为主线，运用高科技手段打造而成，再现上海远古人居生活。从建筑体量、展陈布置方面相比，与广富林存在一定的差距，但还是为马桥文化的研究保护利用起到了推动作用。与之前只在北桥公路旁设立一块纪念碑，已经是天壤之别，迈出了极有意义的一大步。

闵行区政协主席祝学军认为，马桥文化还有许多未解之谜，应该奋起直追、锲而不舍地加以保护和研究。2020 年时值马桥遗址首次发掘 60 周年，祝学军和多位市政协委员联名提案，建议将马桥文化保护发展列入"十四五"上海文化发展重点项目。

贰

有一点让人不可思议：马桥是闵行区境内 14 个街镇（工业区）中至今唯一没有轨道交通的地方。

目前闵行境内已建成 11 条轨道交通。1997 年 7 月 1 日，地铁 1 号线南延伸段全线贯通正式运营，区政府所在地莘庄通上了地铁，沪闵路南北两翼联动，对闵行区，尤其对莘庄的经济社会发展起到了积极的推动作用，而于 2000 年 8 月 8 日开工建设，于 2003 年 11 月 25 日开通运营的轨交 5 号线（莘庄站至闵行开发区站），涉及莘庄、颛桥、江川三个街镇，在促进交通便捷的同时，也让这一区域成为充满梦想和未来的活力之城，宜居乐活的置业优选之地。

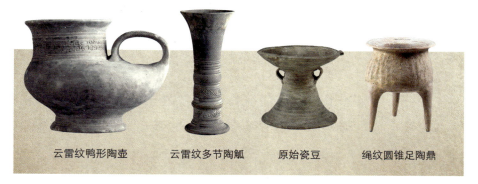

| 云雷纹鸭形陶壶 | 云雷纹多节陶觚 | 原始瓷豆 | 绳纹圆锥足陶鼎 |

马桥遗址出土文物（部分）

但是，20多年过去了，当其他街镇的居民出门就有轨道交通搭乘时，马桥却成为一个被遗忘的角落。许多人大代表、政协委员和有识人士都积极呼吁，历来是经济强镇的马桥不应该连一条轨道交通都没有，否则投资怎么来，人才怎么来，安居乐业又从何谈起？

江南河网密布，在古代，水上交通占有非常重要的地位。乡民出行、物资运输和贸易依靠的是各类乌篷船、木帆船和沙船。摇橹拉纤，帆樯衔尾，江河往来忙。

"有钱难买俞塘北"，元明时期，在松江府所属地区流行着这么一句民谚。说的是俞塘河往来之舟，皆可扬帆。黄浦江有多条支流与俞塘河相通，而俞塘河到吴泾地区后最终也汇入了黄浦江中。长期以来，俞塘河沿岸土地膏腴肥沃，宜种菽麦，富户竞相争购，从而引发地价擢升。马桥地区就属于这"俞塘北"。直到20世纪五六十年代，马桥因大办农业，粮食高产著称于上海乃至全国。我收藏着一份1963年出版的《人民画报》（第2期），以《前途无限》为题，整整六个大版面报道了马桥在农业方面所取得的丰硕成果。共和国开国总理周恩来曾两度视察马桥，国家领导人宋庆龄、董必武也来过马桥。

在人文历史方面，马桥有着很多的说头。

马桥文化公园内的董其昌雕塑（卓孝辉 摄）

1600 年前的东晋时期（317-420），吴郡太守袁崧（又作袁山松），在今马桥镇境内的原三友村地界筑了一座城，史称“筑耶城”，作地方防卫之用。袁崧后在与流寇孙恩的作战中遇难，晋廷追赠袁崧为“司空将军”，后人在筑耶城旁建“筑耶将军祠”祀之。但这些建筑在清代初就已废，目前仅残留一棵原筑耶将军祠前的银杏树，依然枝繁叶茂、秀丽挺拔。而相距不远，如今的吴会地区，当年则是个颇具规模的集镇，史称吴会里，沿江川路而行，从沙港河到竹港河，两岸偌大的地方在元明清时均为“吴会里”的属地，其核心地段当地人习称“吴会街”。“先有吴会，后有马桥”，与现已划属徐汇区的乌泥泾镇（现称华泾）、青浦青龙镇齐名。当时，街上建有塔庙，为南净土讲寺，引来八方名士，香火旺盛。可惜古镇毁于明嘉靖年间的倭患。明嘉靖三十三年（1554）六月，从海上来的倭寇由嘉兴冲杀到闵行镇。一阵焚掠后，又闯进吴会镇大肆作恶，好端端的佛寺道院、老街古宅被洗劫一空，化为废墟。至清同治十一年（1872）间，这里逐渐恢复商贸，称吴会市，然今非昔比，人气难聚。但这里曾出现了董氏、金氏、龚氏、戴氏等一批名门望族，曾是江南文化的一处高原。从明天顺八年（1464）董纶中进士始，至清顺治十八年（1661）董含中进士的 197 年间，这里先后出了进士 16 人，共计 50 多人考中科第走上仕途，为官者遍布各地，在当时的整个上海地区显赫荣耀，无以匹比。

这里得专门说说董氏。董氏家族最杰出的代表人物，自然是明代书画巨擘董其昌（1555—1636）。董其昌的先祖随宋室南渡，由河南迁此定居，其始迁祖及早期家族谱系由于时代久远等原因未能保存，不能明述。据族谱记载董氏一世祖乃宋元之交时的董官一，五世孙董纶与两个儿子忱、恬俱中进士，四子怿也中举人，明正德皇帝认为是国之祥瑞，敕封“父子三进士”和三兄弟为“云间三凤凰”，并赐建“云间三凤”牌坊。如今，董

（明）杜复《董其昌七十五岁像》　　董其昌《佘山游境图》　　董其昌《林和靖诗意图轴》

家老宅早已不存，但原门头的建筑残柱得以保留，现置于马桥镇政府旁的马桥文化公园内。

"天才俊逸，少负重名"，董其昌书法"始以宋米芾为宗，后自成一家，名闻外国"，"集宋、元诸家之长，行以己意，潇洒生动，非人力所及也"。——《明史》上如此评价董其昌。其亦为南宗"云间画派"鼻祖，擅画山水，集前人之大成，融会贯通，笔致清秀中和，恬静疏旷，用墨明洁隽朗，有"颜骨赵姿"之美誉。他的绘画风格影响明清画坛数百年，甚至被西方视作"开启了东方现代艺术的大门"。2018年12月至次年3月，上海博物馆曾举办"丹青宝筏——董其昌书画艺术大展"，引发热烈反响，一票难求。

董其昌出生于马桥董家汇，作为竹冈董氏家族八世孙，是董思忠的一支后裔。虽然列祖列宗中，文人学士很多，中进士者也有不少，有官拜御史的，有官至九卿的，有仕至知府的，有累官侍郎的，更有独当一面的封

疆大吏，但他却生不逢时，到他
这一辈，其实家道已中落，家中
只有 20 亩薄田，而父亲董汉儒
只是个秀才，靠教书为生。但董
其昌勤奋好学，不光在艺术方面
颇有成就，在仕途方面也几乎一
路坦途。亦官亦隐，进退得宜。
从万历十七年（1589）中进士而
入官场算起，到耄耋告老还乡，
为官十八年归隐却达二十七年。
官至南京礼部尚书，还曾作为明
光宗朱常洛在做皇子时的讲官，
也因此晋太子太保。董其昌既在
仕宦阶层中营造了谦逊超迈的形
象，又攀上了世俗权势的巅峰，
他把明哲保身的政治智慧运用得
出神入化，基本未像他的同僚那
样被罢官革职，陷入党争之祸。
有人说他圆滑世故，有人说他富
有政治智慧，或者两者兼有。为
人处世方面董其昌则至情至性，
广交天下，同时代很多颇有声望
的大儒名绅是他的朋友。比方说
写过《小窗幽记》的陈继儒。

董其昌《秋兴八景图》（局部）

董其昌七岁时便被寄养在华亭县（今松江区）叶榭叶姓外祖母处，就读于水月庵私塾。水月庵离黄浦江不远，而此处千步泾夹角地设有渡口，对岸即为吴会里。董其昌少年性孝，每月朔望（农历初一和十五），摆渡过江徒步数十里，回老宅看望父母。路途中须经过黄浦江畔一个叫韩仓（20世纪 90 年代并入彭渡村）的小村。村上有大户人家龚氏，有"一门双进士"龚情、龚恺两兄弟。得知董其昌只十三岁已中秀才，才华横溢，便鼓动另一位兄弟龚云涯，让他把女儿龚婉琰嫁给董其昌。我们现在从陈继儒所作笔记中可以了解到龚婉琰是一个遵守传统道德的模范女性，美丽端庄又善解人意；她擅长刺绣又能烧出美味菜肴，与董婚后日夜相伴，入夜陪他仰望星空，晨起为他磨墨濡毫，无微不至地照料董其昌的生活起居。上得了厅堂，下得了厨房，又如此这般体贴浪漫，实属难得。龚婉琰后被朝廷诰封为"一品夫人"。

董其昌从上海乡野出发，由一个一文不名的穷学生，成为仕途亨通、高居庙堂的大宗伯，同时书画艺术方面成就斐然，并依靠艺术经营富甲一方，更重要的是他拥有美满的婚姻，这一切无疑表明他真的是人生赢家。倘若没有"民抄董宦"事件发生，可以说他这个人基本称得上无瑕疵。

然而让董其昌背负千古骂名的"民抄董宦"事件，越来越多的证据表明这是一桩冤案。所谓强抢民女，应是其次子董祖常所为，算是个"坑爹"的货，而董其昌最多是教子无方。我在 2021 年时出版这一本书《春申郡望》，其中有一节是董其昌的传记，为此查了许多史料，想一窥"民抄董宦"的前因后果。正如一些史学家指出，"民抄董宦"的背后，实际上是有一股朝廷与乡里狼狈为奸的时刻窥察、伺机攻击的黑势力，董其昌次子的恶行，正是这股黑势力借机进攻的大好时机。朝廷中董其昌的政敌乘机撺掇地方劣绅，上下勾结沆瀣一气，收买无耻文人及地痞无赖，煽动不明真相之人，火焚董宅，将其子之罪强加于他，扩大宣传，从而引发民愤。

几百年后的今天，许多不细究真相的人依据野史，或以讹传讹或添油加醋，还在不分青红皂白谩骂董其昌。我就遇到过多次这样的情况，当我向人们介绍起这位老家的名人时，很多人第一反应说，董书画很好，但人品很差的。但具体差在哪儿，没有一个人讲出个所以然来。我曾以闵行区政协委员的名义写了提案，建议有关部门加大对董其昌在艺术成就方面的宣传，可以在闵行，或马桥建一个董其昌纪念馆，这对传承地方文脉，提升地区影响力大有裨益。但有人提出异议，说给董这样的人建馆，值得吗？这实在是种无奈。或许这是因为，绝大多数时候，公众并不想知道客观真相，而是想知道自己认为的真相；绝大多数时候，公众宁可被人利用，也不愿意被人指出被利用了，因为后者显然是对自己的一种否定。

2023年中秋夜，闵行区文明办、马桥镇组织在黄浦江畔举办"月满马桥"活动，作为"我们的节日"系列活动。这样的活动已经连续举办了七届。这一次别出心裁、精心设计沉浸式剧本，以董其昌为主角，架构了一个他与夫人龚婉琰，族中长辈、诗人董宜阳，好友、江南大儒陈继儒等亲友在中秋之夜游园的故事，让前来参加活动的市民游客耳目一新。作为策划人之一，我觉得这样的尝试是成功的，赓续文脉，让历史走入生活，走入大众，其实有很多的方式可行。

叁

难说董其昌。这是个独一无二的人。但在马桥，在董其昌去世二百多年后，又出了一位人物，在民国时期声名显赫，被乡人们长期奉为"传奇"。

我在读小学时就听说过他的故事，乡人们说他文武双全，能说善写，武功深湛，能在栲栳上轻易行走。虽为书生，却喜骑烈马。他于青年时代弃文从武，后又从政，并长期担任要职，但他廉洁奉公，谦虚俭朴，两袖清风，有口皆碑，无论在官场还是在乡人中，被称为"好好先生"。平时喜着长袍马褂，足蹬短马筒靴，与人聊天，经常是一口土话，"叫啥末事……阿伲……蛮好……交关……"等。乡人闻言倍感亲切，而不了解者则以为其学识见闻浅显，殊不知他是中式举人，行过伍打过仗出过国留过洋，见过大场面。

　　这个人就是上海本土籍民国元老钮永建（1870—1965），马桥俞塘村人。俞塘村因村前有俞塘河流经而得名，还是马桥文化遗址所在地。如果

1905 年 8 月 20 日，中国同盟会在东京成立时的合影（第二排右起第二人为钮永建）（资料图片）

说董其昌以书画作品传世，那钮永建先生让乡人感念至今的是他留下了一所百年学堂——马桥强恕学校，直到现在还在造福本地学子。从传承上来说，我也是属于这所学校毕业的。

作为同盟会早期成员，近代资产阶级革命家，钮永建忠诚追随孙中山先生，主张革命，"起共和而终两千年封建帝制"，积极投身于"反清""拒俄"的洪流中。辛亥革命爆发后，参与领导光复上海之役，后又参加孙中山领导的二次革命。1912 年初，钮永建出任南京临时政府参谋次长，后陆续担任过南京国民政府秘书长兼江苏省主席、国民政府考试院副院长等职。1925 年 3 月 12 日，孙中山在京逝世，钮永建随侍在侧。在国葬典礼上，他是二十四名抬棺者之一，为第二组执绋守灵人员，同组中有李大钊、于右任等人。

同董其昌相似的是，钮永建虽一度名列国民政府高层，但他在关键时刻懂得激流勇退，醉心于民众教育，造福乡梓。马桥自古以来文风甚盛，曾名震一方的吴会书院创立于清同治十一年（1872），主要创办人是世居荷巷桥镇的近代教育家顾言。书院规模、课业与当时上海城内著名的敬业书院相同。顾言主持吴会书院前后长达二十九年。要求学生严于律己，造就了一代新人，其中就有钮永建。他赴日本留学前拜访恩师，发觉这里的教学已不适应时代的发展，便向顾言提出，应将书院改建为新式学堂，增添"新学"课程，使学生得到智育、德育、体育知识，成为适应时代潮流的人才。顾言深有感触，表示全力支持钮永建实施"新学"主张，后来又根据他的建议，把新式学堂取名为"强恕公学"。1900 年，强恕学堂正式开学，由钮永建少年时的同学蒋清镜担任首任校长。

钮永建热衷民众教育，敢于弃旧图新，耄耋之年还在家乡马桥倾心扫盲，启智民众。俞塘民众教育馆是钮永建在 30 年代初淡出政坛后，造福乡梓的大手笔。虽然他主政江苏时，联合被誉为"民众教育保姆"的女教育家俞庆棠共同努力，在全省建立起了三百多所民众教育馆、八十二所农民教育馆，然而这些都是公立的，而俞塘民众教育馆却开了中国私人捐资创办民众教育馆的先端，而且规模宏大，教学内容丰富。为了使其成为改良乡村建设的样板，钮永建亲自主持并确定了俞塘民众教育馆的工作目标：一是从农民的实际生活出发，谋增进农村生活；二是从完成地方自治上着眼，谋改良农村组织；三是根据三民主义，完成训政，促进世界大同。根据这一思想，民众教育馆着重开展民众生计教育、健康教育、艺术教育、家事教育、文学教育和公民教育。先以俞塘为实施全民教育实验区域，同时兼顾马桥、北桥及其他附近地方，谋将来扩大。

为了达到这一目标，凭着自身人脉广、名望高的有利条件，钮永建组建了一个最强大的董事会，特聘其至交吴稚晖和全国著名教育家、社会学家陶行知、晏阳初、梁漱溟和黄炎培等为俞塘教育事业指导委员会成员，由俞庆棠担任教育馆董事会董事长，江问渔、李云亭等十一人为董事。特聘江苏省立教育学院院长、享有盛誉的乡村教育家高阳为馆长，钮永建的侄子钮长耀为主持日常工作的副馆长。俞塘民众教育馆在俞塘、马桥、青登、西村、俞南等五处设点，创办了"没有门槛"的民众夜校，以当地歌谣为教材，让因贫穷没有上过学的农家子弟识字学文化。

经过如此一番努力，俞塘民众教育馆的影响日益扩大，由此推动上海县境内相继建立颛桥农民教育馆、三林民众教育实验馆、塘湾民众教育馆、闵行民众教育馆、鲁汇民众教育馆、陈行民众教育馆等。1933 年夏，俞塘民众教育馆被江苏省教育厅收归公有。俞塘，俨然成为上海西南诸乡的文化源泉、交流中心。

然而日本悍然发动侵华战争，一场浩劫让中华民族处于水深火热之中。覆巢之下，安有完卵。钮永建苦心经营的俞塘民众教育馆在日军的炮火中

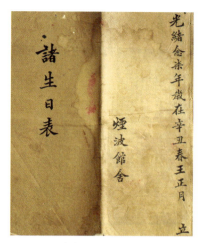

吴会书院点名册（顾福根 摄）　　　　　　　钮永建和他的家人在俞塘（资料图片）

就此化为乌有。

　　要重新推进民众教育，首先要把俞塘民众教育馆重建起来，这是钮永建心中的信念。他把这份重任交到了被称为"江苏怪人"的教育家张翼肩上。张翼是上海县颛桥人，创办了地方报《明心报》，社会反响热烈。在接到钮永建邀请后，当即表示愿意出任民众教育馆馆长一职，愿意担当推进民众教育的特殊使命，并马上投入重建工作。

　　1949 年春上，八十岁的钮永建请辞考试院副院长一职，回到俞塘河畔，在他创办的俞塘民众教育馆为乡人讲课。依然是一身蓝土布长衫，足穿元色皮鞋，既无随从，也不坐车，天天奔走在故乡的小道上。他同乡亲们谈及往事，总是谦逊地说："我是常败将军，两次攻打南铁厂（江南制造局），都是吃了败仗回来，半生追随孙总理，庸庸碌碌，毫无建树，惭愧！惭愧！"

　　1949 年 4 月 30 日，下午三时，钮永建及家眷共七人，由上海飞赴台北。是年 11 月，与吴稚晖、余井塘等发起在台北再建一所强恕学校，收容到台湾的江苏籍学子。次年 4 月 10 日，台北强恕中学正式上课。

1965 年 12 月 23 日，留居美国纽约长岛休养的钮永建逝世，享年九十六岁。自 1949 年 4 月，他离开大陆后再也没有回到过家乡，相信那种遗憾和痛苦无法与人语。家属按照钮永建夫人黄梅仙要求，将抚恤金分赠给中原理工学院、强恕中学和基督教循理会等单位。

1994 年，原马桥中学、马桥中心小学复名为马桥强恕中、小学，2002 年学校实行九年一贯制教育，合并改名为马桥强恕学校。

2011 年，为纪念辛亥革命一百周年，当地政府对钮家遗存建筑"镕才堂"重加修缮，在此建立"俞塘民众教育纪念馆"，陈列钮永建生平事迹史料和实物。

一尊钮永建铜像矗立于镕才堂前院。几年后，在马桥强恕学校也矗立起钮永建的石刻雕像。

当代著代历史学家熊月之先生说，马桥"文有董其昌，武有钮永建"，在全上海的乡村，也是少见的。

肆

黄浦江不似大海那样宽广博大，但它最终是通向大海的。

在马桥遗址发掘中发现，远古的房屋保存状况十分之差，多数仅留下一些柱洞的痕迹。先民们的村落位于砂堤之上，东面临海，良渚文化时期因海潮的威胁，砂堤东侧无法定居。夏秋季节，由于台风和暴雨袭击，村落往往会受到毁灭性的破坏，对于马桥先民而言，在恶劣的自然条件下生存即是常态。事实上，不止是住，衣、食、行中无不透露出先民们的勇敢与智慧。他们勤劳开拓，既能海纳百川，又勇于搏击浪尖，既追求中庸和合，又敢于推陈出新。

2003年9月4日，位于马桥的旗忠网球中心破土动工（顾福根 摄）

　　直至今日，马桥先民的精神仍深深影响着当地人。历史上这块土地诞生了董其昌、钮永建等卓越的人物，新中国成立后，又迅速成为全国农业先进的典范。而到了改革开放年代，更是"一马当先"，很长一段时期走在发展潮头，在市郊乡镇中起着排头兵的作用。

　　古稀之年的张蔚飞先生是我的忘年交，我们认识已近40年了。20世纪80年代初，他从部队转业到解放日报社，担任摄影记者，若干年后成为摄影部主任，后调入人民日报社华东分社，担任过总编室主编、图片网络中心主任等职。作为一名记者，那时他经常下乡采访，所以结识了不少农村干部。在风起云涌的20世纪八九十年代，一大批不安于现状，寻求变革和致富门路的青年人站在了历史的潮头。张蔚飞曾跟我这么说道："从80年代中期起，我采访跑得最多的郊区就是上海县。上海县当时是市郊中发展最快的，名列前茅，更是改革开放的典型，涌现出了不少'改革能人'，尤其是马桥，更令人瞩目。"

　　张蔚飞这番话是在2018年6月初的一天说的。在闵行区梅陇镇罗锦路附近的一处居民小区，张蔚飞家的客厅，他手里还拿着一张照片，画面是邓小平亲吻着一个小男孩的脸颊。

1992 年 1 月中旬，小平同志视察南方，经武昌、深圳、珠海，而后在小年夜来到上海。张蔚飞当时在解放日报社当摄影部主任，有幸成为了小平同志视察上海时的摄影记者，而文字记者则是新华社上海分社的陈毛弟，参加报道的记者就他们两人。

2 月 12 日，是一个风和日丽的艳阳天，小平同志一行驱车来到闵行经济技术开发区。这个坐落在黄浦江畔的开发区是 1983 年市里征用了原属马桥的 3.5 平方公里土地创建的，是上海市最早的两个国家级开发区之一。在引进外资，消化吸收先进技术，发挥对外窗口、经济辐射作用，带动区域经济发展和解决劳动力就业方面取得较大成就。在听取了开发区发展情况介绍后，小平同志一行来到了马桥乡旗忠村。

旗忠村党支部书记高凤池就是张蔚飞口中的"改革能人"之一。短短几年时间，就把一个原来人称"西伯利亚"的穷村打造成经济实力、农民生活条件等各个方面名列全市郊区前列的先进村、模范村，被誉为"华东第一村"。

小平同志一行在旗忠小学参观，听取高凤池汇报时，一个大约三岁的小男孩摇摇摆摆走了过来，不知是谁说了声"过来，让邓爷爷亲一亲"，陪同的时任中共中央政治局委员、上海市委书记吴邦国立即抱过孩子，小平同志十分亲切地上前吻了吻孩子。看到这一幕，张蔚飞迅速按下了相机快门，于是小平同志亲吻农家儿的瞬间被永远地定格了下来。

张蔚飞说，马桥人给他的感觉是"爱折腾"，从来不甘于命运的安排，骨子里有着走出去的勇气。

1990 年下半年，由于种种原因，上海乃至全国其他地区改革的氛围较为沉闷。解放日报社党委组织了一个调查，选择马桥蹲点调查，来来往往，历时三月有余，于 1990 年 12 月 15 日在《解放日报》头版头条推出了 1 万余字的长篇调查报告《骏马奔腾——马桥改革启示录》。张蔚飞是这个调查小组成员之一。这篇调查报告一经推出便引起了中央领导的高度重视。杨尚昆、李鹏同志分别来到旗忠村视察。之后，江泽民同志来到马桥视察，详细了解这里的发展情况、村民们的生活状况，高度肯定了当地改革发展的举措。

改革开放 10 多年来，很多地方都在摸着石头过河，社会上很大一部分人争论着姓"社"还是姓"资"的问题，马桥人似乎不管不顾，建企业、跑市场，发展集体经济，所以有些人就看不惯了，明里暗里指责马桥的做法，对改革作为不认同，高凤池还因牵涉到一个案件，被某区检察院刑拘 53 天。而《解放日报》的这篇调查报告，以及中央领导的到来，终于为马桥、为旗忠村正了名。高凤池获得新生，之后还担任了马桥镇党委副书记。

高凤池很符合人们想象中的农村干部形象，皮肤黝黑，不善言辞。我第一次见到他时，甚至觉得他有些木讷，但了解他的人都能感受到他身上有股子韧劲，执着和毅力并存。他出名前就很低调，成为全国闻名的农村改革能人后，更加绝少暴露在公众面前，不接受采访，也不会亲自接待蜂拥而至的来自全国各地的参观者。

2018 年，为纪念改革开放 40 周年，我担任执行总编的地区人文杂志《城市季风》策划了一组特稿，旗忠村作为当年上海乃至全国的改革典型，自然要列入进去。高凤池那时早已从马桥镇党委副书记兼村党总支书记任上退休。我找到他儿子，请他出面安排一下采访事宜，结果他很坚决地表示，说父亲肯定不同意的。事实上就是这样，就算组织出面，高凤池都没答应。后来我们只能采访了时任村党总支书记，才算完成了这组稿子。

旗忠村村口（卓孝辉 摄）

每年10月在旗忠网球中心举办上海劳力士网球大师赛，大咖云集，观众如潮（徐恺凯 摄）

马桥镇的农民别墅（卓孝辉 摄）

伍

马桥的改革能人，除了高凤池，还有沈雯和吴权民等，都是时代的风云人物，一度在上海乃至全国范围产生过影响。

很巧，沈雯和钮永建是一个村的，出生于俞塘。钮永建是老家的"传奇"人物，而作为后辈，沈雯延续了这份"传奇"。

1982年，沈雯23岁，那时他的身份是俞塘村第五生产队队长。就在那一年，他凭着一份刊有中央关于农村改革精神的报纸，说服了同村的伙伴，带着他们一起去老闵行、吴泾等地区开沟、筑路和安装电气设备，赚到了第一桶金：6万元。此后，沈雯又凭借这笔资金购置设备、培训人员，

在乡村振兴大背景下，同心村农民集中安置建起新屋（卓孝辉 摄）

在两间蘑菇房内办起了生产塑料包装袋的队办企业。不到 10 年时间，这家企业发展成了拥有数十家企业的紫江集团。如今已是中国著名的大型民营企业集团，包装行业的龙头企业，旗下拥有两家上市公司。沈雯个人也荣获了全国劳模称号，并当选为全国政协委员。

2002 年，沈雯把企业主战场从俞塘河畔转移到了黄浦江畔，在浦江第一湾这里先期划地 13 平方公里，建起了一座耀眼的科技新城——紫竹高新技术产业开发区。他带着他的创业团队在一片农田上许下承诺："给我 20 年，给你一座科技城。"

在规划成立紫竹高新区时，国内有 6000 多家区级以上开发区，即使后来经过清理整顿，还有 3000 多家。在这样的行业背景下，规划面积小、缺乏区位优势的紫竹高新区，仅用了短短九年时间就成为全国唯一一家民营的国家高新区。而关于这一切,我将在"浦江第一湾"篇章中进一步叙述。

如果说当年高凤池所带领的旗忠村因众多中央领导的到来而达到了荣誉的顶峰,并续写着荣光,在 2017 年还喜获"全国文明村"称号;而沈雯和他的紫江集团则一路凯歌,从传统制造业和服务业向高新技术产业发展,成功创建了国家级的高新技术产业开发区,在科创领域独领风骚。与这两位相比,彭渡村原党总支书记吴权民似乎就有点悲情和落寞。

论关系,我和吴权民称得上亲近,他和我是一个宅上的,辈分上还是我的"本家爷叔"。我大学毕业后,有一段时间在他一手组建的集团里工作,担任办公室主任、总经理助理,对他的经历和遭遇可谓相当了解。

喝黄浦江水长大的吴权民自幼练得一身好水性,有一手捉鱼摸蟹的硬功夫。20 世纪 80 年代初,这位退伍兵担任了村支部书记,而后经过十年奋斗将一个负债 21 万元的穷村变为年创产值超亿元的实业集团,这在当时是近乎神话般的传说。90 年代初,集团下属企业最高峰时达到 50 多家。1993 年,花 420 万元买下属于国资的上海电视十七厂;用 600 万元巨资购入 18 辆刚刚下线的第一代奥迪轿车,分配给村办企业领导……他因定性为"投机倒把"被抓过,也因被举报"行贿受贿"而被传讯,还有人以绑架他女儿威胁、勒索他。一路走来磕磕绊绊。用张蔚飞的话来说,他认识马桥那么多干部,吴权民无疑是最具争议的。

已是古稀之年的吴权民,早在 2010 年时因年龄原因从村党总支书记任上退休了。但在退休前的 10 年里,他又干了一桩颇具争议的事:以保护黄浦江上游水源为名,在荷巷桥小镇附近,原韩仓村地界紧靠黄浦江的地方,投资上亿资金建造了一座韩湘水文化博物园。水博园最大的亮点是,拥有上百株参天古树,20 多座明清时代的石质古桥。为了访查收集心仪的古桥、古树,整整十年,吴权民奔走在安徽、江西、湖南、湖北、广西

位于马桥的养云安缦酒店（资料图片）

等地。他上山下河，风餐露宿，与村民们吃尽苦头，终于不惜工本，把一株株古树、一座座古桥，甚至贵州苗家的吊脚楼搬到了黄浦江畔的彭家渡。

　　吴权民让人在水博园内树立起了一块高达 10 米的巨石，上面镌刻着"浦江魂"三个隶书金字；而后又请著名书法家程十发先生题了一块"饮水思源"的石碑，以此表明不忘黄浦江的养育之恩。移花接木、堆砌充填帮助水博园迅速"膨胀"起来，且卖点十足，在相当一段时间内引起各方的关注。或许，吴权民和彭渡村的村民们都没有想到，水博园的喧闹景象会同黄浦江的潮水般，褪去得那么迫不及待。一方面，水博园被国内的一些园林专家斥责为"文化赝品"，批评整个园林看不到一丝半缕的本土痕迹，那本应该在云贵、在客家、在巴蜀标示着当地风土的古桥旧石、大树老船，却千里迢迢客居在了黄浦江的滩头，只能无名无姓地沦为镜头里的背景；另一方面水博园耗资巨大，也拖累了村里的集体经济，到后期投入已经难

韩湘水博园一景（卓孝辉 摄）

以为继。而每年收入，乐观估计也只有几百万元，但古树、石桥的维护费却是要雷打不动地注入。要收回上亿元投资，可谓遥遥无期。更雪上加霜的是，为保护黄浦江上游水资源，市相关部门出台政策，划定红线，沿岸50米为涵养林地带，不准建设各类工矿企业等。而水博园有相当一部分园林面积却在这50米红线内，于是铁丝网圈了起来，变为闲人莫入的区域。

退休时吴权民的心情黯然。那时，他的集团辖属企业大多因各种原因关停或倒闭，剩下几家经济效益尚好的还在勉强经营。

2023年5月的一天，我去看望这位曾经的风云人物。退休十多年来，吴权民开过饭店、茶楼，后来在老闵行的千代广场租借了一个办公室，以收藏字画为乐。他就是那样一个从来不甘寂寞的人。

他还是那么兴致勃勃地谈起了水博园。说这个五一节，主打国潮风的水博园有上万人前往游览，"光门票收入就有几十万元"，已经成为了抖音、小红书中的网红景点。对于水博园遭受的批评，吴权民坚持说："时间会证明一切。"至于我问他为什么在草坪上矗了大禹的像，而不矗叶宗行的像，叶宗行才是开凿治理黄浦江的大功臣呢。吴权民愣了愣，说："人们更知道大禹治水吧，只是一种象征，不必要太在意。"也许在这个老人心目中，水博园是他一生中最完美的作品，虽然现在已跟他没有任何关系。

我所知道的是，水博园从2022年底起已由春秋国旅所属企业接盘，负责人周详跟我也相熟。周详说，不论是非功过，老吴为当地留下这么一座园林，了不起。

而这，或许正是吴权民引以自傲的。

浦江第一

第四章　浦江第一湾

　　自松江米市渡开始，黄浦江比较顺直地向东流至闵行原鲁汇地区的闸港，就在这里却是一个九十度转弯，改为南北向，形成了独特的"L"形河道景观。

　　这里，就是人们口中的"浦江第一湾"。曾经，这里都是农田，阡陌相连，种满水稻或棉花，如今成为了"生态、人文、科创"的代名词，同与外滩隔江相望的陆家嘴一样，声名鹊起。有人说，从"第一湾"到"陆家嘴"，可以领略上海千年历史的发展。是这样吗？

春意盎然的浦江第一湾公园，是欣赏江景的好去处（卓孝辉 摄）

每天吃过晚饭，翟林海闲来无事总喜欢散散步。

从永德路转到莲花南路，他就这样笃悠悠地走着。再往南点，就是他生活了五十多年的老家，那个叫幸福村的地方。如今这里建起了一所著名高校——华东师范大学（闵行校区）。2003 年 12 月 29 日，华东师大举行闵行校区奠基仪式暨开工典礼。世代居住在这里的翟林海和乡亲们被动迁，在附近的镇上再筑新居。毗临学校的则是紫竹高新技术产业开发区，一座产、学、研相结合的科创新城。

2016 年秋，退休多年的翟林海完成了他的一部乡村散记《乡愁》，并通过他在区文联工作的女儿转给了我。我便与老先生有了联系，知道他年轻时务农，而后又成为当地的乡小教师，一直做到退休。他告诉我，他住的村宅在吴泾镇最南端，就紧靠着黄浦江，共一百多号人，二百来亩地。那条从宋代就被记录在当地志书上的樱桃河便是从这里出发，逶迤向北穿过大半个镇，沿途催红生绿，滋养两岸无数生灵。东面以樱桃河为界与英武村为邻。农忙时分，樱桃河两岸村民可在田间劳作的间隙隔岸喊话打招呼。村宅南沿黄浦江，在漫长岁月里，村民们几乎天天在田头与江中的船只相望。在翟林海的印象中，小时候江中机动船稀少，帆船是江中风景的主色调，时常能听到纤夫拉船的号子声。

如今，翟林海穿梭在华东师大闵行校区的校园，还有紫竹高新区那一幢幢科创大楼间，他几乎迷失了方向，这里哪还有住了几十年的老村宅的影子？他听女儿说，兰香湖旁，那几幢名为紫竹半岛的商品房，单价要卖到 10 万元一个平方米时，惊愕了半天，满脸的不可思议。20 年前，吴泾镇上的房子交易价格才不到 2000 元一个平方米，因地处偏僻，加之受吴泾化工区影响，还没有人买。就在大动迁前，他家周围 10 平方公里内没有一个集镇，这片土地上的人连置办油盐酱醋，大多得走村宅自东向西的一条不足两米宽的小道，去那个叫闵行老街的地方，那个曾经的上海县首镇。而在其北部，原北桥黄一、黄二村的地方，交通大学闵行校区则于1987年9月迎来了第一批新生，随后经过30多年的建设，不断扩展，东门设在莲花南路上，与华东师大闵行校区隔路相望。

幸福村和英武、乐道、星火等村相连，2000年10月前，这里都属于塘湾镇地界，之后吴泾街道和塘湾镇"撤二建一"，设立吴泾镇。在翟林海看来，只是换了个名字而已，很长一段时间里，他对外介绍自己从来都是"塘湾人"，或者说是"老塘湾的"。

自松江米市渡开始，黄浦江比较顺直地向东流至闵行原鲁汇地区的闸港，就在这里却是一个九十度转弯，改为南北向，形戉了独特的"L"形河道景观。黄浦江—大治河—金汇港三水交汇，属吴泾镇凸出江心的一角，有个老地名叫"邹家寺嘴"，又称"寺嘴角"。这是幸福和英武等村所在地。

1966年，原幸福大队（村）的社员在为棉花选种（资料图片）

这里,就是人们口中的"浦江第一湾"。曾经,这里都是农田,阡陌相连,种满水稻或棉花,如今成为了"生态、人文、科创"的代名词,同与外滩隔江相望的陆家嘴一样,声名鹊起。有人说,从"第一湾"到"陆家嘴",可以领略上海千年历史的发展。是这样吗?

壹

如果没有紫竹高新区,没有华东师大闵行校区,顶着"浦江第一湾"名头的这块土地仍将是沉寂的、落寞的,就如"浦江之首"的石湖荡镇东夏村,黄浦江零公里处,只有地理名词的概念,而不会引起人们的关注。用老塘湾人的讲法就是,那里就是一只"死角",除了世代生活在此的本地人,谁还会有兴趣来走走看看?

我算是"老土地"了,老家彭家渡离浦江第一湾,沿黄浦江岸走的话,估计在 10 公里左右。但在 20 多年前,却对这里了解甚少,等到"第一湾"进入全面开发之后才逐渐关注起来。

之前讲过黄浦江形成的历史。在明代永乐年间,因江南水患严重,万顷良田成为泽国,朱棣下令对黄浦江有过一次开天辟地的整治和疏浚,出生于上海县鲁汇叶家行(今闵行区浦江镇正义村)的小秀才叶宗行献计朝廷"黄浦夺淞""江浦合流",迫使江水北折而去,由黄浦江替代吴淞江成为太湖泄洪的主要通道。正是这一颠覆了前人狭隘保守观念的水利举措,在如今闵行区吴泾镇这里形成了著名的"浦江第一湾"。"第一湾"正是"江浦合流"的起点。

上了年纪的老塘湾人还记得,在"第一湾"的弯角处,曾有一座"南广福寺",俗称邹家寺,其历史可追溯到宋嘉泰年间。清嘉庆《松江府志》

记载："里人邹运干舍宅建，俗呼邹家寺。孙德之有记。寺临黄浦，浦自西流至此折而北。"数百年间有过多次修缮，到民国时，有房二十多间，大殿两侧建有东西楼，是望江观潮胜地。寺内供金龙四大王，故又称大王庙。因邹家寺名声退迹，邹家寺曾一度成为整个塘湾地区的地名。"江浦合流"之后，这一带旱涝无忧，因此当地有谚称"三世修来邹家寺，干勿煞来没勿煞"。可惜，邹家寺未能经受住历史风雨，废毁于 20 世纪 50 年代初。所存遗物仅剩八棱石井一口，现存于闵行区临沧路上的古藤园内。井栏为青石质，八棱柱形，上小下大，外壁阴刻文字"宋绍定五年三月十三日题"及项姓佛教信徒为纪念亡妻凿井的缘由。

邹家寺所在的地方，因地理位置独特，被称"邹家寺嘴"，后又称"寺嘴角"。这里以江为界，是原上海、奉贤、南汇三县的交界处，因水路阻隔，交通闭塞，乡民出行极其不便。直到 20 世纪 30 年代，有当地人合股创办寺嘴渡。因黄浦江对岸是闸港镇，故又称闸港渡。到 80 年代初停航。记得八九年前，我和闵行报社的一位记者曾经来这里采访，往江边的路还是乡村小道，本地人不说路名，只说到什么地方怎么转。车停在村口，步行走向江边。这边的老村宅显然因紫竹高新区建设，而被作为拆迁前的"过渡"，地址门牌仍是"乐道村 ** 号"。村里住着的人不多，因交通不便，老人和年轻人大多搬到了镇上的新房里。于是这些有年头的老宅有不少租给了外来人员。一间相连的宅院，多位外来手艺人开着院门忙碌着，从毛竹劈砍到最后成型，大家分工合作，手工作坊般生产着汤包馆里常见的笼屉。再往前的水塘里养着鸭和鹅，走过去是狭长的菜田，长势喜人。有人在田里忙碌。抬头就是黄浦江，攀上水泥堤坝，少有人见识的、这 270 度江景竟让我们有些激动，终于辨认出对岸是未曾到过的闸港。

"吴泾"原本是塘湾地区的一个小集镇，这个地名源于黄浦江支流吴

邹家寺所存遗物八棱石井现安放在古藤园（郭辉 摄）

冲泾。"去县沿南七十余里，有吴冲泾。泾之长可数里，东合申江，西入莺窦湖。"清《塘湾乡九十一图里志》中如此说道。这申江便是黄浦江的别称，而莺窦湖，便是现在的樱桃河，北起俞塘，南迄黄浦江，虽不长也不宽，却因其历史久远，在当地十分出名，尤其是千年来其名字经历了数次演变，如罂脰湖、罂窦湖、莺湖、莺脰湖、鹦窦湖等，留下不少传说。我查阅了当地的《幸福村志》和《英武村志》，上面就记载着两个关于名称由来的趣谈。一则是说，一只莺在飞越湖面时，力尽掉进湖中淹死，可见湖有多大，莺像窦娥一样冤死，故称"莺窦湖"；另一则说法是，因见老鹰飞过投入湖中，起名鹰脰湖。这两种说法显然有些夸张，不过都说明了原来莺窦湖之大，随着岁月变迁，人口增多，尤其是乡人为谋生活而不断拓展农田，占用湖面，于是"湖"逐渐变成了"河"，且河水走向和模样都发生了巨大变化。

　　还有一个传说，也饶有趣味。北宋元丰五年（1082），时任青龙镇监

20 世纪 70 年代的"浦江第一湾"（资料照片）　　20 世纪末的樱桃河还保留着典型的农村风貌（资料照片

镇的著名书画家米芾（1051-1107），某一日乘船路过樱桃河（那时它叫莺窦湖），忽起雅兴，留下了行草大作《吴江舟中诗卷》。其中有"傍观莺窦湖，渺渺无涯岸"的诗句，有本土文化工作者根据当时米芾身份，认为诗中所言的莺窦湖极有可能就是这儿。但有人认为这是望文生义。殊不知苏州的吴江就有一条莺脰湖，又名莺湖，古亦称樱桃湖。出湖可通青龙镇青龙港，两地相距很近。米芾所书写的莺窦湖应该是指那里。我也觉得此说法更为可靠。

吴泾的樱桃河之名，如果从官方的记载来看，应该从南宋绍熙四年（1193）《云间志》算起，如此，也至少使用 800 年了。

樱桃河如今被截成了三段，分别成了紫竹高新区、华东师大闵行校区和吴泾拆迁居民居住地街坊间的景观河。本地的老人还能掰着手指头道出樱桃河的一二，但在华东师大这所以人文历史专业见长的国内一流大学，无论是老师还是学生，几乎没有人知道，大都以为樱桃河不过是为模仿中山北路校区丽娃河所开凿的人工水系。对那座安居于校区一隅的明代古桥尚义桥更是一无所知，还以为是一处普通水景。

尚义桥呈东西走向，桥面为花岗石质，桥身为青石质、单孔拱桥。桥

江边还有尚未拆除的村宅（吴玉林 摄）　　　　乐道村村民推开家门就见到了江（齐含章 摄）

不长，共 24 个石阶，桥不宽，勉强能容纳二三人并行。石阶和桥中央的纹饰都能清晰辨认。它静卧在波光粼粼的"紫竹源"上。不远处是临水而建的六角凉亭，从此观赏尚义桥是绝佳的角度，桥下是莲叶田田，待到每年六七月份，小荷初露，蜻蜓栖立，颇具世人想象中的江南味道。

尚义桥又名蒋公桥，为当地名士蒋性中出资所建。在明宣德二年（1427）三月的丁未科会试中，蒋性中荣登进士榜。按照惯例，朝廷拟在其家乡立进士牌坊，蒋性中却言："荣吾家，曷若以利吾乡乎？"在他看来，与其利己风光，不若建一座桥，方便邻里通行来得实惠。于是，牌坊成了樱桃河上的尚义桥。原址为未动迁时的幸福村 8 组所在地。

上海水墨画家陈玉兴是土生土长的本地人，曾在原塘湾乡政府工作。一次，我同他聊及尚义桥，他说，此桥其实还有一个名字，叫环龙桥，因桥中央有一块桥石雕着盘龙而得名。40 多年前，他参与编写塘湾志时专门做过调查。

江南多桥，单以外表来说，尚义桥实在不算突出，但从蒋公造桥这一义举上，它又胜出几分。莺窦湖畔，田园风光，如画景色，不仅孕育了勤耕善织的淳朴民风，在明清时期也吸引了不少贤人名士隐居于此，其中以莺湖九老会最为出名，留下不少诗文，记录当地的风土人情，不乏以尚义桥为题材的。遗憾的是，华东师大虽为这座桥找到了安身之处，成为校园一景，却没有立牌介绍以示传承。华东师大管理学部教授贾利军在听我讲述了尚义桥的故事后，大感兴趣。他本来就从事着中华传统文化方面的教学，他说他一定会安排时间带着自己的学生去探寻尚义桥的历史与内涵。

好在，当地政府还是做了些努力，在城市建设中延伸出了"尚义路""尚义幼儿园"等。这让翟林海这样的原住民看着亲切。

贰

如果浦江第一湾还是一块村舍连阡、炊烟错落的郊野之地，即便它有一些胜景遗迹或诗词歌赋流传，但在黄浦江绵长的岸线中，还是微不足道的，因为类似的小村落太多，松江有、奉贤有、宝山有，浦东也有，或许

尚义桥已成为华东师范大学闵行校区一景（梁薇 摄）

一些当地的历史典故更有说头。讲文化渊源，讲历史传承，哪怕再平淡无奇的地方，似乎总能发掘出一二来。

"二十多年前，这里就是一片鸡犬相闻的村落和农田，现在是国家级的高新区科技城，是'东方硅谷'。"骆山鹰站在名为"兰香湖壹号"的游艇船头，手指着远处一大片错落有致、充满时尚和科技感的建筑物，神情自豪地对我说。游艇在碧波轻浪的兰香湖上游弋，有白鹭不时在湖面上掠过，岸边绿树繁花茂盛，空气中带着温润的清香。

2018年，根据上海市规划部署，闵行区相应提出了进一步完善黄浦江滨江生态发展带水系布局的规划，并开始启动占地600亩的紫竹半岛兰香湖的建设。从2019年9月开工挖掘，到2020年6月，滔滔黄浦江水正式引入兰香湖，由此，"一江一湖"横贯东西的兰香湖"生态新地标"在闵行南部清晰展开。除了滨江湖景带来的闲适，近4公里的湖岸线还将串联起商业街、文化艺术长廊、赛艇俱乐部等。根据规划，未来围绕兰香湖还会建设十多个景观点，赛马、皮划艇、龙舟等水上运动项目也将逐步开展。

这次乘游艇游览兰香湖，是骆山鹰为了兑现五年前对我的承诺，那时兰香湖还是一张蓝图。2018年夏，为纪念改革开放四十周年，我们策划了一组名为《闵行报告》的报道，其中一个点就选在了紫竹高新区。作为高新区党委书记、副总经理的骆山鹰是紫竹发展的重要参与者、见证者，在接受采访时聊到兰香湖，他说，等湖建设好了，你得来，我请你乘游艇。没想到，五年后骆总并没有忘记他说过的话，专门邀约我游湖，同时参观紫竹高新区。

我带去了一份老报纸，那是1991年7月12日出版的《解放日报》，上面刊登了一篇长篇通讯《夸父追日》，文中的主人公便是紫竹创始人沈雯，时年33岁，已是全国闻名的青年企业家，紫江集团董事长。紫江集团作为一家民营企业，后来成为了国家级紫竹高新区的大股东，占55%的股份。在我所看到的有关紫竹的介绍中，股权结构的创新一直是紫竹人引以自豪的。高新区采用"政府搭台、企业唱戏、市场化运作"这一种开放式多元化的模式，市、区、镇三级政府和上海交通大学都有股份，但民营企业占据了主导地位，完全突破了原来高新区股权结构中政府独大的模式，这在国内是唯一的。

1991年时的沈雯没有想到，十年后他会从家乡俞塘河畔，走到黄浦江畔，走到浦江第一湾。虽然俞塘河是黄浦江的支流，但沈雯的这一步跨越于他而言，于当地而言有着非凡意义。

2001年，已是中国包装行业领军人物的沈雯隐隐约约感觉到制造业和劳动密集型企业，终有一天会面临竞争非常激烈的境地，更会被高科技产业所取代，于是开始萌生要转型的想法。他想建设一座"产、学、研"相结合的科技新城，但绝不是传统意义上的工业区或者经济技术开发区，而是一个科学园区，类似台湾地区的新竹，以大学为依托，让人才得以集聚，使科研项目得以孵化、培育、成长，并最终转化为经济效益和生产力。当时，上海交通大学正值100周年校庆，也正在寻求一个突破。上海交大向来以进入世界50强大学为目标，但事实上，那时离这个目标还有不小的差距。放眼全球，世界上这种高科技发展比较好的地区往往是和顶尖的大学相结合的，比如美国的硅谷、日本的筑波、印度的班加罗尔。正是双方都有这样的初衷，沈雯与上海交大一拍即合，决定合作。

那么，这个园区要放在哪里？沈雯把眼光投向了浦江第一湾。那里几乎可以说是一块未开垦的处女地，很适合发展科创产业，也符合区域发展定位，还紧靠上海交大。更主要的是，北望五十余里，就是中国改革开放和生机活力之象征的浦东陆家嘴，那里，则是浦江第二湾。第一湾和第二

浦江第一湾畔的兰香湖，为目前闵行最大的人工湖（资料图片）

浦江第一湾（汪思毅 摄）

湾遥相呼应，是否意味着有新的奇迹出现？

　　"给我 20 年，给你一座科技城！"这是一个承诺，一个梦想，也是一张蓝图。"然后，我们就被派到吴泾蒋家塘，开始了紫竹的筹备工作。"骆山鹰说。那时，他在紫江集团担任投资管理部副总经理。三年前，他刚刚从国企领导岗位上辞职，投身到这一片新的天地。

　　说来也巧，我的一位数十年的好友张寅时任紫江集团总裁办总经理，他同骆山鹰一同被派往了蒋家塘，担任筹建中的紫竹科学园区（现紫竹高新区）副总经理，负责园区规划报批等事宜。我们有空便会聚在一起，他向我描绘着紫竹的未来："我们常见的很多开发区，往往是集装箱卡车穿梭，机器轰鸣，烟囱到处都是，乌泱泱的人，这不是紫竹所需要的。我们希望这座科技城是像公园一样，鸟语花香，小巧精致的。"而这一切就是用六个字概括，即"生态、人文、科技"。

　　我当时还同张寅开玩笑，这不是《创世纪》中所呈现的情景吗？《创世纪》是 1999 年香港 TVB 投巨资出品的商战电视剧，那时在内地刚刚播

出不久，引起巨大轰动。剧中那个高科技的"无烟城"概念给人留下深刻印象。我不知道沈雯是不是看过这部电视剧，从而受到启发。同为马桥人，我对他并不陌生，也有过交流。想想，在 1988 年时，他就能东渡日本深入学习日企经验，参与国际竞争，其眼界和魄力不是一般的同龄人所具备的。

2002 年 6 月 25 日，那一天，上海紫竹科学园区动工建设，随着第一锹新土的铲入，一座科技大城的梦想悄然落地生根。20 年，弹指一挥间，当年梦想的科技城，已在眼前。如今的紫竹，约 6100 家企业集聚，既有微软、英特尔、可口可乐等知名外企，也有中国商飞、中航工业等国内著名企业，还有阿里巴巴文娱集团、新浪体育、东方明珠新媒体等网络视听细分领域的领先企业，代表中国乃至世界尖端科技力量。同时，到 2022 年底，紫竹已培育和孵化 700 多家小微科技型企业，培育海内外上市企业 9 家，独角兽及潜在独角兽企业 5 家、市级科技"小巨人"企业（含培育）28 家、高新技术企业 450 家。庞大的产业集聚规模以及企业集群数量，让紫竹已经成为上海最具发展活力的片区之一。实现技工贸收入超过 1000 亿元，实现税收超过 100 亿元。

密集的资本、高精尖的产业链、快速迭代的技术背后是海量人才的强力支撑。紫竹汇聚了约百名院士、近千名教授、超 15 万名科技从业人员。而上海交大、华东师大两所双一流高校如同源头活水，源源不断地为紫竹输送后备人才。预计到 2032 年，周边汇聚高素质人群将达到 25 万，人才磁吸效应持续扩散。

紫竹，已是南上海的科技内核，它是上海四大高科技园区中唯一一个以美国硅谷为蓝本设计的园区、国内唯一以民营企业为开发主体的国家级高新区，在全国高新区排名第 9 位，以一路上涨的强势劲头，跻身中国高新区第一方阵。

在紫竹国家高新区展示中心，骆山鹰指着电子屏幕中的照片说："2007年，时任上海市委书记习近平同志仅用 7 个月就跑遍了当时全市 19 个区县，进行调研，光到紫竹就来了两次。"

那张照片上，紫竹创始人沈雯正在向习近平同志汇报工作。

叁

"你能想象得出，这里原来是芦苇和杂草丛生的滩涂吗？"站在浦江第一湾公园的亲水平台上，骆山鹰对我说，语气中满是掩饰不住的自豪。

浦江第一湾公园紧挨着紫竹高新区，可以说是紫竹的一部分，又独立于紫竹。它是配合着紫竹建设规划而建的，原先叫滨江湿地公园。公园是在原来的堤岸、滩涂基础上兴建，利用最初的水源涵养林，保留了大量原有的林木水系，颇有自然野趣。相比市区里的其他滨江公园，这里并没有精雕细琢的人工景观，最大的特色便是回归质朴，给人们一方放松休闲的

浦江第一湾公园的标志性建筑红楼沿江而筑（汪思毅 摄）

生态空间。这和同处闵行区、同在黄浦江畔的浦江郊野公园颇有相似之处，只不过后者占地面积更大，沿江休闲游览岸线更长。

园内河流、湿地、密林交错，步行其间，常有柳暗花明之感。公园里还有大面积的草坪，一到周末，便会有很多游客来这里搭帐篷、野餐、露营、放风筝、垂钓、骑行，享受难得的慢时光。有时候就算什么都不做，看着头顶的蓝天白云，聆听从前不曾关注的鸟鸣虫语，一个下午就很快过去了。

站在滨江的亲水平台上，江风轻拂，涛声不绝，江轮穿梭不停，西侧不远处便是奉浦大桥。骆山鹰说，我们的规划部门对黄浦江的理解是超前的，从没有把黄浦江当成阻隔，也没有把滨江沿线当成"边角料"。浦江郊野公园汇集"郊野、艺术、秋景"三大理念，而浦江第一湾公园则强调亲水性，想恢复的正是人们对黄浦江这条母亲河的联系与亲切感。

对于骆山鹰的这一番话，乐道和幸福村的原住民们应该是颇为赞同的。

虽然他们已经搬离这里，但对黄浦江的记忆却挥之不去。因为紧靠江边，水系发达，家门口有通向河浜水面的窄梯，当地人称作"水桥"，洗衣洗菜、洗澡洗头靠的就是黄浦江的支流水。20 世纪 80 年代之前，一些人家还有渔船，停靠在水桥旁。农闲时顺着潮汐，驶入黄浦江。江里有青鱼、鲤鱼、白鱼，十来斤的鱼并不罕见。

不仅有渔汛，到每年九、十月，更有"蟹发""蟹潮"。这是当地的土话，形容江水里的大闸蟹如发牌或潮水一般，纷纷涌向岸边，村里的男女老少都会带着盆、箩等工具加入到摸蟹的行列。为什么叫"摸蟹"而不是"捉蟹"呢？原来摸蟹有独到的方法。潮水一来，螃蟹就被冲到滩涂；退潮之后，沙石里都会埋着蟹。瞅准潮退的时候光脚来到岸边，经验丰富的乡民知道哪些缝隙里藏着螃蟹，迅速踩上去，再慢慢地把脚底下的蟹给挖出来，这种方法效率很高。二三两一只的大闸蟹，一天能摸到十来斤。蟹摸得多吃不掉，除了送给亲眷朋友，剩下就养在家中腌缸里。农家食蟹只用煮，胜

20 世纪 70 年代塘湾农民插秧（资料图片）

在水清、蟹肥。老人们都觉得记忆中的味道最美。

说到蟹，当然要提下这一带的名产——蟹糊皮。蟹糊皮原料是虭蟹（当地人称"野螃蜞"）。清明前后，虭蟹随潮而来，从闵行老街开始到闸港一段尤多（如今的浦江第一湾公园正处在这段岸线），聚集于滩涂水草间，满滩皆是。沿江乡民把它捞起来，洗净捣烂，置布袋挤压出汁水和膏黄，和以鸡蛋调匀，有的人家还会加点春天的新韭菜，入锅少许油，摊成薄薄的蛋皮子，再切成两三分宽、寸许小条，拌点麻油、酱料、醋等一起吃，味甚鲜美。清末民初名士、浦江陈行乡人秦锡田家居黄浦江畔，曾作《周浦塘棹歌》吟咏："潮来虭蟹拥沙滩，捣烂膏和蛋子摊，此味果然夸隽逸，春初早韭佐辛盘。"说到秦锡田，顺插一句，他是清光绪十九年（1893）的举人，对吴地水利、地方史志等有深刻研究，著有《松江水利说》，主张"黄浦各支港于港口筑堤建闸，设水门节水量，使浑潮不入支港淤塞"。1935 年，在浦东同乡会会议上提出整理黄浦水道案，据历史资料分析黄浦江两岸坍涨情况，主张应加疏浚，全面整治。

闵行老街曾有以蟹糊皮为招牌的聚珍楼。据说，当时每到清明节后，聚珍楼"当门安置大砧墩，厨师当众砧调制"，天天食客满座，好不热闹。酒后吃饭，还奉送"虭蟹汤"（用虭蟹取汁后的残渣熬成）一海碗下肚。可惜这道曾扬名沪上的黄浦江特产已经没有了。原来，虭蟹到 20 世纪 50 年代就日趋减少，60 年代时基本绝迹。所以，像我这样从小长在黄浦江边，离闵行老街不远的本地人也只是听说，但遗憾没有尝过，只能在一些历史资料、回忆文章中感受蟹糊皮的美味。

老人们讲，原先这里很多人家的房子是贴着江岸的，"浪头大一点，水要漘到屋里厢来"。后来考虑到安全问题，村里的房子都退后了一两百米，沿江变成了水稻田。1958 年 8 月，上海规划建设以化学工业为主体的吴泾卫星城，剑川路北爿黄浦江沿岸开始投建各类化工厂，而南爿，在1963年后，陆续搬来上粮七库、农资厂，建起了冷库、烟糖厂，这些国有企业纷纷看中了滨江的航运价值。它们在岸边建立码头，自然割断了村民与江水的联系，于是沿江的村宅慢慢后退，直到十年前，能直接看到江水的只剩星火村12组和乐道村1组两处。20世纪80年代中期开始，因为水质污染加剧，芦苇荡陆续枯萎，一年总有一到两次黑潮来袭，江水也时常充满柴油的恶臭。于是，原先习惯了喝江水的乡民开始喝自来水了。不过，在二十多年前，在这片土地还没有开发时，除了当地乡民纠结外，似乎谁也不会注意到这些细节。太"落乡"的地方从来写满了"遗忘"。

1987年9月，上海交通大学闵行校区建成开学，迎来了首批2600位新生，周边环境让来自全国各地的学子惊呆了，学校的四周竟然是绿油油的庄稼，这是上海吗？

虽然交大学生觉得委屈，更委屈的似乎是华东师范大学闵行校区的学生。虽然占地2000亩的新校区投入使用在2004年，比西侧邻居上海交大晚了10多年，但地处浦江第一湾的腹地，周边环境更加不如，商业网点稀少滞后，目之所及除了农田农舍，还有就是正处在大开发建设阶段的紫竹高新区。一到晚上，除了待在学校，几无其他出行的去处，连逛街也成了一种奢侈。曾有一首爆款神曲《张世超你昨天晚上到底把我家钥匙放哪了》风靡一时，歌中有意无意地吐槽了华东师大闵行校区的遥远和偏僻。同时，"闵大荒"这个戏称也在师生们中间流传开了，虽然不太友好，但当时的事实基本如此，也不能说是抹黑。

而著名的"饿了么"外卖平台，则是由上海交大的学生在2008年创办的。他们在闵行校区就读时，深感出外就餐不便，于是脑洞大开，创办了这家互联网本地生活平台，主营在线外卖、新零售、即时配送和餐饮供

上海交通大学闵行校区（曹恒律 摄）

华东师范大学闵行校区（潘仁芳 摄）

应链等业务。

如今，华东师大和上海交大已整建制搬入到这块土地，年年有从全国各地来的大批新生涌入到这里，再也体会不到当初他们的学长们的那份无奈了。

我在华东师大读研究生时的班主任田成刚研究员，常带着家人到浦江第一湾公园游玩，站在亲水平台上凝望滔滔江水，他感慨不已。他说，学校刚搬到黄浦江边时，他什么都不习惯，他家在苏州河旁，离本部不远，从家到学校上班都是散步过去的。到闵行校区，不光路远还拥堵不堪，心情都糟透了。如今不一样了，有虹梅高架路还有轨道 15 号线，"距离不是问题"。关键是周边商业环境、自然生态变得越来越好。

"2010 年，我来到华东师大工作、学习，当时要去市区或商圈都不太方便，师生们经常戏称这里'闵大荒'，我们每个人都是'拓荒者'。"宇耀生物创始人周文波同田成刚的感受是相同的。他说，十多年来，自己在这里结婚生子、买房安家、创业落户，亲眼见证了这个阡陌乡村一步步朝着"科技、时尚、宜居"城区变迁。

临湖面江，浦江第一湾的自然生态景观为宜居生活创造了条件。不仅景观类型丰富、极具滨江特色，而且生态环境极佳，拥有城市中为数不多的生物多样性资源。它的自然生态景观主要包括原生本底景观、浦江沿岸风光和生物多样性景观，人与自然和谐共生，也是生态文明的最佳展示地。沿岸风光极具特色，具有"田、岸、堤、滩、码头、黄浦江"融合的特色风光，是浦江第一湾作为历史发展层层累进的代表性景观，记录着上海市从农业、商业、工业不断转型发展的历史信息。浦江第一湾的生物多样性景观以鸟类最为突出，部分种类是城市中较为少见的品种，如白腹秧鸡、黑水鸡、大翠鸟、环颈雉等。据学者考证，白腹秧鸡可能就是"关关雎鸠，在河之洲"中的雎鸠，其类似"关关"的叫声极为响亮，在农田与林地之间此起彼伏、响遏行云。此外，以乌鸫、八哥、白头鹎等组成的群鸟在林地中的合唱，远在几百米外都可清晰听到，也是浦江第一湾生物多样性景观的一大特色。

我问翟林海等一些原住民，如今搬到了城里、镇上，不能随时随地观赏江景了，遗憾吗？他们笑笑说，如果是讲以前，并没有什么可遗憾的，交通不便，经济又落后，看江景能吃饱肚子？现在嘛，江景房太贵了，买不起了。但有空来这里走走，还是蛮适意的。

肆

行走在浦江第一湾，对于土生土长的乡民来说，除了感叹这块土地翻天覆地的变化，还有一份浓浓的乡愁所系，是不能忘却的集体记忆。

对于紫竹高新区的开创者和建设者们来说，这里是一个梦想，一张蓝图，一份承诺。每一个人或多或少找到了自身的价值，一种自豪感油然而生。

而更多的人，也许就是这片土地的匆匆过客，曾经在这里学习、工作，或者仅仅是一个游客的身份，到浦江第一湾来观光。他们不知道这块土地久远的历史，对城市历史景观的发掘与保护具有重要的意义与价值。浦江第一湾是城市记忆的空间载体，要说清上海历史发展的脉络，上海为何会有今日之成就，这是一处无法绕开的历史坐标。有学者认为，浦江第一湾是上海作为城市发展的历史起点，它作为上海城市发展的历史性水利工程，保障了上海乃至江浙地区的长治久安，促进了地区农业、工商业的持续繁荣发展，并为上海成为江南区域最重要的通商港口奠定了物质基础，促成了今日上海作为国际化大都市的形成，其作用和意义，堪比"都江堰"。

因为如此，我一直觉得，浦江第一湾这里应该矗一尊高大的雕塑，纪念一下那个叫叶宗行的明代小秀才。他的那份大智慧利在当时，功在千秋，至今还在福泽后人。甚至还可以有一个水利博物馆，展示黄浦江千百年来的治理和开发。后来同浦江镇党委书记陶兴炜聊过后，才知道浦江镇已有这样的考虑，心里安慰了不少。虽然在对岸，但这段历史总是应该也必须

于 2023 年 10 月 16 日正式启用的大零号湾艺术中心（朱静 摄）

被后人铭记。

浦江第一湾西向接入太湖流域、东向汇入东海、北上通长江口、南下达杭州湾，因具有特殊区位特点、空间格局和发展潜力，被列为上海发展重要战略空间。曾经的化工重镇和偏僻乡村正以令人惊艳的速度发生着改变：虹梅高架贯通南北，轨道交通 15 号线开通运营，23 号线开工建设，"三纵四横"成熟的路网建设，畅通了整个城市脉络，原本的"孤岛"就此打通串联成"群岛"。如今，以浦江第一湾为辐射圈，一张更大更宏伟的蓝图正在绘就，上海聚焦重点、靶向发力，在 2023 年 2 月正式推出大零号湾创新策源功能区建设方案，"最大增量"瞄准科创，准备将其打造为上海南部科创中心建设的主要承载区。规划范围北至 S32 申嘉湖高速、西至沪闵路、东至虹梅高架、南至黄浦江，总面积约 17 平方公里，布局形成"CTO"三大功能区。实施前沿新兴产业引领行动，聚焦生物医药、人工智能、高端装备产业，打造产业集群。核心策源区（"C"区），为上海交通大学、华东师范大学等高校院所；成果转化区（"T"区），以沧源路、剑川路为主轴，主要承接高校院所成果转化项目落地以及师生"硬科技"创业；开放创新区（"O"区）包括紫竹高新区研发基地、江川滨江区域等，重点承接"T 区"，为壮大的企业溢出和加速服务。最终目标是在 2035 年打造成世界级"科创湾区"之一、引领闵行南部打造成世界级滨水湾区。在上海市社联主席王战看来，浦江第一湾就像一个拐点，既见证浦东经济发展的新引擎——前滩；又传承上海传统文化之根，"取两面之所长，面向更好的未来"。

浦江第一湾，真的是会成为第二个陆家嘴吗？

或许不一定，但相信各有各的精彩。

第五章　龙华十八湾

　　自古以来，龙华便以寺庙古塔、人文胜迹还有自然风貌吸引着远近的香客游人，周边生态环境则随着黄浦江的变迁而变化。

　　黄浦江到明永乐年间，因"黄浦夺淞""江浦合流"之重大治水措施的实施，汇纳诸流，潮汐悍甚，已成滔滔之势，成为上海地区的主干河道，润及数百里。而居于黄浦大湾之中的龙华，因为这一区域河流格局的变化，形成了"一港龙华十八湾，湾湾对塔港如还"的地理形态。

龙华古寺已被现代建筑所包围（卓孝辉 摄）

　　驱车沿龙吴路由南向北，转入龙腾大道，便是徐汇滨江地带。龙腾大道宽阔整洁，车流量不算多，隔着绿化带，与黄浦江岸线并行，江面风光一览无遗，打开车窗，微风徐徐，带着江水特有的潮气。

　　前段时间行走黄浦江，一直在松江、奉贤、闵行沿岸兜兜转转，那是上海人眼中的乡下地段，田野阡陌稻香村，虽说已难见炊烟袅袅的景象，但也尚存一丝小桥流水人家，特别是松江和奉贤，还是有着郊野风光的气息，只不过很多人步履匆匆，在一晃眼中过去了。

　　龙腾大道的路名起得颇有气势，同附近的龙吴路、龙华路、龙耀路甚为契合。徐汇滨江，从地理位置上讲，是上海西外滩，于是官方把这里定名为"上海西岸"。2002 年，黄浦江两岸综合开发正式启动，徐汇滨江——西岸被纳入核心规划区，这里蜿蜒绵延约 11.4 公里的滨江岸线，成为公共开放空间，建设文化设施、临水景观和亲水平台。

　　西岸经历了从农耕时代到工业化时代，又到后工业时代的根本转型。中国科学院院士、同济大学教授郑时龄先生在为《上海西岸：徐汇滨江图志》一书所作的序言中写道：西岸已经以其空间形态和文化岸线预示着徐汇滨江的未来发展，将核心竞争力锁定在"文化"上并上升到宏观战略层面。以文化发展作为先导，文化聚集区的定位隐喻着徐汇滨江西岸文化走廊对标巴黎塞纳河左岸深厚的文化积淀。西岸文化走廊的兴起，宣告了徐汇滨江的新生，迈向全球城市的卓越水岸，成为新世纪城市滨水空间的典范。

　　不过，或许在普通市民眼中，徐汇滨江的这些标签并不是他们真正关心的。在他们（包括我自己）看来，这里曾经是上海最主要的交通运输、物流仓储和生产加工基地，繁忙而封闭，如今成了上海的新地标，文化、生态、科创辉映。"上海西岸"成了时尚的代名词，龙美术馆、余德耀美术馆、西岸艺术中心、油罐艺术公园……沿岸许多地方成了周末和节假日打卡的好去处。当初，要打造西岸文化走廊的构想正在逐步成为现实。

那天，徐老师带了无人机。站在徐汇滨江绿地龙华港海事塔下，当无人机冉冉升起飞往远处，取景框中出现了一片古朴庄严的建筑，还有一座塔。那片建筑便是龙华寺，那座塔，叫做龙华塔。这块土地有着上千年的香火飘荡。

在徐汇滨江，在上海西岸，或许跨越的便是一段时空之旅。

壹

要讲徐汇滨江，或者说上海西岸，还得从龙华讲起。

最初之龙华，僻处黄浦江一隅，浦溆漭洄，这一带先后出现村、铺、乡、镇，后来又有龙华区、龙华街道之设。其范围屡有变化，面积或大或小，小的仅指龙华寺及周边地带，大时曾设龙华区，范围很广。新中国成立前夕，这里的乡镇分属上海县和龙华区，1956年3月除关港、华泾地区属上海县外，其余属西郊区，1958年8月划属上海县，次年成立龙华人民公社。1984年3月改为龙华乡，同年9月淀浦河以北所属地区同漕河泾镇一起划属徐汇区，成立龙华街道，仅剩淀浦河以南的村和新建的华泾居委会。不过到了1992年，在上海县和原闵行区"撤二建一"前夕，这些地方也全部划入了徐汇区，到了1998年5月撤龙华乡建华泾镇。

2018年初，我因主编《蒲汇塘》一书，去龙华街道查阅相关资料，在与街道志书编撰办公室的几位老先生交流中，他们得知我原籍上海县，都颇为兴奋地说："喔呦，龙华街道原来也是上海县的，我们都曾是上海县人呢。"是啊，蒲汇塘通龙华港，而入黄浦江，大家共饮一江水，700

清末龙华塔及周边河道（图片来源：University of Bristol）

1900 年代龙华地区的热闹景象（资料图片）

年的上海县所带来的地域认同感让彼此亲近了不少。那天，他们把历年来所收集到的关于龙华的资料复印一套给了我。很厚，拿在手中沉甸甸的。

龙华闻名遐迩，凡上海人几乎都知道。这主要是龙华寺和龙华塔之故。

龙华寺是上海地区历史最久、规模最大的古刹。我查了一下资料，目前上海有各类寺庙计168座，但上海人掰掰手指头能列举出一二的，无外乎静安寺、玉佛禅寺、东林寺等，还有便是龙华寺了。这些也是本地人心目中香火最旺的寺庙，龙华寺的新年头香从来都是一票难求，还不仅仅是花多少钱的问题。早年坊间还有"烧烧龙华香，投个好爷娘"的民谚。

龙华寺据传是三国时期孙权为其母所建，距今已有1700多年历史，但真正有文献记载可考的历史是建于北宋太平兴国二年（977）。北宋治平三年（1066），曾更名为"空相寺"，明永乐年间（1403—1424）恢复原名"龙华寺"。寺西之桃园于1928年辟为血华公园，后改为龙华公园，现在是龙华烈士陵园的一部分。

明代，"龙华晚钟"与"黄浦秋涛""海天旭日""吴淞烟雨""石梁夜月""野渡兼葭""凤楼远眺""江皋雾雪"合称沪城八景。清人周规曾作《夜过龙华》诗云："轻舟夜发月明中，半喜潮来半喜风。到得龙华刚夜半，

20世纪初，龙华港黄浦江入口处（资料图片）

隔林钟响落孤篷。"这首诗与唐代张继的那首《枫桥夜泊》诗所描述的"姑苏城外寒山寺，夜半钟声到客船"颇有异曲同工之妙。

而龙华寺山门前的龙华塔目前是国家重点文物保护建筑。这座砖木楼阁式塔又称"报恩塔"，始建于三国吴赤乌十年（247），后在唐末黄巢起义时，与寺一起毁于战火。现在的龙华塔是北宋太平兴国二年（977）重建的，八面七层，总高 41.03 米。在 20 世纪 70 年代以前的上海西南地区，属于鹤立鸡群的高层建筑。龙华塔在自身纤细、轻灵、飘逸的基础上，融入了吴越文化，更是中外建筑文化合璧的产物，是地域建筑文化的典型代表，也是不同地域审美风格的艺术显现。其实，先秦时期的吴越文化面貌粗犷，好勇轻死，"剪发文身"，属夷越文化体系，与华夏主流文化差别较大。东晋开始，中原朝廷迁至吴越地区，大批北人南下，规模远胜从前。南下的中原士族带来了玄学和清淡之风，早期吴越的尚武逞勇之风逐渐被南渡士族的精致典雅文化取代。到六朝时期，道教在吴越地区广泛传播，与此同时，佛教也在吴越地区兴起，儒释道开始合流，说玄说妙，蔚然成风，这扩充了中国思想的内涵。而吴越民风也逐渐平和、雅致。这在建筑风格上也得到了体现。

在科举时代，龙华塔被誉为上海县的"文笔峰"。明代李绍文著有《云间杂识》，专门有一节记述龙华塔："上海城南之龙华塔，为'邑之文笔峰'，故邑中官中秘者甚众。"

"邑中文笔塔为峰，修卜登科喜气浓。"在以科举取士，强调"学而优则仕"的明清时代，人才的概念主要指科举人才。科举考试不仅关乎一家一族的兴旺，也是衡量一地一方人文之盛衰的主要指标，在人们的心中，唯有科举，"此之谓学问，此之为士子"。如此，被视为"文笔峰"的龙华塔，更具有了象征意义。即便如今，每逢中、高考前夕，到龙华寺和龙华塔求神拜佛祈望中、高考顺遂的学子和家长也是一大波一大波的连绵不绝。

早在 2006 年时,受龙华寺和徐汇区文化局委托,我和浦东作家胡永其先生参与编撰《龙华寺的传说》一书,由上海三联书店出版,书中记录了不少故事,读来颇为有趣。不过十多年过去了,我竟找不到此书了。想想可能几次搬家丢失了吧?倒是在孔夫子旧书网上见到了它的踪影。

因为龙华寺香火素盛,从而带动了周边地区的发展。宋代,寺旁就出现了龙华村;元代设置邮驿,称为龙华铺;明代时龙华地区"市廛千余间",遂成一大镇。这期间,龙华庙会成为本地一大特色。从明代开始,庙会由礼佛的单一庙会发展为集礼佛、商贸、娱乐为一体的综合性庙会,每年农历三月就成为龙华寺一年中香火最为旺盛的时节。"三月三,上龙华"成了附近四乡八里的一大盛事。到了清朝,庙会开始的时间由三月初三向后推至三月十五,与赏桃花的习俗结合,扩大了庙会的规模和影响,也扩展了娱乐内容,由此进入全盛时期。20 世纪 20 年代以后,庙会发生了第二次转型,由乡村庙会向都市庙会转化。直到新中国成立,政府开始参与组织龙华庙会,庙会结束自发状态,进入新兴阶段。

但在 20 世纪 70 年代以后龙华庙会日渐衰落。主要是龙华古镇旁的那条龙华港改道,其余内河均被填平;龙华地区划入徐汇区,现代化建设步伐加速;龙华老街被改造,原先的居民大量搬迁。因此,庙会所依托的物质和社会环境已经改变,许多习俗逐渐消失。更主要的是,随着商品的丰富和市场的发展,庙会的商贸部分也逐渐衰落。

贰

自古以来,龙华便以寺庙古塔、人文胜迹还有自然风貌吸引着远近的香客游人,周边生态环境则随着黄浦江的变迁而变化。

20 世纪 40 年代，徐汇滨江地区航拍（资料图片）

　　黄浦江到明永乐年间，因"黄浦夺淞""江浦合流"之重大治水措施的实施，汇纳诸流，潮汐悍甚，已成滔滔之势，成为上海地区的主干河道，润及数百里。而居于黄浦大湾之中的龙华，因为这一区域河流格局的变化，形成了"一港龙华十八湾，湾湾对塔港如还"的地理形态。

　　龙华港旧称百步塘，又称白婆塘，西起穆家塘（即今蒲汇塘下游新道）与漕河泾港汇合处，漕河泾环其南，蒲汇塘抱其北，东经龙华镇注入黄浦江，宽约 40 米，全长约 3.7 公里。清张宸辑《龙华志》卷一《形胜志》云："凡十八湾，绕寺拱塔……逶迤东北而入黄浦。"龙华港水道漾洄迂曲，所以舟行其中，无论在哪里都能看到龙华寺和龙华塔，故有"回塘拱刹"之称。每当秋高气爽之时，天净如洗，龙华塔影倒映在龙华港中，便形成"秋江塔影"的景致。龙华港东去，就是黄浦江，夜阑风静，可以听见浦江涛声拍岸，潮音彻耳，是为"夜浦涛声"。正因为如此，龙华具有了独特的地理优势，成为水路商道上的一大节点，交通地位逐渐凸显。对商人来说，到了龙华，就是到黄浦江边，此地离上海县城不远了。高矗壮丽的龙华塔，宛如航标灯塔："一塔如相引，龙华路乍经。潮来芦浦失，雨过稻畦（陂）醒。树影移黄浦，钟声入泗泾。船窗未孤寂，伴我有流萤。"清乾隆年间，进士祝德邻在《晚过龙华寺》一诗中如此描述。从龙华经蒲汇塘水域，可到松江泗泾一带，这些沿途市镇，也是整个江南市镇体系的重要组成部分。这些水路，彼时就是繁忙的商路。

龙华，沿着黄浦江岸线，北有赫赫有名的龙华寺，南有早已湮灭在历史尘埃中的乌泥泾，但在元初时它的名气已相当响了，这里出了一个被民

左右图：新中国成立前，北票码头的普通人生活（资料图片）

左右图：20 世纪 50 年代的北票码头，生产繁忙，当时已经建成水陆联运码头（资料图片）

间封为"先棉神"的人物黄道婆，被后人所熟知。

古代乌泥泾的位置在今华泾镇东湾村平桥一带。华泾镇便是在1992年由上海县划入徐汇区的那部分龙华乡，1998年改为华泾镇，元代时属华亭县，至元二十九年（1292）由华亭分出长人、高昌、北亭、新江、海隅五乡立上海县后，原龙华乡地区隶属华亭、上海两县。据明代《弘治上海县志》载，上海县境内已有龙华铺、华泾铺。志称："华泾铺处乌泥泾之南端，后乌泥泾被倭寇烧毁。"至清初时，华泾聚集成市，便以港名为华泾镇。随后建置、区划也是几经变动，以民国时期和新中国成立后到1992年前尤甚。所以龙华乡建置为镇后没有保留原名，其实也有历史缘故。后恢复华泾之名算是传承有序。

不过，从历史记载中我们可以了解到，乌泥泾远远早于华泾出现。北宋末年，大量北方富户随宋室南渡，其中不少人就在乌泥泾旁安家，那里逐渐兴旺起来。且成为江南一带最早引入棉种之地，木棉种植由此滥觞。

我国的棉花种植由印度传入，最早是在云南、广东、福建和新疆一带，到了13世纪中叶以后，棉种才逐渐由新疆传入关中地区，由福建、广东传入长江流域。而到了乌泥泾，首先种植的地方是一块名为"八千亩"的土地。

"八千亩"在乌泥泾宾贤里的西面。据说千余年前，这一带土壤贫瘠，几乎年年歉收。南宋后期，住在宾贤里的巨富张百五，便花钱雇人开了一条渠，把黄浦江水引来灌溉"八千亩"，这条渠便是乌泥泾，从此这个地方的土壤逐渐肥沃起来。因为乌泥泾沟通了黄浦江，航行便利，随之而起的是人口繁密，促进了商业发展，宾贤里遂形成一大市镇，取名为乌泥泾镇。

"八千亩"经过土壤改良，棉花产量很高，但当时的纺织技术却十分落后。就在此时，少小沦落于海南崖州的乌泥泾本地人黄道婆从南方回来了，她带来了先进的棉纺技术，并倾力传授，从而引发了持续600余年的"棉业革命"，以松江府为中心的棉纺业迅速发展，成为江南经济发展的重要组成部分。

黄道婆是一位具有传奇色彩的女性。有关她的家世、籍贯、经历，民间传说很多，流传很广，给她蒙上了一层神秘色彩。这么多年来，黄道婆出生地上海和她曾经生活过的海南一带，学术界都作过比较深入的研究。2021年，我曾出版过一本名为《春申郡望》的文史传记，也写到过黄道婆，那时收集到了十多本关于她的书籍，零星资料无数。

黄道婆出生的时候，正处于南宋王朝崩溃时期，"危亡之祸，尽在旦夕"。国土只剩下长江以南的一小块儿地方。虽然形势岌岌可危，但朝廷上下昏庸腐败，贵族、官僚们依旧过着文恬武嬉、苟且偷安的日子，纵情声色、寻欢作乐，"暖风熏得游人醉，直把杭州当汴州"。

在这种时代背景下，黄道婆出生了。1993年版《上海县志》称其"相传幼时家贫，沦为童养媳。因不堪忍受公婆虐待，流落崖州（今海南三亚市）三十余年"。

童养媳的地位是十分低下的，实际上其身份就是奴婢，公婆家根本不把她当人看待，稍不满意，张口就骂，抬手就打，而且还经常把黄道婆关在黑屋里，不给饭吃。在忍无可忍中，黄道婆决定逃离。她趁着黑夜一口气跑到黄浦江边，躲进了一艘停靠在岸边的商船。在经过了不知多少时间的风浪颠簸后，船最终停泊在了崖州。黄道婆上了岸，开始了她的流浪生活。

在四处流浪中，黄道婆口问、耳听、心记、嘴练，苦学当地方言，初步掌握了与当地人交流思想感情、学习手艺的语言工具。在集市上，那些花色明亮、五彩缤纷的纺织品深深吸引了她，一了解才知道这是当地黎族妇女生产的，她们所掌握的纺织技术从去籽开棉到纺纱、织布都比自己家

清代上海城墙边的黄道婆庙（资料图片）

乡先进得多，用黎族姐妹的方法进行纺纱织布，既省力，又效率高，织成的棉布也精巧漂亮。她们巧妙地搭配颜色的方法，更让黄道婆大开眼界、羡慕不已。

于是黄道婆决定在当地拜师学艺，她同那里的黎族姐妹结下了深厚情谊，学会了一整套棉纺织技术，积累了丰富的生产经验。三十多年过去了，黄道婆无比思念起家乡，那个黄浦江边令人魂牵梦绕的地方。

黄道婆回来了。她从崖州回到故乡乌泥泾，带着思念，还带着黎族妇女使用的踏车、椎、弓等棉纺工具。她发挥了自己的聪明才智和宅心仁厚，不辞辛劳，毫无保留地把崖州的先进纺织工具和技术传授给家乡百姓，希望能改善一下乡亲父老们的生活，同时还将自己所学到的纺织技术，结合上海本地的生产实践和江南纺织技术，进行全面改革。在本地木匠帮助下，终于制成了一套捍、弹、纺、织工具，极大地提高了当时的纺织效率。

　　黄道婆在改进崖州被织造方法后，在织造技术上革新创造了一种名为"乌泥泾被"的棉纺织品，风靡江南，行销日广，从业人员逐渐增多，地域逐次扩大，千家万户农人和手工业者生活大获改善。与上海县相邻的松江、青浦等地的棉花种植业得以迅速发展，徐光启在其所著《农政全书》上这么写道："海上官民军灶，垦田几二百万亩，大半种棉，当不止百万亩。"生产的布匹远销北方，称为"云布"，博得"松郡棉布，衣被天下"的赞誉。直至清末，盛销不衰。上海农村家家机杼，在18世纪至19世纪，松江布作为百年老字号更是远销欧美，获得了很高的国际声誉。1929年，上海

位于徐梅路700号的黄道婆纪念馆（吴玉林 摄）

市民曾票选上海的市花，结果棉花以高票当选。直至 20 世纪 80 年代，纺织业还是上海的支柱产业之一。

我记得小时候，在老家宅上，几乎家家都有木制的纺车和脚踏织布机。我母亲这一辈的妇女少有人不会织布的，因为大家普遍认为不会织布的女人肯定是不会持家的女人，又懒又笨，是要被人看不起的。她们织的布匹其实是家里人衣着的主要来源，还可以出售补贴家用。所谓"丰衣足食"，在农村得到了具体体现——能"伺候"好庄稼，填得饱肚子，还得有衣穿有被盖。对于农村人来说，全都得依靠一双勤劳的手向土地"讨生活"。

"黄婆婆！黄婆婆！吃是吃，做是做，一天能织三个（匹）布。黄婆婆！黄婆婆！教我纱，教我布，两只筒子两匹布！"曾经，在上海县郊当地农人中，广泛流传着这么一首歌谣，歌谣中的黄婆婆，指的便是黄道婆。黄道婆被后世誉为 13 世纪杰出的棉纺织技术革新家，成为行业祖师，从一名出身贫寒的农妇被抬上神坛，称之为"先棉神""棉神""棉花神"。在古老中国农耕文明中，她的出现，她一生传奇的经历，她身后的事迹与影响，具有"女织"形象的典型代表意义。

不仅如此，乌泥泾手工棉纺织技艺还影响了上海地区的文化人格。陈勤建先生在其《非物质文化遗产的保护：生态场的恢复、整合和重建》的论文中指出："与传统的家用的'男耕女织'不同的是，原松江七县一府的现上海市地区，明末清初的女织已脱离'自给自足'状态，而成为当时社会重要的流通商品，从而改变了上海地区女性在家庭中的地位，并影响到恋爱婚姻的状况。女性有了一定的自主权。全国闻名的上海男人和女人恋爱婚姻家庭生活所别具一格的地域文化人格，就是那个时期这种生产生活定下的基调。"

这个结论很有意思，细想还挺有道理的。

叁

农耕时代，龙华因为有龙华寺、龙华塔，还有乌泥泾的"云布"，而为人瞩目。又依托着四通八达的水道，与周边市镇融为一体，彼此联系，相辅相成，吸引了本地的一些世家大族前来置产，营建园林宅第。也有家族在这里选建墓地，墓园又往往与宗祠连在一起。墓地的周边，还分布着不少族田，有的设立义庄，有的建造祠堂，祭先敬祖，世代守护。

有龙华庙可逛，有压满枝头的桃花可看，更有甘甜可口、入口即化的龙华水蜜桃可尝；黄浦江边芦苇丛生，水鸟扑扑而飞；滨江临浦，分散着一些村落，篱落村墟，民居错落，家丰人和，鸡犬不惊，耕读传家，宛然世外桃源。这样的状态和意境，到了19世纪中叶，随着上海开埠终被打破和改变。而这种格局的打破和改变，也经历了一个过程，沿着黄浦江，由东而西，而南，沿岸的景观与景象逐渐发生变化。

是一家兵工厂打破了龙华的宁静和自然。

同治四年（1865），李鸿章以六万两白银买下位于虹口的美商旗记铁厂，并将丁日昌和韩殿甲主持的、分别位于上海、苏州的两个洋炮局并入，共同组建"江南机器制造总局"。起初局址仍设在虹口，因那里靠近当时的商业中心洋泾浜，租金十分昂贵，且随着新机器增加，场地越发局促，当然最重要的原因是制造大炮等武器，容易发生意外，遭到一部分外侨的反对。于是李鸿章在同治六年（1867）7月关停了该厂，迁址到上海县城南高昌庙，分建各厂，有机器厂、汽炉厂、木工厂、铸铜铁厂等，续建轮船厂，筑船坞，并设立翻译馆等。从此，高昌庙成为华界的一个重要工业中心。

江南机器制造总局不断扩张，并在龙华设立分局，专门生产火药、枪支、炮弹等，民国以后改组为龙华兵工厂。选址龙华，同选址高昌庙的原因是相同的：一是这里临近黄浦江，沿江面浦，水路交通便利；二是周围有大片滩地和农田，地势开阔，有发展余地。

随着龙华分局的机器轰鸣声响起，龙华滨江地带由此步入了工业化时代，也带动了周边道路、港口、铁路的建设，并成为中国近代工业的诞生地之一，与先行一步、同样正在进行着近代工业发展和变革的杨树浦遥相呼应。

一个巨大的军工企业在龙华开设分局、分厂，给龙华带来的影响是综合性的，这个地区的人口结构、经济结构随之发生变化。龙华有了第一代工人，出现了"男工女植"的现象，男的去工厂做工，女的植棉种桃。工厂招收了大量外地工人，甚至也有外籍人员。他们出入于龙华，对当地的消费、治安等产生了很大影响。同时，军工企业本身形成了产业链，不仅涉及制造业本身，后面连带着庞大的物料、军火的运输、存储。大量武器弹药要发往全国各地，供军队使用，如何运输是个大问题。除了龙华原有的河道港口可资利用外，后来陆续修筑了多条马路，铺设铁路，都与军火原料、成品运输有直接关系。还是因为军火，涉及的是国家安全问题，故而这里云集了大量军警，来确保它的重要战略地位。后来，修建龙华机场，也与此密切相关。

随着龙华分局的建设投产，沪上工商界纷纷把目光投向这里。到清末时，出现了像龙章机器造纸公司、日晖织呢厂等知名企业。尤其是龙章机器造纸公司，它是我国机器造纸工业最早出现的一家官商合办造纸厂，也是中国第三家造纸厂。主要生产毛边连史纸，年生产能力3000吨，远销京、津、营口、烟台，并长江各埠以及苏浙等地。

1912年中华民国成立，但徐汇滨江地区的工业扩展主要是在第一次

江南制造局龙华分局正门（资料图片）　　　　　20世纪90年代上海水泥厂及周边区域航拍（陆杰 摄

世界大战爆发后。那时，英、德、法等国忙于军事应对，被迫放松了远东特别是中国市场的竞争，这为中国民族工业的发展创造了有利时机，近代上海工业进入发展的"黄金时代"。徐汇滨江工业带也在这一时期初步形成，从日晖港到龙华港，一些工矿企业陆续设立，集聚了远东最大的机场（龙华机场，1917年）、中国第一个水陆联运码头（北票码头，1929年）、中国第一个湿法水泥厂（上海水泥厂，1920年）、上海第一个货运车站（铁路南浦站，1907年）等，一跃成为上海最主要的交通运输、物流仓储和加工基地。

当时上海工商界中不少人从犹豫、观望、比较，最后逐步看好龙华，认为此地适宜投资建厂。1921年9月发行的《工业杂志》一期中作了这样的预测："龙华将有大工厂出现。龙华沿浦滩一带之民地，自今春以来，有富商郁姓拟在沿浦滩地方，创设厂栈，以冀振兴市面，广购田亩，计一千余亩之谱。惟现尚未开工建造。前日又有沪上某巨商，在于宣家浜北之小九园地方，购得民田八十余亩，亦拟建造工厂……"很多近代企业之

20 世纪 30 年代中期，临江的龙华机场影像（资料图片）　　　　　　　1937 年，龙华机场机库停机坪（资料图片）

所以选择在这里购地建厂，很大程度是看中了这里具有的优越航运条件，便于原料、工业成品的大规模转运。这些水运优势在近代继续得到发挥，使之成为黄浦江沿岸港口体系中不可或缺的重要组成部分。

至 20 世纪 30 年代，龙华，或者说徐汇滨江一带已经是工业密布。华商上海水泥公司是这一时期较早创办的著名企业之一，由原籍为浙江定海的刘鸿生先生创办。他是一位富有胆识的实业家，曾任开滦矿务局买办，通过煤炭经销获得了大量的资本积累，并逐渐向工业领域投资，逐步成为"实业大王"。作为中国第一家湿法水泥厂，华商上海水泥公司拥有完善的生产流水线，其生产的"象牌"水泥销路主要是在上海，大约占总销量的四分之三，其余四分之一销往外埠。当时的上海海关大楼和国际饭店等都是用该厂的象牌水泥建造的。

另一位赫赫有名的实业家吴蕴初创办的天字号企业，是近代中国南方最大的民族资本化学工业企业集团，包括天厨味精厂、天原电化厂、天盛陶器厂和天利氮气厂及其附属企业。其中的天盛陶器厂就建在龙华。

新中国成立前，经过数十年的发展，在龙华及周边地区逐渐建立起了包括军工、造纸、建筑材料、船舶修理、染料、丝绸等一批工业企业。其中，有不少是伴随着军工厂而产生的加工企业，或者是配套企业，如机械制造厂、修配厂等。当时，近代著名实业家朱志尧谈到龙华实业的前途时称："龙华今日，陆有火车，水有舟楫，空有飞机，交通便利，实业振兴……则日后之发达，势将更甚于今日。"在龙华港的临黄浦江处，就是著名的龙华机场。朱志尧所言的飞机便是从龙华机场起降的。

龙华机场原为北洋政府淞沪护军使署的江边大操场。操场辟建于1915年末，于次年10月建成。1922年，皖系的浙江督军卢永祥通过上海恰比奥斯克洋行，购得6架法制"布莱盖-14"式飞机和4架"毛兰"式单翼教练机，择定在龙华大操场用以装配和存放飞机。自此，龙华大操场正式辟为机场，亦是上海第一个军用机场。1929年6月，国民政府航空署接管龙华机场，改为民用机场，并成为著名的"中国航空公司""欧亚航空公司"诞生地。

1936年10月24日，中美航空线首次试航成功，该航线以洛杉矶为起点，途经檀香山、中途岛、威克岛、关岛、菲律宾、香港，最后抵达上海龙华机场。飞行距离13194公里，限于当时飞机制造技术，无法做到直飞，所以航程长达12天，不过这在那个年代是开天辟地的。抗日战争全面爆发，上海沦陷后，日军占领机场，进行了一系列的扩建，主要满足日军的战斗机停机需要。抗战胜利后，国民党政府民航局再次扩建龙华机场。20世纪40年代曾为东亚最大的国际机场。新中国成立后，又经过扩建、改造和整修，成为上海民航业基地。20世界60年代，因机场靠近市区，不能适应民航事业发展的需要，航班飞机转场上海虹桥国际机场起降。此后的龙华机场主要担负试飞和中型机训练及通用航空飞行。

肆

其实，我最初对龙华地区的认知，同上海很多市民一样，也仅仅停留在龙华寺、龙华塔，当然还有龙华烈士陵园。小学和中学时，每年的清明节学校定会组织师生到龙华烈士陵园祭奠先烈。不过现在在龙华寺一侧的陵园是在 20 世纪 90 年代时由原位于漕溪北路的上海烈士陵园并入的，1995 年 7 月 1 日竣工并正式对外开放。

在中国红色文化史上，龙华烈士陵园革命烈士出现时间最早、烈士规格最高，有确切姓名的烈士数量最多，达 1600 余名。

由此，龙华地区成为上海著名的革命历史风貌区，其地域范围大概为龙华路和天钥桥路一带，主要有龙华烈士陵园、原国民党淞沪警备司令部旧址、龙华革命烈士就义地等地方。历史上，作为国民党淞沪警备司令部所在地，龙华监狱关押了大量中国共产党人和爱国民主进步人士，其中有许多人被杀害于此。

龙华在近代历史上便是一个风云际会之地。1911 年，武昌起义爆发，上海光复，随后成立的沪军都督府派驻大量军队于龙华。北洋政府将淞沪护军使署迁至龙华，派 2 个师的兵力驻扎于此，龙华成为上海地区最高军事机关驻地。

1927 年，第三次上海工人武装起义期间，上海水泥厂部分工人参加了武装起义，北伐军随后占领除租界以外的上海市区。白崇禧率部占领龙华，并组建上海警备司令部，这里成为国民政府在上海地区的最高军事机关。然而，当年 4 月，蒋介石在上海悍然发动"四一二"反革命政变，大肆逮捕、枪杀大批共产党人，国民党在龙华关押并枪杀了大量共产党人，如宣中华、赵世炎、罗亦农、彭湃等，他们先后在龙华就义。

　　1931年1月17日至24日，国民党上海市公安局伙同公共租界的工部局在东方旅社、中山旅社、华德路小学等十余处逮捕了林育南、李求实、何孟雄、龙大道等一批中共党员，共计36人。他们先被关押在国民党上海市公安局各处，后被解往龙华国民党淞沪警备司令部监狱。在狱中，他们坚贞不屈，经受住了拷打和利诱。

　　虽然狱外党组织多方营救，宋庆龄、何香凝、杨杏佛等领导的中国民

1928年淞沪警备司令部本部大门（资料图片）

权保障同盟也向国民党当局抗议，要求释放他们，但国民党当局不顾社会舆论的谴责，仍决定将他们集体枪杀。

1931 年 2 月 7 日晚，国民党当局以押解至南京为由，将 24 位革命者从牢房中分两批带出。难友们知道最后的时刻到了，爆发出愤怒的抗议。室外，预备好的军警开枪扫射，第一排的同志应声倒下。第二排的同志在枪声中振臂高呼"中国共产党万岁"，高唱《国际歌》。

烈士中，年纪最轻的欧阳立安只有 17 岁。他曾说："共产主义是我自己的思想信仰，你们要怎么办就怎么办！我坚决信仰共产党，即使烧成了灰，还是百分之百的共产主义者，绝不变色。"

恽雨棠和李文是二十四烈士中一对年轻的革命伴侣。迈向刑场的那晚，恽雨堂拖着沉重脚镣，步伐却坚定。妻子李文抚着腹中胎儿，紧紧依偎丈夫，手挽手从容就义。

那晚，冯铿穿着丈夫为自己披上的羊毛背心。这件毛衣本是冯铿一针一线为丈夫许峨精心织成的，许峨后来执意让冯铿穿上御寒。1931 年 1 月 17 日傍晚，冯铿前往上海公共租界的东方旅社参加左联作家的秘密会议。之后，许峨再也没有等到妻子归来。19 年后，许峨才通过地下挖出的血色毛衣，认出了妻子冯铿的骸骨。

烈士们牺牲后，鲁迅写下著名的七律《无题》，后发表了《中国无产阶级革命文学和前驱的血》，表达对烈士的深切怀念和对国民党暴行的强烈抗议。

1950 年春天，中央内政部部长谢觉哉给上海市市长陈毅发去令函，要求对 1931 年的一起中共干部和左翼作家被害案进行调查，并寻找 24 名烈士遗骸。

上海市相关部门即刻组织人手，走访烈士牺牲处周围的居民。根据几位老人的描述和指点，工作人员从上海龙华机器厂第五宿舍后面的地下清理出多具骸骨，有的已零碎不全了。坑中还捡出脚镣、手铐、银钱等。经过反复确认，这些便是1931年2月7日就义的烈士们的骸骨。

就义19年后，左联五烈士和一起牺牲的19位烈士的遗骸才得以重见天日，继而合葬在龙华烈士陵园。他们被称为"龙华二十四烈士"。

除了著名的"龙华二十四烈士"，牺牲在龙华地区的还有许许多多烈士。他们把生命奉献给了自己热爱的祖国和人民，鲜红的热血渗入于厚土之下。

陈延年是中共创始人陈独秀之长子，他继承了父亲陈独秀的革命之志，充满了一往无前的勇气，时人谓其胆魄"过于其父百倍"。很多人，尤其是年轻一代并不了解他。2021年建党百年之时电视连续剧《觉醒年代》播出，人们才一睹陈延年和其弟陈乔年的风采。那个满腔斗志，与父亲陈独秀时不时"杠"上的青年人原来是我们敬仰的革命前辈。

1927年，"四一二"反革命政变后，陈延年担任了中共江苏省委书记等职，决心重整旗鼓，在白色恐怖中开展斗争，再燃革命烽火。6月26日，他在召开省委会议时，因叛徒出卖不幸被捕。随后不久，蒋介石亲自下达了枪决电令。这份电令原件至今保存在台北"国史馆"。

1927年7月4日夜，陈延年被押赴龙华刑场。面对刽子手高举屠刀，恶狠狠地勒令他跪下时，陈延年昂首挺胸，大声说道："革命者只有站着死，绝不下跪！"听罢，刽子手挥刀向他猛砍。但，血肉飞溅的陈延年久久挺立不倒……时年29岁。

陈延年英勇牺牲后，陈乔年追随着哥哥的步伐，前仆后继，一路为党的事业披荆斩棘。他被捕后身份暴露，在狱中也是受尽种种酷刑。但陈延年依旧横眉冷对，不吐一字。他与难友告别时，曾说道："让我们的子孙后代享受前人披荆斩棘的幸福吧！"他对党组织吐露心声——对党的尽力

原国民党淞沪警备司令部门楼，现为龙华烈士陵园四号门（汪思毅　摄）

龙华烈士陵园内纪念雕塑（汪思毅　摄）

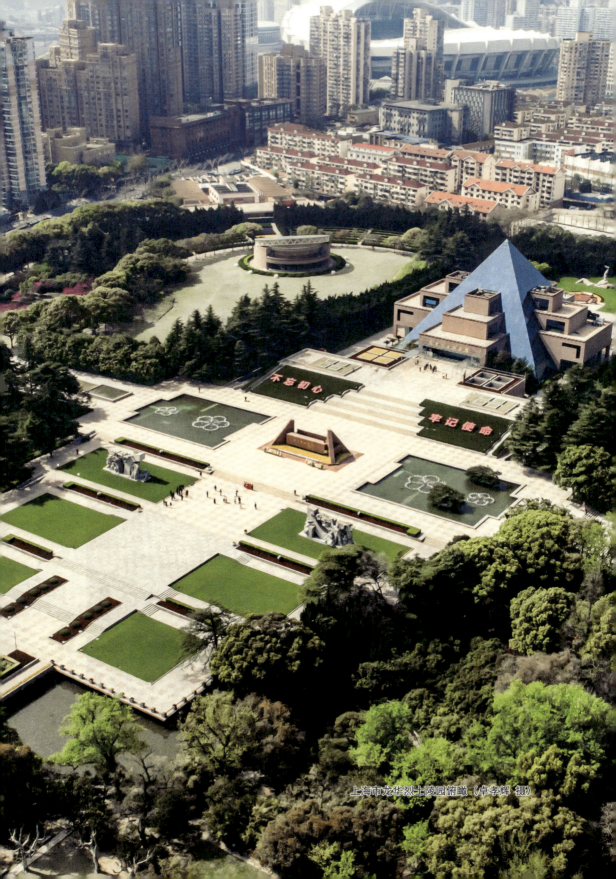

上海市龙华烈士陵园俯瞰（卓孝辉 摄）

营救表示衷心感谢，希望党不必再为营救自己而费心花钱。1928 年，陈乔年被国民党杀害于龙华，时年 26 岁。

龙华烈士陵园的建设经历颇为坎坷。早在 1950 年上海龙华地区挖掘出"龙华二十四烈士"遗骸后，老一辈革命家就萌发了在此建立烈士陵园以告慰先烈的心愿。中共上海市委、市政府于 1957 年向全国有关设计院、大学征集了"龙华烈士纪念公园"总体设计方案，并作筹划，后因故而未竟。1963 年，中共上海市委重拟建造龙华烈士纪念公园，在原龙华公园的基础上征地、围墙、绿化，在公园入口处矗立"红岩石"，但再次因故中断。

1983 年 12 月，龙华烈士赵世炎夫人夏之栩致信中共中央，建议充分利用上海龙华革命遗址，整修龙华烈士陵园。1985 年 2 月，中共上海市委、市政府向中共中央、国务院报送《关于筹建龙华烈士陵园的请示》和《关于龙华烈士陵园总体设计方案的请示报告》。中央 4 月 14 日批示同意。4 月 24 日，中共中央办公厅、国务院办公厅批复上海市园林设计院设计的方案。规划陵园包括龙华革命烈士就义地在内，占地面积 365 亩。

按照批复，上海决定在龙华建造一座规模宏伟的烈士陵园，把原国民党淞沪警备司令部旧址、革命烈士就义地、龙华公园建为龙华烈士陵园。此后，上海成立由市民政局、市园林局、市文物管理委员会、市规划局和中共上海市委党史征集办公室组成的龙华烈士陵园筹建领导小组。1988 年 1 月，国务院批准"龙华革命烈士纪念地"为全国重点文物保护单位。

1990 年龙华烈士陵园正式动工。1993 年 10 月，国家民政部根据国务院批示，批准上海市烈士陵园迁入龙华烈士陵园一并建设，建成的上海市龙华烈士陵园为全国重点烈士纪念建筑物保护单位。依此批示，龙华烈士陵园建设工程于 1994 年 5 月 27 日开工，1995 年 4 月 5 日完成土建工程，

1995 年 7 月 1 日竣工对外开放。龙华烈士纪念馆于 1997 年 5 月 28 日开馆。2017 年，龙华烈士纪念馆完成基本陈列更新，2020 年龙华革命烈士纪念地完成升级改造。

我的一位朋友顾大维，是长期从事活动策划的导演。这些年，他多次参与了龙华烈士陵园举办的纪念和祭扫活动。2023 年清明节和"八一"建军节期间，他分别担纲了"我们来看望您"清明祭英烈主题活动和"传承红色基因、赓续红色血脉"建军 96 周年情景演出的总导演。活动期间，几乎天天工作在烈士陵园。他说从业以来曾策划导演过数百场各类活动，但从来没有像在龙华烈士陵园那样直击心灵，庄严、肃穆又无比激动。顾大维自己就是军人出身，曾是部队文工团的文艺兵，但是这么近距离地触摸历史，感受风起潮涌年代革命志士的斗争精神，用艺术的表现手法来缅怀先烈，却是从没有过。"什么叫洗礼，这就是！"顾大维和我聊起这些事时，还抑制不住激动。他说，尽管项目费用紧巴巴的，但他和导演团队还是倾注了最大的热情去高质量地完成这些活动，因为"有意义！"

"有意义"这三个字简单、朴实，但具有着坚不可摧的信仰支撑。长眠龙华烈士陵园内的那些先烈，在血雨腥风的当年，不正是因为坚信自己所从事的事业"有意义"，才会发出"头可断，血可流，革命意志不可屈"的怒吼，才会毅然决然地前仆后继吗？

在行走黄浦江时，我特地去了一次龙华烈士陵园，站在陵园大门前，耳边回荡着一首诗："龙华千古仰高风，壮士身亡志未穷，墙外桃花墙里血，一般鲜艳一般红。"

这首诗，是 1934 年春，时任中共上海沪西区委书记的龙华志士张恺帆为纪念死难烈士，在监狱的墙壁上愤然所题。

黄浦江水在咆哮，在呜咽，奔腾不息。

20 世纪 80 年代，龙华庙会的热闹场景（陆杰　摄）

"观此新生，妙想未来"，龙华会于 2023 年 9 月 26 日对外营业（卓孝辉　汪思毅　摄）

徐汇滨江航拍（卓孝辉　摄）

伍

虽然我知道龙华在 20 世纪八九十年代以前曾是上海县的一部分,但很长时间以来总把它当作市区的一块,地理位置上十分模糊,不清楚它就处在黄浦江边上,更不了解这一带曾是中国近代民族工业的摇篮之一,承载了中华百年民族工业历史。

记忆中,小时候去过龙华庙会,人山人海,水泄不通,只能紧紧地攥紧大人的衣角,怕一不小心被挤走了。后来因为各种原因,龙华庙会没落了,几乎成了一个历史名词。前些年去,这里一片建成了龙华历史风貌区,开起了大量商铺,但走了一圈,各类店家的生意并不是太好。游人们对各类老街、古镇千篇一律的商业设置都了然于心,似乎提不起兴趣。许多事情就是这样,一刻意就变得索然无味。这些年,龙华庙会正逐步恢复。2008年,由徐汇区龙华街道申报的"龙华庙会"被列入第二批国家级非物质文化遗产项目名录。2023 年 4 月 29 日至 5 月 2 日,阔别多年的上海龙华庙会再度焕新归来。围绕"妙汇·新生"主题,以行街祈运、庙市民俗、非遗展演、数字妙会等活动形式,使传统文化在延续中得到更新。

徐汇滨江游人如织（桑炯华 摄）

2016 年国庆前夕，在徐汇滨江租房办公、从事花艺布置的朋友张雯洁送给我几张"2016 西岸食尚节"的票子。那时，我并不清楚上海西岸就是徐汇滨江一带，就处于原来概念中的龙华地区。10 月 1 日上午，食尚节在龙腾大道龙兰路绿地正式开幕，这也是徐汇滨江首次举行与"吃"有关的大型活动。为此，主办方西岸集团邀请了国内知名美食家、《舌尖上的中国》总顾问沈宏非担任总顾问，并远赴欧洲诚邀 7 位米其林星级厨师"原装进口"到上海，连续 7 天为本土食客们奉献来自米其林故乡的精致盛宴。

这次食尚节的门票应该要付费的，但张雯洁送我的是 VIP 票，除了不用另购门票外，还可免费品尝指定美食。她承担了食尚节花艺布置，算是近水楼台先得月。国庆期间，我实地探访了这场紧邻黄浦江的美食狂欢。在 2.5 万平方米的龙兰路绿地上，除了同场切磋技艺的 7 位米其林厨师，还有来自法国、意大利、挪威等欧陆国家的料理，食材包括世界顶级的塔布里赫地中海玫瑰生蚝、法式经典白葡萄酒烩青口贝，还有近百种每日从产地直送上海的法国高端葡萄酒。当然，有洋气的异国料理，本土网红美食也必不可少。不过，我对吃的概念一向是淡薄的，品鉴不出好与坏，只能算是轧轧闹猛。

从美食节的活动场地出来，沿着徐汇滨江边走边看，才发觉这里满目都是工业遗迹，层层叠叠。

中华人民共和国成立后，龙华地区工业得到很大发展，这一时期发展起来的工厂，情形不一：有的是近代企业在原有基础上脱胎换骨；有的是从其他地方迁入龙华；有的是从本地成长起来的，属于镇办企业或社办企业（乡镇企业）。按当时的企业性质来分，主要有国营企业、集体企业。其中规模较大的国营企业有：军工企业中国人民解放军第七三一五工厂、上海水泥厂、上海飞机制造厂、上海协昌缝纫机厂等，上海30万吨保障粮基地——上粮六库也在其中，是上海市粮食局在1956年向当时的上海县龙华乡征用农田建设的，东靠黄浦江、北靠淀浦河，与火车站、码头都非常近。

20世纪50年代创建的上海飞机制造厂，是新中国重要的飞机研发制造基地，为我国的民用航空事业发展作出过重大贡献，诞生了中国自行研制、自行制造的大型喷气式客机运-10，如今已成为徐汇滨江的特殊记忆。

自1990年以来，上海市开始大规模产业结构调整。徐汇滨江地区作为著名的工业集聚区，产业结构落后，附加值明显偏低，许多工厂企业处于"转、迁、并、关"的状况，工业发展愈加没落，这条原本繁忙而封闭的岸线逐渐在城市发展中失去了活力，成了"铁锈地带"。

2010年起，以上海世博会的举办为契机，徐汇滨江遵循"规划引导、文化先导、生态优先、科创主导"的开发理念，开启了生产型岸线向生活型岸线的华丽转变。以龙腾大道为核心打造一条最"透气"的浦江岸线，让全体公众都能享受滨水地区，并由滨水岸线向腹地延伸拓展，从北向南依次建设活力示范区、文化核心区、自然体验区和生态休闲区，通过开放宜人的沿江空间、便捷完善的交通系统、工业文明的城市记忆等将西岸塑造成最开放、最便捷、最绿色、最具魅力的公共活力空间。并在2011年末提

2017 西岸食尚节（资料图片）

2018 世界人工智能大会（WAIC）在西岸艺术中心开幕（资料图片）

出了打造"西岸文化走廊"品牌工程战略。经过 10 多年发展建设，西岸的"美术馆大道"初具规模：原上海飞机制造厂那座始建于 1953 年的 101 机棚，现由日本新生代最有才华的建筑师之一藤本壮介设计改建为余德耀美术馆，并设立西岸艺术中心；在原龙华机场旧址上建成油罐艺术公园；原上海水泥厂旧址上建成上海梦中心。还有诸如龙美术馆（西岸馆）、上海摄影艺术中心、香格纳画廊、苏富比拍卖行等众多知名文化艺术机构纷纷入驻。

同时，"西岸文化走廊"的打造，不仅体现在产业生态，而且注重文化生态。在西岸音乐节、西岸建筑与当代艺术双年展、西岸艺术与设计博览会、西岸食尚节、全球水岸对话等品牌活动的引领下，西岸正成为沪上高品质文化、商业和体育活动的聚集区。在这些活动中，时尚娱乐性最强的"西岸音乐节"以超强的人流聚合效应，率先为正在描绘的"西岸文化走廊"蓝图书写下浓墨重彩的一笔。作为全球唯一的以建筑与艺术为固定主题的国际双年展，云集了国内外知名建筑大师和卓越艺术家，是西岸的

徐汇滨江已成为市民休闲好去处（汪思毅 摄）

一个高起点、国际化、艺术性文化事件，融合了建筑与当代艺术，立足本土又面向国际参与开放，为西岸成为先锋文艺的"试验场"打响了品牌。

西岸目前已成为全球文化设施集聚度最高的地区之一，正逐步成为上海首展、首演、首秀的亚洲最大规模的艺术区；并正以"西岸创造"为核心的概念，聚焦艺术、设计、时尚、信息、娱乐、传媒等重点领域，构建文化创意、科技创新、创新金融三者互为支撑、全新的复合性产业架构。继 2017 年全球（上海）人工智能创新峰会后，西岸又成功争取到世界人工智能大会的举办权。世界级 AI 盛会，云集了全球人工智能领域最具影响力的科学家和企业家。

"望得见江，触得到绿，品得到历史，享得到文化。"来到徐汇滨江开放空间的游客，总是会驻足在位于亲水平台的港池附近，坐在巨大的系缆墩上，休息赏江景。这里的水泥墩上经常会有水鸟驻足，浪花拍向江岸，小鱼水中游弋，有时甚至还有小乌龟慢悠悠地划过。

过去煤灰满地的码头变成了开放的绿地空间；过去装卸煤炭的塔吊变成了黄浦江边记载历史的人文景观；过去 24 小时轰隆隆响的高架皮带机变成了可观赏江景的海上廊桥。工业感和原始感在这里碰撞，又带着时尚和艺术的气息扑面而来。曾经主持设计过"中共一大纪念馆"和"龙华烈士陵园革命烈士纪念地拓展"项目的著名建筑师邢同和说："上海的文化发展有着一条绵长而轩昂的轨迹，百余年来，它不断注入了新的内涵，留住两岸的历史遗存，就是珍藏上海发展史的缩影，就是传承上海的文脉，为子孙、为明天留下历史的记忆。"

"一港龙华十八湾，湾湾对塔港如还。"这样的景观早已不见，但上海西岸带给了我们全新的体验。

这是一个开放、生态、人文的城市新地标。

第六章 每个人心中有个外滩

外滩的历史就是由格林邮船大楼这样的建筑铺就而成，从最初屈辱的开端演变为如今的辉煌和自豪。

1840年前，外滩一带是上海老城厢外东北面的沿江滩地。芦苇摇曳、杂草丛生，还有潮湿的坟场，沿江是一条由纤夫们挥汗用脚踏就的小道。上海开埠后，外国人在此地域内沿江辟路，称面江一线为Bund，中文译作外滩，亦称黄浦滩。直到1945年，才拥有正式路名中山东一路，沿用到现在。但对普通市民来说，外滩之名更为亲切，更为深入人心。

外滩建筑群（桑灼华 摄）

清晨的七点，办公楼是寂静的，偶尔有鸟儿在窗外鸣叫。

一口清茶，我翻阅着陈丹燕的《外滩影像与传奇》，这是她"外滩三部曲"其中的一部，出版于 2014 年。没有人打扰，心可静下来，边读边做标签，用红笔画下几段特别的文字。

丹燕老师是这座城市的书写者之一，她以一种十分浓厚的怀旧气息和精致细节，记录着"流变的上海"，曾经的繁华旧梦，当下的时尚。我认识她的时候是在 20 世纪的 90 年代，那时她和她的先生陈保平刚合著出版了一部名为《精神故乡》的散文集。而之前，丹燕老师一直在德国、法国、西班牙、葡萄牙、波兰、俄罗斯等世界各地游历采访。保平老师是上海新闻界前辈，青春年少时，我有着一个记者梦，于是常去他供职的东湖路上的青年报社拜访求教，于是也有幸结识了丹燕老师。

丹燕老师的气质，游历世界的那份经历，让我感觉她像极了台湾的三毛。她一直在寻找着那份独属于自己的精神家园。兜兜转转好大一圈后又沉浸于上海这座她梦想启航的城市，开始书写"上海女性三部曲"。而后，她的笔基本上没有离开过上海。我想，这也许就是她真正的"精神故乡"。

光一个外滩，丹燕老师就写了整整三本书，厚厚的，读起来有些费时，但翻阅历史是需要耐心的。她眼里的外滩很纷杂，人们在拥挤的堤岸上散步、看船、看房子、看别人，是"不安的江水，无声但不安地向前流去"，是"黑衣人走向灯光璀璨的门厅"，是面江而立的和平饭店"在时光穿梭中往复飘荡的风景"……在这里，历史具有了呼吸和温度。

其实，每个人心目中都有个"外滩"，过去的现在的，来过的没来过的。用丹燕老师的话说："上海是个反复经历沧海桑田的都会，而外滩，则是这种剧变的纪念碑。"

壹

北京东路 2 号，是我对外滩最初的记忆。

第一次走进这幢楼的那年，我 17 岁，瘦小怯弱。从上海县马桥乡一个邻近黄浦江的小村落，辗转了几辆公交车，来到了这里，路上花了 2 个多小时，到达时已是中午时分了。

我是来送稿子的。彼时这里是上海人民广播电台所在地。20 世纪 80 年代中期的外滩，在我的心目中是遥远的。不光是距离，还在于心目中的那份高高在上，华丽、庄重和陌生。

电台农村部有我认识的一位年轻记者王烨，家住老闵行。那时他刚大学毕业不久，一次去我们村采访，便和我有了交集。而我自小对写作有着无比的热爱，而且心心念念地希望将来能进入媒体工作，于是在平日里就不断地试写各种各样的稿子，尤其是新闻稿。专程把稿子送到电台来，而不是通过邮寄的方式，是为了当面向编辑（记者）请教，就如同我去青年报社拜访陈保平老师那样。到底那时还没有接受正规的"科班"教育，都是在凭感觉写作，水准如何心中还是十分忐忑的。

我站在这幢被人们称为"广播大楼"的建筑前，填写了会客单后等待着王烨来接我。月洞形的大门两旁各有一根对称的圆形花岗岩石柱，极具古典意味，底部两层外墙用大块花岗岩石砌成，坚固结实。门岗是两名解放军战士，身姿挺拔，让一切变得神秘起来。"在外滩，当你走进一栋建筑，堤岸上的嘈杂之声被门切断，门厅里的光线照耀你，大楼里的空气包裹你，你顿时落入另一个时空，落入丧失自己方位的恍惚中。"数十年后，当我读到丹燕老师这段文字时，回想起当年的那一幕，突然有一种共鸣，那份

北京东路 2 号，上海人民广播电台曾长期在这里办公（吴玉林 摄）

1996 年 10 月上海人民广播电台搬迁新址前，电台同事合影（郭琪琪提供）

感受是如此真真切切。

以我当时的阅历,根本不知这样的老建筑有着怎样的历史。上海外滩,汇集了不同时期、不同风格,曾属于不同国家的建筑,被称为"万国建筑博览群",那是租界时期的产物。而广播大楼最初的名字叫做格林邮船大楼,又名蓝烟囱轮船公司大楼。它的大门按道理应该同周边的许多大楼一样,开在面朝黄浦江的黄浦滩路(即今中山东一路)上,但因大楼沿外滩的宽度较窄,所以把正门开在了北京东路2号。北京路原有的路基是上海开埠初通达黄浦江4条土路之一。清道光二十九年(1849)开始修筑从外滩到界路(Barrier Road,今河南中路)一段,并命名为领事馆路。

这里是赫赫有名的上海外滩一角。窥一斑而见全豹,外滩的历史就是由格林邮船大楼这样的建筑铺就而成,从最初屈辱的开端演变为如今的辉煌和自豪。而"外滩"一词的由来,最具有代表性的说法是:在上海的地名习惯用词中,一般把河流的上游叫"里",河流的下游叫"外"。黄浦江进入上海老城厢后在陆家浜(今陆家浜路)附近形成一个急弯,于是上海人就以陆家浜为界,称其上游为"里黄浦",下游为"外黄浦"。1840年前,外滩一带是上海老城厢外东北面的沿江滩地。芦苇摇曳、杂草丛生,还有潮湿的坟场,沿江是一条由纤夫们挥汗用脚踏就的小道。上海开埠后,外国人在此地域内沿江辟路,称面江一线为Bund,中文译作外滩,亦称黄浦滩。1918年上海英租界分区图等地图都标注为黄浦滩。直到1945年,才拥有正式路名中山东一路,沿用到现在。但对普通市民来说,外滩之名更为亲切,更为深入人心。

1843年11月14日,首任英国驻上海领事乔治·巴富尔与上海道台宫慕久达成协议,宣布上海于是月17日正式开埠。这位时年36岁、原马德拉斯炮兵部队的上尉绝没有想到,外滩,有朝一日会成为黄浦江的精华所在，成为上海的都市象征，而他当年因为替英国人争取到了上海第一块租界而被载入史册。如今，在外滩源建筑群中最引人瞩目的就是原英国驻沪领事馆。1849 年，英租界得到清政府批准，在现址（中山东一路 33 号）建成外滩第一幢欧式建筑——外滩 33 号的英国领事馆。

14 岁当兵、历经 20 年兵燹征伐的英国人巴富尔，如果不是因为中英鸦片战争的爆发，被奉调到中国，他也许只能服役在印度孟加拉湾畔的炮兵队中。在英军坚船利炮的淫威之下，中英签署《南京条约》，帝国主义列强开启了对中国侵略、掠夺、瓜分的狂潮，中国亦由此开始了由一个独立的主权国家向半殖民地半封建社会的转变。在这场大变局中，许多人的命运也改变了。巴富尔就是典型的例子，他摇身一变竟成为外交官。

中英双方在签订《南京条约》后，又签订了《虎门条约》作出补充，规定外国人可以在通商口岸租赁房屋或营建住房等。上海租界就肇始于此。

巴富尔赴沪履职。他从广州启程，搭载"威客森"号舰船一路北上，经由舟山，转乘"麦都萨"号，于 1843 年 11 月 8 日晚间，靠泊在了上海十六铺大关码头。并没有欢迎的人群和仪仗，也没有足够档次的星级宾馆恭候伺奉，巴富尔领事的赴任之行显得异常冷寂。漆黑的夜幕笼罩四野，目力所及，唯黄浦江上可见点点渔火随波逐流，余皆墨色如堵。但野心勃勃的巴富尔不以为意，在外滩，他仿佛看到了人生的"金光大道"。

巴富尔在上海县城的姚家巷租屋开启了他的领事生涯。迫使上海开埠是他干成的第一件大事，而后在 1845 年 11 月 29 日，又与上海道签订《上海租地章程》，于是"洋泾浜"（今延安东路）至李家场（今北京东路）一带的外滩，成为了英国人的居留地，这是第二件大事。1848 年和 1849 年，美国和法国也如法炮制，以相似方法，取得与英国人相同的待遇。后来"居留地"就逐渐发展演变为租界。

租界的疯狂由此而起，上海也被时人称为"十里洋场"。

贰

外滩，寸土寸金。

外滩北起外白渡桥南堍，南至延安东路中山东一路一带，西向一般至四川中路，地形显新月形。外滩建筑如今主要有浦东发展银行大楼、海关大楼、和平饭店等近30幢优秀近代建筑。所谓"万国建筑博览会"自然只是一种形容，但那一幢幢风格迥异、造型别致、各具特性的建筑，在黄浦江西岸构成了一个轮廓协调、错落有致的建筑景观，毋庸置疑，成为了上海最经典的大都市风景。它出现在了各种画册、海报、电视中，还有邮票、明信片和文具盒上。20世纪六七十年代，那印着外滩字样和建筑轮廓的人造革手提包、背包到处都是，成为时髦的标志，旅途中的风景线。

20世纪80年代末，我在北方一所大学就读，同学大都来自全国各地，聊起上海都有那么一种向往和羡慕，当我问起他们对上海的概念时，他们不约而同谈到外滩，其后是南京路，还有说城隍庙。那时上海除了大白兔奶糖，城隍庙的五香豆也是人们心目中的土特产。来上海，无论是出差，还是探亲访友，不去外滩逛逛，那等于没来过上海；不买些大白兔奶糖和五香豆回去送给亲朋好友，则是没面子的事，人家会认为你不懂人情世故。我的同学以为我家住上海，那外滩就应该在家门口似的，有空没空都可逛逛。但他们没想到的是，我家虽在黄浦江畔，可要去外滩，也要费时费力，一个来回大半天就在路上耽搁了。而我如果当初没有怀揣当记者的梦想，似乎也不会专程去外滩。我的视野当时仅仅停留在"北京东路2号"

1870 年代的外滩（资料图片）

1893 年新建的海关大楼，砖木结构，建筑外貌为哥特复兴式（资料图片）

那幢广播大楼。我对外滩的认知同他们一样，来自各种画册、影视中。

我无法想象巴富尔当年的那份志得意满。短短两年时间，巴富尔成功地凌驾于号称"东南都会"的上海，为大英帝国，也为自己的人生履历，完成了两件"了不起"的大事。

当然，外滩不是一夜之间长成的，一开始的建设，如今看来简直微不足道，英国领事馆的入驻只是开了个头，巴富尔是来掠夺这里的财富的，本质上他和他的英国老乡们根本没有做好长期扎根在此的打算。所以，人们只是填平了滩涂，垫高了纤道，再种上树木，最大的工程也就是用煤屑、炉渣和卵石铺就了一条 18 米宽的临江大道。然后，在道路两旁，开始陆续建起了一些房子，奠定了如今外滩的雏形。一些外国的洋行、银行首先嗅到了巨大的商机，陆续"登陆"外滩，抢占有利地形建造大楼。但初时外滩的建筑，虽由不同商号自行设计，样子却几乎一模一样：方形的外廊式建筑，小楼周围是配置着大拱门的敞开游廊，上下都有阳台，外墙刷得雪白。这种建筑类型被称为"东印度式"，是英国人、法国人在印度、东南亚一带经常建造的房屋样式，能抵挡炎热的气候和强烈的阳光。据说当时的西方人，曾一厢情愿地把上海当作是另一个孟买，或者来到上海便以为来到了东南亚的另一个小城。但其实，上海怎么可能是任何意义上的小城呢？而且外滩的这些"东印度式"建筑，非但极少经过正规的建筑师设计，其这样通风的外廊也明显不适合上海冬天寒冷的气候。

等到那些洋行、银行的投资者发现上海的发展出乎了人们的想象，不光能赚一票，还可以长住、生活，于是外滩的建筑得到了全面的更新。从19 世纪 70 年代以后，建筑风貌每一二十年都会发生一些重大变化。至 20世纪初叶，外滩一带建起了 52 幢哥特式、巴洛克式、罗马式、古典主义式、文艺复兴式、中西合璧式等风格各异的豪华大厦，汇集了当时建筑设计最具代表性的杰作。

建筑是艺术，更是凝固的人类文明史。优秀的建筑不是冰冷乏味的钢筋混凝土堆砌，而是有温度有内涵的表达，承载着文化和历史的积淀。

100 多年以来，物是人非，建筑依旧，但里面的主人却换了一代又一代，大楼名称和外墙上的铭牌也是几经变更。当年的英国总会成了华尔道夫酒店；日清大楼变为集世界国际著名餐厅、酒吧为一身的顶级综合商务楼；招商局（旗昌洋行）改为轮船招商总局；汇丰银行大楼在中华人民共和国成立后，一度作为上海市政府办公楼，后由上海浦东发展银行置换购得使用权；原来的华俄道胜银行大楼如今为中国外汇交易中心……

作为一个新闻专业毕业的学生，我当然知道《字林西报》，它是上海最早，近代中国历时最久、影响最大的英文报纸。前身是《北华捷报》周刊的副刊《船务商业日报》，由英国商人奚安门在 1850 年 8 月 3 日在上海创办，主要读者是外国在中国的外交官员、传教士和商人，于 1951 年 3 月停刊。1901 年，上海大地产商马立斯以外滩 17 号地块为资本入股报社，占有全部股份的 47%，担任董事长。由于《字林西报》办得相当成功，1921 年开始扩大规模，建造大楼。1924 年竣工，翻建成 9 层花岗石外墙的钢筋混凝土结构大厦字林西报大楼，大楼外观共 8 层，连同顶层下的夹层、顶部的塔楼和地下室实为 11 层，是当时上海最高建筑。这幢建筑具有折中主义风格，以大门为轴线，两面对称，顶部两旁有巴洛克式塔楼，正立面做了古典式的竖向三段式处理，中间部分则是古典柱式和文艺复兴时期的浮雕，大门口有多立克式柱和大理石门额。大楼建成后，一部分由报社自用，其他出租，其中最著名的承租人是处于创业阶段的美资友邦人寿保险公司。

有意思的是，1919 年以上海为发源地的友邦保险，在 1992 年重新进入中国国内市场后，于1998年拿下了原字林西报大楼，改名为友邦大厦，成为了其上海公司的办公场所。

中山东一路33号，1849年启用的英国领事馆（新址）早在1870年时毁于火灾，现在的建筑重建于1872年，由英国人格罗斯曼与伯依斯设计。巴富尔在上海干成了两件大事后，便于1846年9月卸任回国，死于1894年。不知当时他在遥远的大不列颠听到自己亲自选地监工建造的领事馆被一把大火烧了，又该作何感想。

那里有大草坪，走进去令人赏心悦目。大楼的铭牌记录着一段尘封的历史。

叁

建筑可阅读。但真正可阅读的是建筑里的人，或者从建筑前匆匆走过的人。

人来人往，都是故事。

我的行走黄浦江计划中断了两个多月，终于在2023年立春这天重新实施。这次的目的地便是外滩。恰逢元宵节来临，去外滩走走倒是一举两得，除了实地考察，还有就算是假日里的休闲微游。徐老师对我的提议颇为赞同，她也真是脚底痒了。两个多月前的某个周末，我们还在逛徐汇滨江，她挺着个大肚皮帮我航拍，忙得不亦乐乎，结果第二天晚上就被送进了医院产房，没几个小时换了身份，我们迎来了一只可爱的小虎妞。接下来的日子便是伺弄孩子，产后休养。荣升了奶爸奶妈，行走计划暂时搁浅。

来得早，阳光被薄雾遮着，若隐若现，外滩的游人不多，江边的观景平台上人们拿着手机、照相机对着中山东一路上的外滩建筑，对着东岸的

外滩曾有一座欧战纪念碑，又称"和平女神像"，1941年被日本占领当局拆毁（资料图片）

20世纪30年代的上海外滩（资料图片）

东方明珠、上海中心大厦、金茂大厦等标志性建筑拍照。也有小姑娘架着手机，在自言自语叙述着什么，大概是"某书"上的博主前来作网红打卡吧。江中，不时有货轮缓缓驶过，有的装满了货物，水位线压得很低；有的是一组组的，几条船串联在一起，由头船牵引着。都普普通通，甚至陈旧，与岸上的风景有着鲜明的反差。不由得想起了那些老照片，100 多年前的外滩，江面上停满了桅杆高耸的各类船只，舳舻相接、帆樯栉比，密密匝匝，等待着卸货，等待着装货。如今，这样的景象早没有了，但黄浦江还承载着航运功能，所以还是有铁壳的货船往来繁忙。听到有拍照的人在说，等货船过了吧，有点煞风景，我倒有些不以为然，这才是黄浦江的自然状态。

我和徐老师漫步在江边观景平台。走过曾经人头攒动、具有 150 年历史的十六铺码头；走过那个因"华人与狗不得入内"的著名公案而拥有传奇身份的黄浦公园；走过几经修缮的中国第一座全钢铆接桥外白渡桥。

海关大楼的钟声在这个时刻响起，是悠扬雄壮的《东方红》音乐。这幢大楼是继汇丰银行大楼之后外滩乃至上海又一座巨型的钢框架结构大楼。1927 年 12 月落成，楼高 78.2 米，外观设计采用新古典主义建筑艺术风格。人们一直以为海关大楼从一开始就是这样的，其实，它经历了三

上海开埠后，外滩出现大量中外资银行，有"东方华尔街"之称
(Harrison Forman 摄于 20 世纪 40 年代)

次重建。

1846 年，上海道台宫慕久在即将离任的英国驻上海领事巴富尔的威胁引诱下，把负责征收外商进出口税务的机构正式搬到英租界的中心区，称"北关"，俗称"新关"，也称"江海北关"。原县城东门外海关，即江海大关，仅办理本国海船进出口税务，后毁于小刀会起义。1857 年，清政府又重建了衙门式（古庙式）江海北关官署，这就是上海早期的江海关，位于汉口路外滩。后来上海海关由英国人赫德掌权半个世纪之久，1891 年他拆除了古庙式的旧楼，把它改建为英国教堂式样，于 1893 年上海开埠 50 周年时落成，此为中期江海关。而现在的海关大楼则是 20 世纪 20 年代在此原址上重建的。长期以来，这幢大楼一直是外滩的标志，也是上海的城市符号之一。而大楼顶部那口大钟，则是中国最大、建造最早的海关大钟，由英国公司建造，与英国著名的大本钟合称为姊妹钟。

1928 年 1 月 1 日凌晨 1 点，海关大钟敲响了第一声，此后一直以英国皇家名曲《威斯敏斯特》报时。20 世纪 60 年代，改为播放《东方红》。直到 1986 年 10 月英国女王伊丽莎白二世访问上海，海关钟楼的钟声恢复原状，又响起了《威斯敏斯特》乐曲，1997 年再次停奏海关大钟报时《威斯敏斯特》乐曲，海关大钟照常机械运转，钟声仍准点响起，但无乐曲伴奏。到了 2003 年 5 月 1 日起，海关大钟再度恢复播放《东方红》报时音乐。一晃已有 20 年。

行走中，我试图努力地融入到外滩这些建筑中去。

我仿佛看到了 19 世纪末 20 世纪初，那些来自西方的大班们，西装革履走进铺满马赛克的大厦，他们像巴富尔一样，抽着雪茄，喝着红酒，或者是香槟，貌似优雅，又透着无比的精明，洽谈生意，讨论着今天的金价和股市信息。那些中国雇员却操着洋泾浜的英语，谦卑地站在一旁，附和几句。

隔壁房间，传出"咔咔""哒哒""嚓嚓"的打字机的声音，随后缓缓吐出的是打满了数字的报告纸。洋行的秘书小姐把这些纸扯下来，放进了文件夹。

穿着丝绸长衫的买办神色是各异的，他们有着洋行雇员和独立商人的双重身份，周旋于各色人等之中，代理着各类买卖，获得佣金，积累财富。出了大楼，手一招，那些等候在门口的人力黄包车便蜂拥而上。大部分买办是没有汽车的，有的话显然已成为大亨了。

……

自从 1847 年英国丽如银行（又称英国东方银行）进驻外滩，成为进入上海的第一家外国银行之后，各国银行纷纷进入外滩。20 世纪二三十年代中国最重要的 27 家银行，有 22 家总部设在这里，外滩成为中国和远东地区最大的金融中心，被称为"东方华尔街"，上海也被誉为"东方巴黎"。1850 年，英国人修建了与外滩成"丁"字形的、专供外国人休闲的"派克弄"，这就是今天的南京路的前身。

开埠后的上海，成为租界的外滩和周边区域，一天天地成长、变化，俨然成了欧洲在上海的飞地，拥有着不可置疑的特权。建筑物上飘扬着十二国的旗帜，霓虹璀璨、流光溢彩，空气中弥漫着纸醉金迷的味道。到了 20 世纪 20 年代，这里有着最体面的街道，博物馆、洋行、教堂、领事馆、商学院、银行和剧场都聚集于此。

街头人流，摩肩接踵，除了西装革履的西方人，丝绸长衫的中国买办，短衫草鞋的黄包车夫外，再就是"美国骗子、白俄妓女、日本爵士乐手、有轨电车的高丽掌车、从纳粹手里逃出的犹太人，还有那些各自从敌对党手里逃生的中国革命党人"（陈丹燕：《外滩影像与传奇》）。他们的身份形

20 世纪 20 年代的外滩铜人码头 （资料图片）

黄浦公园，位于上海市中山东一路 28 号，1868 年 8 月建成（Harrison Forman 摄于 20 世纪 40 年代）

形色色，但他们抱着同一个目的——寻找新生活的梦想。

　　冒险也罢、淘金也罢，或者说是逃难，黄浦江畔的这片土地让人无比躁动，疯狂不安。

肆

陈毅市长的铜像伫立在外滩的核心地带。

走在观景平台，往下，远远便能看到。初升的太阳照在铜像上，泛着金色的光亮。

这座连台座高达 9 米的铜像，于 1993 年 9 月落成，再现了中国共产党在上海获得政权后，作为第一任市长的陈毅勤恳为民、和蔼可亲、虚怀若谷的公仆形象，表达了上海人民对陈毅解放上海、建设上海立下不朽功勋的崇高敬意和深切怀念。

许多人并不知道，这里曾经还有过一尊铜像，是 1890 年 4 月，英侨为他们的英国驻上海领事巴夏礼所立。1841 年，13 岁的巴夏礼乘船抵达中

位于外滩核心地带的陈毅雕塑（徐晓彤 摄）

国投奔表姐夫郭士立。同年 10 月，到达澳门，担任英国驻华全权公使及商务总监璞鼎查的翻译秘书，成为进入中国年龄最小的外交官。他在英国公使馆做参赞，1863 年任驻上海领事。1883 年调任驻华公使，两年后死于北京。巴夏礼铜像基座以大块花岗岩砌成，其像身披大氅，双足分立，左手叉腰，右臂微举，作演说态，神色倨傲。上海市民因不知此像为何人，遂称之为"铜人"，称附近的码头（南京路至北京路的外滩码头）为"铜人码头"。

1941 年，太平洋战争爆发，侵华日军将巴夏礼的铜像拆除。

很多史学家认为，这个巴夏礼就是"火烧圆明园"的罪魁祸首，是他一手导致了圆明园惨遭焚毁之劫难。而引入劫难的导火索，便是以他为主角的"巴夏礼事件"。

1860 年英法联军以更换条约为名进逼北京。当英法联军在天津和通州时，清政府与其有过一系列的外交谈判。通州谈判时，英方派代表巴夏礼率领 39 人参加，清政府答应英法联军提出的所有不平等条约，但在枝节问题上却是寸步不让，尤其在巴夏礼面见咸丰皇帝时"跪与不跪"这一点上争执不下。最终巴夏礼等人被清政府扣押，英法联军则以此为借口，迅速进军，兵临北京城下。炮火中咸丰皇帝和嫔妃仓皇出逃，圆明园落入侵略军之手，除了抢掠奇珍异宝，又报复性地焚毁了圆明园。

历史是最好最生动的教科书。

外滩见证着历史。洋人的坚船利炮来了，上海被迫开埠，一大片土地沦为租界；日本军队来了，四行仓库的枪声阻挡不住侵略者的脚步，外滩在耀武扬威的铁蹄下被蹂躏；历经三年解放战争，五星红旗最终高高飘扬在海关大楼的上空。人民军队在外滩列队而过，两边是欢呼雀跃的上海市民，他们手举着标语，高呼着口号，脸上展露着获得新生的喜悦。

站在陈毅铜像前，我的眼前仿佛出现了 1949 年 5 月 28 日发生的那一幕。

那天，上海市人民政府正式成立。在之前的整整十六天，在硝烟弥漫的激烈战斗中，人民解放军以牺牲 7613 人，负伤 2.4 万人的代价，歼敌 15.3 万余人，将上海这座远东大都市完整回归人民。

下午 2 时左右，陈毅市长同几位副市长等市政府领导、军管会代表来到市府大楼，举行新旧政府的交接仪式。国民党委任的代理市长赵祖康将旧市政府印信上交给陈毅。至此，蒋家王朝对上海的统治画上了一个句号。

陈毅随后发表讲话："上海是百年来帝国主义侵略与奴役中国人民最大而又最顽强的堡垒，是国民党反动派统治和压迫中国人民的主要基地。解放上海，是帝国主义在华侵略势力的破产，是国民党反动派统治的灭亡。上海解放不是改朝换代，而是天翻地覆的革命胜利。除了帝国主义和各国反动派以外，世界人民无不欢欣鼓舞。我们接管上海，是要组织人民政府，为人民服务。上海今天已成为人民的城市，屹立于世界上，帝国主义者说什么共产党不能治理上海的谰言，一定要破产。"（刘统：《战上海》）

这一刻，我的耳旁仿佛萦绕着陈毅市长铿锵有力的话语，带着浓重的川音。

陈毅铜像的左边，则是著名的黄浦公园。这座曾名为公家花园、大桥公园的公园，是由工部局于 1868 年建成的上海最早的欧式花园。现在，在黄浦公园内，苏州河与黄浦江交汇口的圆岛上开辟了"新世纪广场"，建立了"上海市人民英雄纪念塔"，塔如篝火般竖立。塔体为 3 根 60 米的花岗石，寓意鸦片战争、五四运动、解放战争以来在上海为人民革命事业英勇斗争、献出生命的人民英雄们永垂不朽。纪念塔圆岛广场四周的七组浮雕表现了 1840 年至 1949 年间上海人民的革命斗争历史，两旁为装饰性的花环图案，象征对革命先烈的哀悼。纪念塔以黄浦江为背景，奔腾不息

1922 年外白渡桥南堍北望 （Herbert Paul 摄）

的江水象征着一百多年来上海人民前赴后继、百折不挠的斗争历史。

纪念塔离当年立在黄浦公园东北角上的那座所谓的常胜军纪念碑原址只几十米之遥。那座纪念碑也被称为华尔纪念碑。在太平天国后期，为了抵抗太平天国的进攻，清政府在上海招募一部分外国人组建了一支雇佣军，后被淮军收编，原名叫洋枪队，收编后改名为常胜军，队长叫华尔。从 1860 年到 1864 年，在和太平军的战争中，一共有 48 名外国人被打死。那座碑就是纪念这 48 个人的。

上海人民英雄纪念塔的对面，就是旧英国领事馆。

伍

"暮霭里挟着薄雾笼罩在外白渡桥的高耸的钢架，电车驶过时，这钢架下横空挂的电车线时时爆发出几朵碧绿的火花。从桥上向东望，可以看

1980 年，在外白渡桥上轮滑的外国人（资料图片）

见浦东的洋栈像巨大的怪兽，蹲在暝色中，闪着千百只小眼睛似的灯火，向西望……"——这是茅盾长篇小说《子夜》第一章中描写的场景，小说中所提到的那座外白渡桥就是现在人们耳熟能详的外滩旁的外白渡桥。1930 年代，这座桥已然十分出名。翻翻民国时期的老报纸，很多商铺乃至客轮都把它当做地理参照物。

说到外滩，怎么能不说外白渡桥呢？可以说外白渡桥本来就是外滩不可或缺的一部分。在众多文学影视作品中，外白渡桥总散发着上海独特的文艺情调，成为这座城市的符号与象征。

那天，我和徐老师走在外白渡桥上，触摸那钢架和钢架上的铆钉说："外滩如果缺少了外白渡桥，那会怎么样？"这就如同问外滩倘若没有了福州路、汉口路、南京东路、北京东路和圆明园路等相依相偎，外滩还是外滩吗？

徐老师无厘头地来了一句："我在想，依萍当初是不是真的从外白渡桥跳下去的。"依萍是电视剧《情深深雨濛濛》中的女主角。我愣了一下，说："那依萍跳的桥是上海松江车墩影视基地的仿制桥，上次去那里你已看到了。"徐老师呵呵一笑："的确哦，都中毒了，那座仿制桥是单桁架桥，这座桥却是双桁架桥。"

"外滩的那些洋行里满满的都是金钱的味道，而这座外白渡桥则是浪漫里透着伤感。"徐老师说。她大学学的是编导专业，平日里影视剧看得多，她说《半生缘》《上海伦巴》和《苏州河》里的外白渡桥给她的感觉就是这样的。

说到浪漫透着伤感，在外滩，不光是外白渡桥一处，还有曾盛极一时的外滩情人墙。20 世纪 80 年代前后，很多上海人家由于居住条件限制，所以适龄男女谈恋爱都会到户外，而白天工作繁忙，晚上又不像现在夜生活那么丰富，"荡马路"只能数数电线杆，连夜公园也只有盛夏时候才有。

当时的青年男女急需一个隐蔽而又安全的地方"畅谈人生",于是,外滩的情人墙应运而生。一对对热恋中的情人,就将外滩从黄浦公园至金陵东路 1500 米的防汛长堤挤得水泄不通,整齐排列,耳鬓厮磨,形成了独有的"情人墙"景色。

当年有个《纽约时报》的记者记录了外滩情人墙的情形:"沿黄浦江西岸的外滩千米长堤,集中了一万对上海情侣。他们优雅地倚堤而语,一对与一对之间,只差一厘米距离,但决不会串调。这是我所见到的世界上最壮观的情人墙,曾为西方列强所陶醉的外滩,在现代中国,仍具有不可估量的魅力。"说"一万对"绝对是夸张的,1500 米的长堤怎么可能挤得下这么多人?但一千对以上肯定是有的。就算如此,称其"壮观"并不为过。

其实想想,外滩情人墙的出现,说是"浪漫透着伤感",并不是太准确,更多的是种无奈。我有一位比我年长几岁的朋友,当时他还只是文汇报社的青年编辑,就曾同他的女友去情人墙轧过"闹猛"。他说,那时没有什么咖啡馆、酒吧、茶坊、舞厅可泡,于是只能"荡马路",但在人迹稀少、灯光昏暗的冷僻角落,容易出现治安问题,曾有流氓阿飞骚扰,甚至还被打劫。于是,在外滩谈恋爱成了一种无奈选择。别人看着的是风景,是浪漫,但真正的感受只有当事人才有体会。

再回到外白渡桥。外白渡桥的桥墩处写着"1907"的字样,这是指此桥的落成时间。其实,我们现在走过的这座桥,已是第三代了。若从第一代算起,到今天已有近 170 年。

这是跨苏州河出口与黄浦江交汇处的第一座桥梁。

上海开埠以前,今苏州河沿岸地区由于离上海县城较远,经济尚不发达,交通也多为不便,除在"老闸"(位于今福建路桥处)上设有浮桥,可供人通行外,就没有其他用于人行的桥梁。1845 年英租界在苏州河南

1856年第一代外白渡桥建成，名为"威尔斯桥"，
是座木桥（资料图片）

1876年建成的第二代外白渡桥（花园木桥）
（资料图片）

岸建立，1848年美租界也在苏州河北岸的虹口建立，原先的城市郊野逐渐成为市区，两租界之间的往来却只能通过设在百老汇大厦（今上海大厦）附近的摆渡口摆渡过河。不断增长的人口、货物的渡河需求使苏州河上的渡船不堪重负，造桥，以方便两岸往来已成为迫切之需。于是一个叫威尔斯的英国人看到了商机，他在1854年组建了一个建筑公司，向工部局申请建设苏州河桥梁。

1856年10月，一座横跨苏州河的木质大桥落成，因其靠近苏州河口头一个摆渡口"头摆渡"，当地市民便习惯称其为"摆渡桥"，也称"威尔斯桥"。为不妨碍苏州河船舶正常航运，桥中间设吊桥。但它因是私人公司承建，为非公益性质，规定不论中外人士过桥一律收制钱五文，车辆加倍收费；同时也提供"年票"，规定年票为五两一份，年内通用。中国公共性交通有"月票""季票""年票"即始于此。算是开了风气之先。

但该桥系木质大桥，加之承建公司疏于维护，在使用一段时间后，桥基腐烂、桥面倾斜，安全隐患日益严重。工部局责令资方大修或重建，可资方拒不执行。工部局只得于1875年强行收购接管该桥，并出资在原桥东侧重建，于1876年建成使用。因该桥紧靠公园（即公家公园，也称外

滩公园，今黄浦公园），故被叫做花园桥。由于桥位于头摆渡桥外侧，因此也被称为"外摆渡桥"。该桥因为是由工部局出资重建的，故而不再收取过桥费。现在人们称"外白渡桥"是因为它"过桥不收费"而得名，当系误释，以讹传讹。当然，"白"在上海话中有不付费而享受之意，如"白吃""白拿"等，这座桥从收费到不收费，在老百姓中产生这种理解，也属正常。

20 世纪初，上海拟建有轨电车，来往于苏州河两岸，但原本的桥不能铺设轨道，加之木质也因交通流量加大渐渐不堪重负，工部局遂于1906 年将旧桥拆除重建钢桥。该桥于次年正式竣工，并通行电车，开启了苏州河两岸交通、贸易及城市建设的新篇章。

苏州河过了外白渡桥就与黄浦江交汇了。苏州河两岸是上海早期的工业重地，有许多老工厂，还有一个颇为著名的四行仓库。抗日名将谢晋元曾在这里率八百壮士（我们现在知道其实是 400 多人）与日军浴血作战，书写了一曲可歌可泣的民族气节史诗。这也许是我对苏州河存有一种好感或敬意的来源。但在 20 世纪八九十年代，人们对苏州河的印象是欠佳的。上海有一位叫殷慧芬的女作家，她在一篇文章中这么写道："2000 年以前的苏州河又脏又黑又臭，上海大厦对着苏州河的窗都不开的，因为一开就是刺鼻的臭味。站在外白渡桥上，可以在江面上看到一条清晰的分界线，黄的是黄浦江，黑的是苏州河。"殷慧芬家住虹口峨眉路一带，"从我们家到外滩也就几百米"，"在我的心目中，外滩的范围，是从外白渡桥到延安东路。从外滩到我家，要从外滩过外白渡桥，再折入峨眉路"。

的确，在人们的心目中，外白渡桥与外滩是融为一体的。地处交通要津的外白渡桥见证了近代上海的屈辱和荣耀。1937 年抗战全面爆发，苏州河以北的华界硝烟弥漫，成千上万的难民穿过外白渡桥进入公共租界避

外白渡桥夜景（桑炯华 摄）

难。租界成为"孤岛"后，侵华日军在外白渡桥设卡，中国人走过必须要向日本士兵鞠躬。1941 年 12 月，日军占领公共租界，外白渡桥也被日军控制，斯皮尔伯格导演的影片《太阳帝国》中，外白渡桥上慌忙逃难的人群和从桥上走过的日军部队，就是真实历史的再现。而当年解放上海时，在外白渡桥上也进行过激烈的战斗。踞守这里的国民党军队在桥上堆起了一排炸药，导火线直通桥北地堡，桥差点被炸毁。实际上解放军最先重点攻打的便是外白渡桥，其激烈程度和伤亡情况较之攻打四川路桥均有过之而无不及。

2008 年 3 月，因上海外滩地区交通综合工程实施需要，外白渡桥迎来百年来最大一次整修，桥体被整体移至上海船厂。这次大修遵循修旧如旧原则，共有 16 万枚钢铆钉被重新固定，将近 63000 枚钢铆钉被替换，人行道上重新铺设龙脑香板，以期恢复 1907 年的风格。2009 年，大修后的外白渡桥回归苏州河畔，重新与外滩相依相伴。

外白渡桥，被黄浦江和苏州河相拥，早已不是单纯的交通设施，而是上海这座城市历史的赓续，是上海人独有的记忆之地。

陆

很奇怪，许多人说到外滩，除了沿街面的那些建筑、海关大楼的钟声、十六铺码头、外白渡桥等，无一例外会提到一家饭店。

对的，和平饭店。位于南京东路 20 号，转角出来就是外滩。

原名沙逊大厦的和平饭店，是当年犹太商人维克多·沙逊在上海建造的第一座高层建筑，曾有"远东第一楼"的美誉。

同外白渡桥一样，和平饭店也经常出现在文学和影视作品中。比如20 世纪 80 年代红极一时的《上海滩》，周润发、吕良伟分别饰演的许文

和平饭店（徐晓彤 摄）

1930 年代沙逊大厦（资料图片）

和平饭店华懋阁酒吧（摄图网）

强和丁力，还有赵雅芝饰演的冯程程，一时成为上海滩市民热议的话题。1995 年，周润发还主演过一部叫《和平饭店》的电影。该片讲述了在 1921 年，上海传说杀人王 The killer 一口气杀了 200 多个黑帮分子，然后划地为界，开了一家和平饭店，并宣称这是家避难所，凡是进来住宿的人，都能保证他的安全。直到某天由叶童饰演的歌女的到来打破了这个江湖规矩，杀人王开始了新的冒险；而前些年雷佳音和陈数也拍过一部电视剧叫《和平饭店》，我一开始以为讲述的是外滩这家和平饭店，不料这家和平饭店却是在东北那旮旯的，仅是店名相同而已。我在 2005 年出版过一部名为《空白地带》的长篇小说，里面有描写到和平饭店酒吧的场景，为此还专门去体验了一次。其实我那时对和平饭店是一无所知的。

这天和徐老师从外滩走到南京东路，突然发现和平饭店竟然有三个大门，便有种冲动，想走进去，不知里面是不是还有当年红极一时的老年爵士乐队的表演。要知道，在和平饭店底楼酒吧驻唱了三十多年的这支老年爵士乐队，曾经是由 20 世纪 40 年代深受美军电台播放的爵士乐影响的爱乐少年组成。当他们出现在 1980 年的和平饭店酒吧时，都已是退休老人。他们很快成为这个城市中西交融的文化历史的象征，成为这个城市文化传承的传奇。他们像饭店内讲究的"拉力克"艺术玻璃饰品、独一无二的九国特色套房一样，被人关注。

1872 年，沙逊家族在印度孟买成立新沙逊洋行，五年后来到上海设立分行。是年 10 月，沙逊家族以 8 万两白银的价格买进了美资琼记洋行位于南京路外滩 20 号的地产，并建造了 2 幢 2 层楼的洋房，被称为"沙逊姊妹楼"。直到 1926 年 4 月，沙逊家族第三代掌门人维克多·沙逊决定拆除旧房，三年后即 1929 年 9 月 5 日新楼落成，最初叫华懋饭店，也被人们称为沙逊大厦，就是如今的和平饭店。

　　和平饭店牢牢站在外滩河湾最中心的地方，是人们公认的"大"饭店。这个"大"不仅仅是指体量上的大，而更是一种"派头"上的"大"。上海人讲某人某事某物气派、风度、格调和素质等怎么样，常用有没有"腔调"来形容。无疑，和平饭店在上海人心目中是有腔调的，掼得出派头。的确，从建筑风格和装饰细节上来讲，和平饭店属芝加哥学派哥特式建筑，是上海终结复古主义样式、开创"摩登建筑"时代的第一座现代派建筑。从文化层面来讲，它是旧上海繁荣的具体体现，多少政客、商界和文化名流相聚于此，演绎着一段段的传奇。20 世纪 30 年代，鲁迅、宋庆龄曾来饭店会见外国友人卓别林、萧伯纳等，诺贝尔物理学奖得主、"无线电之父"马可尼，二战结束后来华的美国特使马歇尔上将都曾下榻于此。"中国火箭之父"钱学森也是在这里举行的婚礼。

　　1952 年，这一年的饭店里，出现了一批特殊的客人，人称"303"。其时，全国开展"五反运动"，曾叱咤上海滩的那些大资本家被集中在饭店五楼接受教育，一共是 303 户，简称"303"。他们一色的中山装，迈入一个新时代。

　　1964 年 1 月，周恩来总理在饭店九霄厅会见法国总理埃德加·富尔，几天后中法宣布建立外交关系。

　　1998 年美国总统克林顿在上海访问期间的晚宴在和平饭店举行。同年 10 月，这里迎来了海峡两岸的第二次"汪辜会晤"。

　　有人说，和平饭店一直是外滩的时光隧道，从它营业的第一天起，它就是上海最时髦、最昂贵、最耀目的地方。

　　也许，连维克多·沙逊都没有想到，百年后，和平饭店会成为上海的城市"名片"之一，是外滩在世人心目中的第一心理地标。

　　维克多·沙逊和众多犹太商人一样有着敏锐的商业头脑，在生意场上可谓风生水起，他一度被称为上海首富以及中国首富，甚至远东首富，成

2023 年 7 月，参加上海国际吉他节的大师在江边弹唱（卓孝辉 摄）

夜幕下的外滩街景（桑炳华 摄）

素有"亚洲第一弯"之称的延安路高架外滩下匝道，于 2008 年 2 月 23 日被拆除（桑炯华 摄）

为当时在华犹太商人中的王道。

他曾投身英国皇家空军，在第一次世界大战中左脚负伤致残，来到上海投资时，被人们称为"跷脚沙逊"。

他于 1918 年在印度继承了丰厚的家产，取得新沙逊的经营权，之后在商界大展拳脚，经营着多家房地产，并且建造了很多著名的建筑，和平饭店就是其中最为出名的一座。

然而，他也曾贩卖过鸦片和军火，从中获得巨大利益。从 1932 年开始，日军侵华越发嚣张，而中国的局势也随之越发严重，于是他快速地转移资产，抛售在上海的产业，以保安全。

新中国成立后，新政府查到这个"跷脚沙逊"在上海的企业竟然拖欠了国家大量的税款，并且一直未偿还。1958 年，沙逊在华的企业全部转让给中华企业公司，用来抵消所欠的各种债务。

1961 年，维克多·沙逊在巴哈马首都拿骚病逝。据说在最后的日子里，他念念不忘的城市还是上海。或许，还有和平饭店顶端绿色金字塔下他的那套私寓。

四十多年后，和平饭店进行大修，并于 2010 年 7 月完成修缮。

柒

每个人心中有个外滩。而我则希望把外滩的内里写出来，写得生动些。写出建筑背后的故事，写出建筑背后的人。

事实上我仅仅是个过路客，我也不曾生活在这片区域，所以我的一切感知是表象的，有一部分来源于那大堆的资料。所以，我的文字一直在游离着。

　　我问一位年轻的朋友，她的家以前就在黄浦区，离外滩不算太远。她说，外滩"是一部浓缩的近代史，是屈辱的过去"。正当我疑惑她的回答太官方时，她又来一句："是憧憬的未来。"

　　好吧，这也许是很多人对外滩认知上的标准答案，我们的许多教科书、历史书都是这样说的。但是……仅仅如此吗？

　　或许，还可以说，上海曾经是冒险家的乐园，而外滩则赋予了其典型意义上的集中体现。

　　这，也没错。

　　但是……仅仅如此吗？不能说这种表述是"正确的废话"，但我明白，这样认知，肯定是流于表面了。最起码并不深刻。

　　于是，我在微信群中询问我那些80、90后的同事，想了解一下外滩在他们心目中是什么样子的，或者说他们和外滩之间有什么故事。回答五花八门，但情感却隐藏在一个个细节中。

　　有人说："小时候去外婆家会路过外滩，总是觉得那里人特别多，还有到处可见的照相亭，拉着游客拍照。第一次趴在黄浦江边的栏杆上，觉得哇……好壮观。"

　　也有人说："外滩给我留下最深记忆的是跨年灯光秀，人山人海，很有跨年的氛围。后来喜欢跟朋友坐双层巴士，从人民广场绕到外滩再到豫园，半个多小时，秋天的傍晚吹着风很惬意。"

　　还有一位同事这么说道："高中时，曾和文艺的女同学一起坐车去外滩，假装去寻找张爱玲、王安忆的上海，还去了当时在中山东一路的真锅咖啡馆，点了一杯咖啡，煞有介事地在本子上写了点什么，体验一下陈丹燕在咖啡馆里写小说的感觉。"

　　一位同事的回答在我印象中最为深刻："那年我大学即将毕业，和朋

上海市人民英雄纪念塔（卓孝辉 摄）

友们在和平饭店的天台上看江对面灯光璀璨夺目的陆家嘴，那鳞次栉比的大厦，于是我决定毕业后，第一份工作一定要在那里。"后来，她真的在陆家嘴的汇丰银行工作了五年，直到有一天厌倦了与金融和数字打交道。

"周末或者节假日，还有暑假，如果没有必须的理由，上海人是不会晚上去外滩的。这个时段的外滩，属于全国各地的观光者。"上海作家马尚龙说。有一天夜快时分，他在外滩目睹了大游行一般的游客，果然是人潮压过浦江潮。心里不免嘀咕一句，人轧人，有什么好看？这大概也是很多上海人的感慨。后来马尚龙看到电视台的一个专题报道，才知道了观光者些许特别的理由。一个女孩子从偏远地区来上海，住在便宜的青年会所。她说，上海是她的梦，外滩是她梦里的梦，她要去外滩，尤其是要穿吊带衫去外滩。在她的家乡，吊带衫是不敢穿出去的。女孩子穿了吊带衫去了外滩，她欣然于没有遭到蔑视窥探兼具的目光，也有莫名的失落，没有人多看她一眼。

于我而言，外滩的记忆又有什么呢？或许除了北京东路2号，还有外滩周边的汉口路、圆明园路、虎丘路、九江路、福州路等。那里曾汇聚着上海各大新闻和文化单位。曾经我作为"文青"，跑得十分勤快，并在一些报刊留下了属于自己的文字。如今这一片街区被冠名为"洛克·外滩源ROCKBUND"，街区内 11 幢融合了欧洲建筑风格与亚洲元素的百年历史建筑与其他建筑，在 2023 年陆续完成了修缮与建造，遵循历史样貌，城市原有肌理被保留了下来。街区内部公共空间与街巷打开共享，一些艺术文化与创意类企业已入驻并扎根在这里，成为外滩背后又一处可漫步、可阅读建筑的街区。

北京东路 2 号，原来的格林邮船大楼，后来的广播大楼，现在门楣上是"银行间市场清算所股份有限公司"的字样，对着正门口的墙壁上，挂着一面圆形的时钟，正有节奏地走着，岁月在分和秒之间慢慢流淌。

我站在门口，让徐老师给我拍了一张照。物是人非，青葱岁月的憧憬，已然被包裹在中年人与现实生活的抵抗妥协之中，就如外滩，如这座城市，经历了本土文化被异质文明一次次的淬炼和淘洗，坚忍成钢，变得豁达和淡定。

南京路步行街依然，上海的许多商业老字号，竟然还能在这条路上找到踪影，比如上海帐子公司、时装公司、第一食品、泰康食品等。不过我二十多年前去吃过的沧浪亭已经关了，空留一个店招。那里的面当年吃时还算可以。

我和徐老师还进了沧浪亭隔壁的德兴馆。中午时分，生意十分兴隆，排队等候了一会才轮上。一份蟹粉小笼 5 只 50 元，味道却是一般。

很多中华老字号空有其名，却失去了很多。一般来说，老字号是经过长期历史沉淀，传承发展至今的知名品牌，很多是百年，甚至是几百年的老品牌，经过了时间的检验，在消费者中有一定的口碑。由于面临严酷的市场竞争和优胜劣汰，近年来，许多老字号因经营不善，市场份额逐渐萎缩，甚至陷入困境，老字号提质、更新的课题也持续引发讨论。

在外滩源自拍的游客（吴玉林　摄）

南京路步行街（摄图网）

　　中华老字号是一种荣誉，更是一种责任。在上海社会科学院上海国际经济交流研究中心研究员王泠一博士看来，每个老字号品牌经营者都应该明白，"老"不是老气横秋、倚老卖老的老，而应该是文化积淀，品质的保证，美誉的象征，时刻保持危机感才是生存的"王道"。

第七章 北外滩·虹口源

虹口的滨江地带，如今被誉为"北外滩"，和外滩、陆家嘴交相辉映，形成上海的"黄金三角"。

1919年至1920年，中国共产党诞生的前夜，积弱多病的中国掀起了一股赴法勤工俭学的热潮。"师夷长技以制夷""睁眼看世界"成为觉醒了的中国知识分子的共识，一批批满怀救国理想的有志青年从上海横渡重洋，远赴法国追求新知。今天虹口的北外滩，汇山码头和杨树浦码头的所在地，正是当年赴法勤工俭学运动的海上启航地。

北外滩的上海白玉兰广场是虹口的地标（汪思毅 摄）

"你知不知道，二战时，犹太人避难于上海，究竟是从黄浦江的哪个码头上岸的？"

2023 年 7 月末的一天，我在办公室给上海犹太难民纪念馆馆长陈俭打了个电话，问了这么个问题。窗外，受"杜苏芮"台风的影响，狂风暴雨肆虐。大暑期间的上海气候反复无常，除了闷热难耐，就是雨水不断。

"你这个问题有点'促狭'，要讲清楚还真不是一句两句闲话的事。"陈俭在电话那头笑着说。随后他向我作了解答，20 世纪二三十年代，黄浦江上海市区段其实有许多码头，分货运的和客运的，客运最出名的自然是十六铺码头，而虹口也有日本三菱码头（现为扬子江码头）、杨树浦码头等，还有就是隔壁杨浦的黄浦码头等。至于当年犹太人究竟从黄浦江哪个码头上岸的，倒也没有明确记载，或许都有可能。因为当时逃难到上海的犹太人有 2 万多人，又是分批而来，所以倒也不必纠结于此吧？

其实并不是我要纠结于这个问题，而是我在写黄浦江时，看到犹太难民在上海那段史料，他们为躲避战争，从欧洲出发，乘船远渡重洋，辗转多次，最后由黄浦江上岸踏上了这块陌生的土地，而后生活、工作、成长、繁衍后代，与中国人交朋友、做生意，患难相助、共克时艰；也由于他们的到来，给上海这座城市带来一种新的生活方式。我希望在浩瀚的史料中能找到这些犹太难民与黄浦江之间内在或外在的联系。从某种意义来说，这条江给了他们生的希望，由海入江，再上岸，他们找到了长达 10 年的栖息之地。如果没有这条江呢，他们的命运之舟又会漂向哪里？

同样，作为犹太难民主要生活地和活动地，虹口，无疑便是这些犹太人的诺亚方舟，在第二次世界大战最为艰难的岁月，是上海，是虹口为 2 万多名犹太难民提供了避难所。

陈俭，不仅是上海犹太难民纪念馆馆长，还是虹口区政协常委、文化文史委主任，他掌握着第一手资料，也是这个领域的专家，对这段历史自然是再清楚不过。

虹口，同黄浦、杨浦一样，可以说都是从黄浦江岸开始发展的，"以港兴市"，成就了虹口。虹口的滨江地带，如今被誉为"北外滩"，和外滩、陆家嘴交相辉映，形成上海的"黄金三角"。这里有北外滩国际客运中心，又称"一滴水"，是我国首个国际邮轮母港。它坐拥一线江景，包含水上秀场、滨水空间、绿地文化空间和虹空间等时尚多元、水岸联动的创意空间，是新品首发、时尚快闪、文化娱乐的集聚之地。被评为"2023年上海十大最佳影视取景地"。北外滩最不能错过的地方是上海白玉兰广场，可以俯瞰浦江，饱览百年外滩和现代陆家嘴的天际线。既有浦西第一高的超 5A 级办公楼，也有上海首家 W 酒店，更是集国际摩登购物中心为一体的世界级城市综合体，里面有众多的国际潮流品牌，还有各种各样的美食餐厅，

虹口北外滩（汪思毅 摄）

这对现在的年轻人来说，无疑是一种时尚和怀旧。而北外滩向虹口内里延伸的如毛细血管状分布的马路，每条都有 150 年以上的历史，散落着上海城市文化的遗迹。两者的交融在我看来就是一种文化传承。

"上海北外滩，浦江金三角。"夜幕下，浦西最高楼的墙体，LED 投射出这组文字，红底泛白字，特别醒目。而我则从陈俭那里，从犹太难民纪念馆那里开始了"北外滩"寻访，也开启了"虹口源"的行走过程。

壹

"上海这座城市真是糟透了……我现在明白大家为什么都要拼命留在日本……也理解了那些不幸被送到这儿的人们曾寄来的书信。真是一座肮脏恶心的城市……"

从踏上上海那一刻起，犹太人肖莎娜·卡汉便对上海这座城市产生了莫名抗拒，千辛万苦逃难到这里，似乎并没有劫后余生的庆幸，裹挟的只是浓浓的失望。在城里待了三天，她便在 1941 年 10 月的日记中留下了这样的感慨。

1933 年 1 月，希特勒成为德国内阁总理。仅四个月后，他就开始迫害犹太专业人士。毫无疑问，正是因为失去了职位和薪水，许多内科和外科医生、牙医、药剂师决定来上海，或许因为在这里，有着早期的犹太人淘金获得了巨大财富的案例，至少给迷茫中的这些专业人士带来了希望。到 1933 年 12 月，已有约 30 个犹太家庭来到上海。不过，并非所有犹太家庭都留在上海，一些人家随后前往广州、天津和青岛定居。1935 年 9 月，纳粹德国颁布了《纽伦堡法》，剥夺了犹太人的德国公民资格，并开始变本加厉地进行排犹反犹活动，居住在德国的犹太人惨遭迫害，远逃他乡。

1938 年 7 月，在法国的埃维昂召开了国际会议，专门商讨犹太难民问题。与会国以种种托词拒绝收容犹太难民。于是，成千上万的犹太难民把目光投入了遥远的东方，投向了号称为远东第一大城市的上海，蜂拥而来。

为什么是上海？对此陈俭解释道：1937 年 8 月 13 日，淞沪抗战爆发，三个月后，除各租界地区外，整个上海沦入敌手。而此时，南京尚未沦陷，汪精卫傀儡政权也没有建立起来，英、法等国只是租界的管理者，并没有签证权，如此租界地就出现了一个"三不管"的外交移民空间。战争虽然将一切正常的秩序打乱，但上海的租界反而形成了一个管理真空，于是便出现了一个全世界看来都十分独特的现象——一个外国人无需签证手续就可以自由进入的城市。就这样，血雨腥风的战场竟然成为流亡者的庇护所、避难地。

虽说只要有到上海的船票就可以进入上海，不过，购买离开欧洲的船票还是必须要有签证。这是按照纳粹头目莱因哈德·海德里希的指令执行的，该指令规定犹太被拘留者只有持移民文件才可获释，但他们必须在几天内，有时甚至是在几个小时内就得离境。这也是有"中国辛德勒"之称的时任驻维也纳总领事何凤山向犹太人签发了数千张签证，帮助他们逃离虎口的原因。

1938 年 12 月 20 日，500 名犹太难民搭乘轮船漂洋过海来到上海，随后 8 个月内意大利、德国和日本的船只又运来了上千名难民，仅在 1939 年 7 月 3—31 日期间，就有 8 艘轮船靠岸，其中 4 艘是日本的、1 艘是意大利的、3 艘是德国的，共运来 1315 名难民。8 月份又来了 8 艘轮船，其中 2 艘来自法国马赛，上海的犹太难民人数一下升至 1.7 万。这些难民的身份不再是之前的那种牙医和其他医生等专业人士，还包括店主、员工、各类销售员、演员、记者、作家——任何买得起轮船票并能拿到签证的人。

二战时期，犹太难民蜂拥抵达上海（资料图片）

犹太人西格蒙德·托比亚斯回忆道："那时家里的银行账户被德国人冻结了，我们变卖全部家产，终于买到了去上海的船票。我们先坐火车去意大利的港口，然后上了一艘前往上海的日本邮轮。在船上，妈妈每天都让我狂吃东西，因为她不确定到了上海后，一家人究竟会遭遇什么。"

当大批犹太难民涌入上海时，现为北苏州路 400 号、具有犹太背景的河滨大楼成为了上海犹太难民接待站。这幢建于 1935 年的大楼，由新沙逊洋行投资，其体量在当时上海同类型的公寓大楼里是最大的，功能和设施也是最时髦、最好、最顶尖的——它有九部电梯，一个小花园，还有一个室内的温水游泳池，被称为"远东第一公寓"。上海媒体人徐策曾以河滨大楼为主要场景，创作了《上海霓虹》《魔都》《春水》三部长篇小说，叙说生活在这幢楼里各色人等的命运，悲喜离合，其中就有对犹太难民的描述。个人与时代的纠缠，个人与群体的博弈，无不是时代洪流的映射。用徐策的话来说，河滨大楼是独特的，但它在历史进程、海派文化、民风民俗、上海人的物质特征上，又具有极其普遍的意义。因此，它的美丽与沧桑都是现象级的，或是史诗级的。

"上海这个名字，对千千万万个犹太人来说，已经成为一种护身符，他们可凭此将一生中的噩梦，改变成得救的开门咒，而有希望逃离纳粹的恐怖统治。"犹太学者克兰茨勒曾这么说道。但面对一个陌生的异国他乡，终究有许多人不习惯。也许是长途奔波和逃亡，使他们原本惶恐不安的心理变得更加脆弱和敏感。

"来到上海下船后，我惊呆了。"同肖莎娜·卡汉的感觉一样，犹太人哈罗德·简克罗维奇回忆道，"那是一个完全不同的世界，又脏又热又潮湿。"而犹太人艾雯琳描述得更具体："我们一家下船后就住在虹口，大

避难上海的犹太人开办起酒廊和俱乐部（资料图片）

多数从难民船下来的犹太人都住那里。虹口的街上人很多，味道难闻，成千上万人来来往往，街上到处是中国乞丐，太可怕了。我爸爸一个在上海的朋友为我们租了一套小房间，然后我们全家人都住了进去。那里没有抽水马桶，甚至连公共厕所也没有，我想那里的卫生条件是世界上最差的了。"仿佛是荒野求生没有方向，原本心头燃着的那束光，如今变得漆黑一片，似乎只能随波逐流。

历史学家伊莲娜·艾伯教授说："上海那时没有做好接受犹太难民潮的准备。随着一船又一船的犹太人的到来，1937 年年底，问题就显现出来了：这些新来的犹太难民住哪里，吃什么？绝大多数难民身无分文，纳粹没收了他们的家产。"如何面对这个新危机，成了上海当局一个亟待解决的难题。

"当大批犹太难民亡命上海，饱受颠沛流离艰辛之日，上海也正处在日寇入侵、人民生活水深火热煎熬之时。"陈俭站在上海犹太难民纪念馆的名单墙前，指着那上面镌刻着的 18000 多个犹太难民的名字，谈及这一段历史时，无限感慨。

他说，在长达十多年艰苦生活的岁月中，犹太难民得到了上海，尤其是虹口居民的接纳和帮助。他们友好相处，患难与共，建立了深情厚谊。犹太难民逐渐适应并喜爱上这个地方，他们婚嫁、育子、学习、生活、工作、成长。摩西会堂，也就是现在的犹太难民纪念馆，霍山公园以及霍山路、舟山路上几幢类似巴洛克风格的建筑，都见证了这段让人刻骨铭心的历史。

在上海的犹太人开始想方设法谋生。"他们挤在小房间中，用床单当隔断，学习用煤炉烧饭，学习使用马桶，建立起犹太社区，逐渐融入弄堂生活，融入上海。他们做起了木工、铁匠、裁缝、理发师、糕点师，经营起小买卖，开酒廊，办俱乐部，每周聚会一次。大家一起办公，做生意，涉及房地产、纺织、食品、交通、金融等行业，对当时的上海经济产生了很大影响。"澎湃新闻曾于 2022 年 10 月 12 日在"奔涌入海·北外滩"的专栏文章中这么描述道。犹太人艾雯琳在美国"RebelChild"制片公司拍摄的《上海犹太区》中回忆道："我母亲在家编织围巾，我爸爸在英租界开了一家打印机修理店。"犹太人阿尔弗雷德·科恩则说："虽然我们犹太人在上海通常只买最便宜的东西，但中国人很照顾我们，往往允许我们赊账。相比中国难民，我们犹太难民的生活还算好的。""那时上海的中国人备受日本人压迫，很穷很穷，他们很多人以做苦工为生，如背砖头、做挑夫、当人力车车夫……冬天，你可以在街上看到被冻死的中国小孩。他们的尸体被扔进垃圾车带走。"

无可否认，犹太民族是一个智慧的民族。在艰难困苦的情况下，他们凭着杰出的智慧，顽强地生存。这也是个崇尚文化的民族，"他们在流亡也不让自己丰富的文化遗产丢失"（摘自《上海先驱》），办起了学校、电台；出版了报纸和刊物；组织起剧团和乐队。1943 年 2 月 18 日，日本占领军当局发布《关于无国籍难民居住、经营的布告》，将犹太难民的居住和营业地区限制在兆丰路（今高阳路）、茂海路（今海门路）及邓脱路（今丹徒路）以东；杨树浦河以西；东熙华德路（今东长治路）和汇山路（今霍山路）以北。并强行规定在 1943 年 5 月 18 日之前，自 1937 年以来从欧洲抵达上海的难民必须迁入上述指定地区。这样，在虹口便形成了"无国籍难民限定区"，也称"隔离区"，2 万多犹太难民和近 10 万中国居民拥挤在这个不满 1 平方公里的区域内共同生活。流离使这个崇尚生活质量的民族更渴望平静。为尽量寻找一些生活乐趣，他们养起了狗，在午后休闲的时光中，啜着咖啡。他们努力地营造一些娱乐场所，尽可能去获取精神层面的放松，以抚慰惊恐的神经。在黑色夜幕下，舟山路一带一时舞厅、

上海犹太难民纪念馆（陈俭提供）

犹太难民纪念馆内景（陈俭提供）

酒吧鳞次栉比，灯火璀璨，成为"东方的小维也纳"。"在'隔离区'内有400多名犹太难民的孩子诞生，这些孩子把上海当作第二故乡，我们则亲切地称他们为'上海宝贝'。"陈俭说。

那时候，上海的报刊不约而同将目光聚焦于沪上犹太难民。有杂志一

虹口港旧影（资料图片）　　　　　　　　　　20 世纪 30 年代的汇山码头（资料图片

连 9 个月，长篇连载"犹太人在上海"。打开《申报》——老上海的主流媒体，从 1937 年读到 1946 年，可以走进历史，读到那些年犹太难民在上海的故事。

　　如今，在虹口承载着这段历史的建筑分两部分，一部分就是上海犹太难民纪念馆；另一部分是纪念馆附近一些当年犹太难民居住和活动的场所。陈俭介绍，位于长阳路 62 号的纪念馆是当年的犹太摩西会堂，始建于 1927 年，之前原本是一幢私宅。后由俄罗斯犹太人集资将原来在其他地方租屋建造的摩西会堂迁入，成为一所供俄罗斯犹太人和中欧犹太人使用的会堂，二战期间在沪犹太难民们经常在这里聚会和举行宗教仪式。2004 年被列为上海市第四批优秀历史建筑。2007 年 3 月，虹口区人民政府依据从档案馆发现的原始建筑图纸斥资对其进行了全面修缮。

　　"纪念馆成立后，一直致力于保存和传播犹太难民在上海的历史。展馆本身也是中国境内现存的唯一一处反映二战时期犹太难民在中国生活的历史遗迹。"陈俭说。2020 年 10 月，上海犹太难民纪念馆完成扩建重新开馆，新的展陈通过近千件史料、170 个避难上海的犹太难民的亲身故事，还原

汇山码头旧影（资料图片）　上海近代第一家船舶修造厂"老船坞"，今为上海港国际客运中心（资料图片）

犹太难民逃亡上海的各方面细节。包括犹太难民逃离欧洲时的手提箱、船票以及他们在上海生活期间的证件文书，此外，关于亲历者的大量影像资料也收录其中。

　　站在纪念馆门口，浓浓的历史气息扑面而来，青砖墙面嵌着带状的红砖，门窗上饰有传统的拱券，山字形的入口，大门上方是犹太教的标志"大卫星"，仿佛建筑本身就充满着故事。与纪念馆隔街相望的，便是复建之后的白马咖啡馆。门前有这样一座雕塑：一个中国女性，正俯下身，为一位犹太女孩打伞。雕塑的名字，就叫《风雨同舟》。这里曾是犹太难民聚会娱乐的场所，为1939年来沪避难的犹太难民鲁道夫夫妇开办，当时深受难民的欢迎。如今已恢复原貌。

　　2018年10月，我和同事第一次去犹太难民纪念馆，参观结束后，陈俭请我们在白马咖啡馆喝了一杯咖啡。那时，我并不知道这里原来有那么多故事，每块砖、每扇窗，甚至每条地板的缝隙里，都有过往的烟火缭绕，还有非常岁月下，对未来的渴望。

2024 年 4 月 1 日，停靠在北外滩上海港国际客运中心码头的欧罗巴号邮轮（汪思毅 摄）

贰

认识陈俭应该是在 1986 年时，那时他在上海科技情报研究所做编辑，也是因为都热衷文字，才有机会相识，参加一些活动。

后来陈俭调到上海市政府外事办工作，而后就任虹口区外事办主任。这期间我到外地读大学，便几乎断了联系。直到 2018 年 10 月，那一天我参加闵行区政协组织的一个活动，到上海犹太难民纪念馆参观调研，陈俭作为馆长接待并讲解，才发现眼前的这位竟然是三十多年前的老友，我们俩都十分感慨，人生真的是如此奇妙。而那些在 20 世纪三四十年代为逃离纳粹迫害而远离故土来到上海避难的犹太难民，他们在将近 70 年后再一次来到第二故乡时，那又是怎么样的一种心情呢？陈俭说，纪念馆每年吸引数以万计的全球参观者和"寻根者"，中国民众在二战时的义举令到访者难以忘怀。他同我讲，纪念馆在 2010 年迎来了第一件展品，是一个

1934 年雷士德工学院落成（资料图片）

在德国汉堡收获的竹制玩具黄包车模型。黄包车模型的主人是一个叫约瑟夫的犹太老人，他 1944 年出生于上海，在这里度过了五年难忘的童年时光。在约瑟夫的印象中，他有一位上海邻居以拉黄包车为生，这位邻居收工回家时，常常把约瑟夫和自家孩子一起抱上黄包车到街上兜风。黄包车成了他对上海印象最深的记忆。约瑟夫后来一直想再回到虹口，看看马路上还有没有飞奔的黄包车。

我对陈俭说，我对虹口其实并不了解，甚至是陌生的。如果硬要说出一个比较耳熟能详的地名，那就是虹口足球场。20 多年前乍浦路美食街风靡上海滩，我虽然因业务需要请客吃饭去过多次，但并不知道它就属于虹口。那时请一顿客赴一次约真心不容易，要跨过半座城。一公里长的乍浦路聚集了 100 多家大小餐饮店，同云南南路、黄河路美食街在全城呈三足鼎立之势，也在各自的地盘圈粉无数。王朝大酒店的牛肋排、博世凯的红烧肉、丁香饭店的大王蛇，等等，都是吃货们心中的封神之作。街上的霓虹灯牌通宵不熄，如同来到了香港的尖沙咀。一时间，进出乍浦路的人，似乎便是当时有腔调的体面人。而我等去那里，或许只是为赶一趟时髦。那时也根本没把乍浦路和虹口相联系起来，于我而言，是去了一趟"上海"。

"虹口历来是个很低调的地方。"陈俭说，"但它又是那么的错综复杂。"位于黄浦江沿岸的虹口，因水而生，之前一直是"渔村"，但不知道怎么的，人们更愿意认为它跟苏州河的关联度更高。作为地名，"虹口"早在清康熙年间便已出现，在乾隆年间的《上海县志》中亦被使用，应为"洪口"之名的雅化。该词原来指沙泾港的北中南三个河段流入黄浦江的河口，在嘉庆《上海县志》里出现了"虹口镇"之名，后逐渐成为了"苏州河与黄浦江交汇处河北岸一大片区域的代称"。20 世纪二三十年代，它成为华洋杂处、五方集聚的国际社区。这从"北外滩"的沿岸地带就可以充分感觉到。

黄浦路 20 号，是设立于 1916 年的俄罗斯领事馆，仿文艺复兴式建筑，这是俄罗斯在海外最豪华的使领馆建筑，不亚于圣彼得堡的宫殿。对面的今上海证券博物馆大楼，曾为浦江饭店、上海证券交易所，原址是 1846 年开业的礼查饭店。它也是仿文艺复兴式的建筑，落成于 1910 年，其罗马剧院式大厅可以容纳 500 人的盛宴和舞会，是远东最精美的宾馆。美国总统格兰特、哲学家罗素、科学家爱因斯坦、著名喜剧演员卓别林住过的房间，现在还都挂有标牌。黄浦路不长，是上海最早的领馆区，除俄罗斯之外，还有日本、美国、德国、奥匈帝国、丹麦、比利时、葡萄牙、西班牙、挪威等共 10 座重要国家的领事馆。再往东，因为拆去的建筑太多，文脉中断，已经不能成片地加以叙述了。不过，还有几幢保留下来的重要建筑很有意义。位于东长治路 505 号、始建于 1927 年的原雷士德工学院，共有主体大楼等四幢大楼，占地 1 万多平方米，建筑面积 19900 平方米，1934 年落成。雷士德（1840—1926）是位列沙逊、哈同、嘉道理之后的大房地产商人，还是著名建筑和规划师，上海工部局、公董局董事。这位英格兰人没有子女，死后安葬在上海的英国人公墓（现为静安公园）。他所有的财产都归于"雷士德基金会"，生前、身后建造了无数慈善项目，所以也有人戏言，雷士德"等于是为上海市民义务劳动了一辈子"。位于"北外滩"的雷士德工学院，加上北京西路上的雷士德医学院，属于英、美学术背景，办学实力一举超过德国背景的同济医工学院。1937 年日军入侵上海后，这所臻于一流水平的大学被用作宪兵司令部，并遭到破坏，从而消失。1945 年，吴淞商船学校（今上海海事大学）在雷士德工学院大楼复校；1953 年，上海海员医院搬入此处。现在这里是上海市级文物保护单位，与上海北外滩国际客运中心、北外滩滨江绿地、白玉兰广场毗邻。用复旦大学哲学系教授李天纲先生的话来说："上海人都应该记得这段光荣而委屈的历史，将

犹太难民中心的厨房（资料图片）

华德路犹太难民中心（资料图片）

这幢大楼作为铭记'北外滩'100年历史的博物馆，是非常合适的。"

多元杂糅的文化环境，养成了上海人的基本性格。正如著名作家沈嘉禄先生所说的那样："上海人既能坦然受欧风美雨的吹拂，也继续吮吸传统文化的营养。作为时尚之都和文化高地，上海人接受外来文化最快，受其影响最大，慢慢养成了强大的亲和力与消解力。"不可否认，上海是高雅文化的中心，更是大众文化的温床，这种城市特质，在虹口得到淋漓尽致的体现。习近平同志曾赞誉虹口是"海派文化发祥地、先进文化策源地、文化名人聚集地"。虹口的历史就是19世纪中叶以来"海纳百川、兼容并蓄"的海派文化发展的一个历史缩影。

陈俭说，虹口要靠两只脚走，这样才能真正认识它，了解它。我说我懂，你所说"虹口是个错综复杂的地方"，这里有所谓的"上只角"，还有所谓的"下只角"，上海人把最高级的住宅区叫做"上只角"，反之，就是"下只角"，1985年，一部《穷街》，这个上海女作家程乃珊笔下的故事，仿佛带着时光的滤镜。"上只角"的高跟鞋是不肯出现在"下只角"的穷街上的，因为那是当年"滚地龙"和"棚户区"的密集处，闸北、普陀尤其多，虹口也有一部分，在"上只角"里包含了若干"下只角"。如果在开埠之初，估计除了老城厢，城墙以外的地方都是"乡下头"，全是"下只角"，真正划分"上只角"和"下只角"的，其实是在这个"角"里面的人文生活和文化。而且，上海人（城区里的人）会非常固执于这种差异给人带来的观念上的不同。后来，我专门找来了出生于虹口弄堂里的殷慧芬的小说和散文，有诸多这方面的描述。

"如果单单这么理解，是失之偏颇的，"上海社会科学院上海国际经济交流中心研究员王泠一博士则这么跟我说，"或许，你得先从提篮桥历史文化风貌区开始切入，才会有所感悟，也可以弄懂虹口源的核心所在。"今塘沽路与大名路相交的街区，即为历史与空间上的"虹口源"。虹口源一带不仅是沪北城市的起点与重要中心区域，同时也是晚清以来"大上海"版图的重要组成部分。复旦大学中华古籍保护研究所副研究员王启元先生认为，作为苏州河以北的虹口一带，在上海开埠之后长期是上海最发达的地区之一，是早期的上海市中心。这里不仅是上海保存"以港兴市"的历史，叙述19世纪中国早期工业化过程的最佳场所，同时，也是上海海派市民文化的发源地。虹口曾有全国最早的铁路，也是中国最早启用路灯、自来水的地方，中国最早的西式学堂、现代医院、现代出版机构也都坐落于此；数以千计的近现代名流或从这里出发，或流连于此，成为上海乃至中国近现代历史潮流中心瞩目的浪花。同时，虹口也是最早国际化的社区，世界各地的多元文化经由黄浦江码头汇聚于此，形成多元、包容、开放的市民文化。

如果按照王泠一和王启元这样的说法和理解，那么从提篮桥历史文化风貌区中或许可以窥一斑而见全豹。

提篮桥历史文化风貌区由上海犹太难民纪念馆、白马咖啡馆、霍山路舟山路建筑群、美犹联合救济委员会旧址、远东反战大会旧址、霍山公园、犹太难民收容所旧址和提篮桥监狱旧址等形成主要的景观景点。从表面上，或许可以理解为这些大都是犹太难民生活的历史遗迹，但穿街走巷，我们更能从城市的肌理中触摸到历史的脉络，在不经意的风景中倾听历史的回声。

很奇怪，很多上海人并不知道提篮桥是属于虹口的。谈到提篮桥，第一反应，这不是个地区，而是一座监狱。20世纪四五十年代，上海流行这样一句俗话，"购物八仙桥，枪毙提篮桥"，而在八九十年代，两人争吵，如果一人说"送侬到提篮桥去"，说不定还真会大打出手，还真就进了提篮桥。有人说，一走到昆明路口，就有股压抑感扑面而来，因为右边耸天厚实的高墙和森严的铁丝网，无不提示着这里便是号称为"远东第一监狱"的提篮桥监狱。它是上海使用时间最长、押犯量最大、关押罪犯类型最多的监狱，名气响到以监狱之名代替了地区之名，可见其影响力非同一般。

这座监狱由英国人在1901年建造，当时为公共租界工部局警务处监狱。最开始时该监狱仅有两幢南北向的4层建筑，有监房480间及医院、炊场、办公楼等辅助建筑，占地约10亩。后来不断扩建，监狱面积扩展到60.4亩，拥有牢房3900多间，最多时羁押了8000多人。关押囚犯如此之多，原因之一是这里的牢舍面积很小。曾有人开玩笑说：让一个10年刑期的犯人，每天换一间牢舍，到出狱的时候还住不完。

提篮桥监狱在不同的历史时期，曾关押过许多著名人物。其中有一生曾7次被通缉、3次入狱的章太炎；谦称"马前卒"、写下《革命军》的邹容；中共早期马列主义理论家杨匏安；皖东北革命根据地创始人之一江上青；中国共产党第一代领导集体的重要成员任弼时等。抗日战争胜利后，这里是中国境区最早审判日本战犯的军事法庭所在地，先后有数百名日本战犯关押在狱中，甚至还有20多名德国纳粹战犯。新中国成立后，这里先后被改作上海市人民法院监狱、上海市监狱，1995年定名为上海市提篮桥监狱。

提篮桥地区因一座监狱出名，但它的形成却与监狱毫无关系，倒是与附近的下海庙有着千丝万缕的联系。

说起下海庙，还有一则趣闻。1955年，毛泽东主席到上海视察，在黄浦江上游览时，面对浦江两岸风光，他突然向陪同人员问道：你们知道上海还有个下海吗？大家面面相觑，主席用肯定的口吻又道：有下海的。主席的话如同在黄浦江中投下一块大石头，掀起波澜，于是上海市领导在全上海开始寻找这个鲜为人知的"下海"。终于在虹口区发现一座叫"下海庙"的小庙，就位于现在的昆明路73号。而这里是今苏州河（吴淞江）

提篮桥监狱大门，摄于 2015 年（资料图片）

位于昆明路 73 号的下海庙（资料图片）

北岸，古称下海浦，南岸，则称为上海浦。

　　下海庙初名夏海义王庙，因其位于下海浦，故名。创设年代已失考。至清乾隆年间（1736—1795），比丘尼心意结茅于此，时有庙基 1 亩余，屋宇 9 间，后改为尼庵，逐渐成为当地渔民、居民为祈佑平安奉祀海神的民间神庙。

当时在下海浦口附近有一座木桥，它是去往下海庙的通道。桥边有一家竹器店，附近香客在店里购了篮子后盛放香烛，过桥前往下海庙烧香拜佛，于是木桥便得名为"提篮桥"。另有一种说法，称此桥由当地的两大家族——瞿姓与蓝姓所建，故名瞿蓝桥，辰光一长，"瞿蓝"就被误读为"提篮"。

如今下海庙随着北外滩的发展，被一众高楼包围，在来福士的映衬下，香火缭绕，仿佛还诉说着下海浦的悠悠沧桑。

叁

"上海越界筑路的北四川路一带，因为打仗，去年冷落了大半年，今年依然热闹了，店铺从法租界搬回，电影院早经开始，公园左近也常见携手同行的爱侣，这是去年夏天所没有的。

"倘若走进住家的弄堂里去，就看见便溺器，吃食担，苍蝇成群的在飞，孩子成队的在闹，有剧烈的捣乱，有发达的骂詈，真是一个乱烘烘的小世界。"

——这是鲁迅《上海的儿童》开头的两段文字。这篇文章刊登在1933年9月15日的《申报月刊》，描述的是当时虹口一带的景象。

1926年8月，鲁迅毅然放弃了北京教育部的官职、大学府的教席，南下北上，先是厦门、广州，而后上海，定居虹口。经其三弟周建人介绍，他同许广平住进了景云里23号，开始了十年的上海生活。据许广平回忆："1927年10月，鲁迅和我初到上海，住在共和旅店内，建人先生天天来陪伴。旅店不是长久居住之处，乃与建人先生商议，拟觅一暂时栖身之处。恰巧建人先生因在商务印书馆做编辑工作，住在宝山路附近的景云里内，那里还有余房可赁。而当时文化人住在此地的如茅盾、叶绍钧都云集在这里，颇不寂寞。于是我们就在 1927 年 10 月 8 日从共和旅店迁入景云里第二弄最末一家 23 号居住了。"定居后，鲁迅和许广平结为伉俪。由于住所周围很不安宁，次年 9 月 9 日移居 18 号，与周建人一家合住，不久，17 号有了空房，鲁迅喜欢住房朝南兼东，于是，又在 1929 年 2 月迁入 17 号新居。1930 年 5 月 12 日，又搬到了拉摩斯公寓（今川北公寓）。1933 年 4 月起定居大陆新村 9 号（今山阴路 132 弄 9 号），直至 1936 年 10 月 19 日逝世。

这篇《上海的儿童》作于鲁迅在大陆新村居住时期。近六年的上海生活，足够他对这座城市有了深刻认识，从而产生出很多感慨。如果鲁迅生活在雍容华贵的老洋房，或寂静优雅的高级弄堂内，他的文字是无法做到如此的平民化的。正因为虹口这里的人是杂糅的，有原住民，有外省移民，也有日本侨民和犹太难民，不同生活方式相互交织，最后生长成独特的样子，形成了一个文化多元的地区。"这是带点草根文化，让人感到亲近的上海。她既是极力吸收西方文化的时尚摩登女郎，也是从吵闹纷杂的弄堂里出来的带点小市民气息的小姑娘。"知乎上，有读者生发出如此感慨。

鲁迅文中所提到的北四川路，就在他居所附近，即为如今四川北路北段。四川北路是虹口的一条南北向马路，全长 3.7 公里，在晚清光绪年间就已建成。由于南起苏州河，紧靠黄浦江，又临火车站和淞沪铁路，极为优越的水陆交通条件为商业的繁荣创造了沃土，彼时的四川北路店铺云集，百业发达。《上海风土杂记》中有这样的描述："北四川路跳舞场、中下等影戏院，粤菜馆、粤菜楼、粤妓院，日本菜馆、浴室、妓院，欧人妓院、美容院、按摩院甚多，星罗棋布，全上海除南京路、四马路以外，以四川北路为最繁盛，日夕车辆、行人拥挤。"20 世纪 30 年代，"不中不西""羊城风味""吃玩中心"成为北四川路的市场特色。尤其是娱乐业在这里得到加速发展。1917 年 5 月，广东人曾焕堂在北四川路虬江路口（今四川北路 1408 号）同庆戏院原址开设上海大戏院，他是由华商开办电影院的第一人。到 30 年代初，先后有上海演艺馆（今四川北路 1800 号仲益永安商厦）、好莱坞大戏院（今乍浦路 408 号胜利电影院）、广东大剧院（今四川路 1552 号群众影剧院大楼，该院兼映电影，经常演出粤剧，成为当时上海第一个粤剧演出中心，蜚声粤、港与海内外）、东和馆（今乍浦路 341 号葡儿飞美食广场）等 32 家电影院、47 家电影公司建立或迁入。虹口由此成为中国电影放映业的发祥地。鲁迅和许广平到上海后第一次看电影，是在位于四川北路虬江路路口的奥迪安大戏院，看的是部美国片，叫《怕妻趣史》，同去的还有三弟周建人。为此，鲁迅在其日记中专门作了记录。

在景云里期间，一个人进入了鲁迅的生活，那就是内山书店老板内山完造先生。据内山完造回忆："一个常常和两三个朋友同道来，穿蓝长衫的，身材小而走着一种非常特别的脚步，鼻下蓄着浓黑的髭，有清澈的水晶似

1933 年，鲁迅和内山完造在上海 （资料图片）

1930 年代四川北路的街景 （资料图片）

的眼睛，有威严的，哪怕小个子却有一种浩大之气的人，映上了我们的眼帘。"当内山完造知道眼前的这位先生就是鲁迅时，十分热情和敬仰。鲁迅最后的十年，曾出入内山书店 512 次，内山也为他设了专座，成为他晚年在上海的"会客厅"。

我很早以前读到过现代文学家阿累写的一篇散文。记述了作者在内山书店与鲁迅的巧遇，当时他看中了鲁迅译的《毁灭》，但苦于囊中羞涩，后来鲁迅帮了他。我特别记得文中的那段话："我真踌躇起来了，饭是不能不吃的，然而书却太好了，买一本放在床头，交班回来，带着那种软绵绵的疲倦躺着看这么几十页，该多好！我摩挲着那本书，舍不得丢开，不说买，也不说不买。"读到这篇文章时我还是初中生，也爱看书，也想买些好书，但奈何家里经济困难，常常望书而叹。所以对阿累先生这种心情感同身受。几十年后，我忘了这篇文章的名字，但记住了这段话的意思，直到这次查阅了大量关于虹口的资料，才知道原来它叫《一面》。

如今，内山书店在原址重开，修旧如旧，复原了当年的情景，书架上搭着的木梯、门后衣架上的红围巾、书架上的木刻版画，将当年的鲁迅与内山书店的记忆刻在每一处角落。那里是四川北路 2056 号。

不过，很多上海人如我一样，对四川北路的认识应该缘于 20 世纪八九十年代。那时有一句广告词,叫做"看看逛逛其他路,买卖请到四川路"，通俗又朗朗上口，每天出现在上海的广播和电视节目中。甚至有上海话调侃："南京路是外地人逛的，淮海路是有钱人逛的，四川路是阿拉老百姓逛的。"那时候的四川北路有多辉煌？ 1994 年《新民晚报》刊登了一则消息称，四川北路区属商业网点，一共是 401 家，年营业额 30 亿元，占全市商业的 19%，近五分之一的占比率是十分让人惊讶的。第七百货、国际商贸、远东电器、凯福商厦、虹口商城、多伦商厦……每一座商厦都吸引着无数人前来买买买。比起淮海路和南京路，四川北路上的人永远都是大包小包。为啥？这里的商品性价比高呀，当时南京路上一件衬衫要 300 多元，而跑到四川北路，可以买两件。"上海四川路，中华名品街"，横跨街头的广告牌，就这么充满底气地宣称道。四川北路因此被列入上海"十大名街"之一，与淮海路、南京路等齐名。

如今，四川北路上保留着的一幢幢历史建筑则见证了这里的百年商业繁荣。但这里及周边区域曾经又是那么地文艺，更凝聚着多少红色青春印记，激情燃烧，热心沸腾。

肆

1919 年至 1920 年，中国共产党诞生的前夜，积弱多病的中国掀起了一股赴法勤工俭学的热潮。"师夷长技以制夷""睁眼看世界"成为觉醒了的中国知识分子的共识，一批批满怀救国理想的有志青年从上海横渡重洋，远赴法国追求新知。这其中就有蔡和森、向警予、周恩来、邓小平等人。他们是中国共产党早期储备的中坚力量。

今天虹口的北外滩，汇山码头和杨树浦码头的所在地，正是当年赴法勤工俭学运动的海上启航地。2021 年 3 月，中共上海市委党史研究室、上海市文物局在汇山码头遗址树碑纪念，上书"留法勤工俭学出发地"。虹口区委党校教授张家禾在接受《青年报》记者采访时说：赴法勤工俭学的学生从上海出发共计 20 批次，前三批都是从虹口出发的。现在学术界的主流观点是：赴法学生大部分是经过五四运动洗礼的，前三批出发时间位于五四运动前夕，后 17 批均在五四运动后。他们之中一部分人在留学期间接受马克思主义走上了革命道路。

左联会址纪念馆（资料图片）　　　　　　　　中共四大纪念馆（资料图片）

　　中国共产党的创始人毛泽东曾亲临上海，先后四次在黄浦江畔送别赴法学子。据《毛泽东年谱》记载，1919 年 3 月 12 日毛泽东因母亲病重，从北京动身回湖南，为欢送赴法勤工俭学的湖南青年，归途中绕道上海，3 月 14 日到达上海。3 月 15 日，毛泽东在上海参加环球中国学生会召开的赴法留学生欢送会。17 日，送别第一批湖南青年，29 日参加又一批赴法留学学生欢送会，31 日送别。

　　这两批赴法勤工俭学的留学生是在上海什么地方上船出发的？毛泽东是在上海什么码头送别这些留学生的？之前有三种说法：第一种是从虹口黄浦路武昌路口的日本三菱码头（现为扬子江码头）上船，第二种是在虹口的杨树浦码头上船，第三种是在杨浦的黄浦码头上船。后来经过党史专家的再三考证，认定了第一种说法，即毛泽东在三菱码头将赴法学生送上驳船，登上邮轮。

　　1925 年 1 月，还是在虹口，在淞沪铁路旁的一座石库门建筑里，中国共产党第四次全国代表大会秘密召开，陈独秀、蔡和森、瞿秋白、周恩来等 20 位共产党人代表全国 994 名党员出席了大会。这其中就包括从法国勤工俭学归来的周恩来、蔡和森、李维汉、李立三、尹宽五人。

为期 12 天的中共四大，第一次提出了无产阶级在民主革命运动中的领导权问题，第一次提出了工农联盟问题，指出农民是工人阶级的天然同盟军，并确立了加强党的领导、扩大党的组织、执行使党群众化的组织路线。"四大"将党的基本组织由组改为支部，规定凡有三名党员可成立一个党支部，在中国革命和中国共产党发展的道路上，中共四大刻下了重要的历史坐标。

虹口有个恒丰里，地处山阴路历史文化风貌保护区，始建于 1905 年，是典型的上海新式里弄住宅。中共上海区委、中共江苏省委等机关，上海工人第三次武装起义军事指挥部联络点等曾设在这里。

1927 年 6 月上旬，中共中央政治局会议决定，撤销上海区委，分别成立中共江苏省委、中共浙江省委。江苏省委管辖范围除上海、江苏省外，还领导安徽省的凤阳、泗县、宿县、蚌埠等地的党组织。1927 年 6 月 26 日上午 9 时许，中共江苏省委在施高塔路恒丰里 104 号（今山阴路 69 弄 90 号）举行秘密会议，中央决定陈延年任江苏省委书记，组织部长为郭伯和，宣传部长为王若飞。

1927 年 3 月，陈延年奉命离开广州前来上海，途经武汉，参加了党的五大筹备工作。"四一二"反革命政变后，陈延年按照中央指示，来沪担任上海区委代理书记，在恒丰里 104 号设立办公机关，着力于浙江、江苏和上海地下党组织的发展工作，领导广大干部和党员与蒋介石的反共屠杀政策进行了勇敢的斗争。

就在举行会议的当天下午 3 时许，由于叛徒出卖，机关遭敌人包围。陈延年、郭伯和奋不顾身与军警搏斗，掩护其他同志迅速从屋顶撤离，终因寡不敌众而被捕，江苏省委机关遭到破坏。陈延年被捕后，身份并未暴

1918 年，上海港口，清华留美学生登船远赴大洋彼岸（资料图片）

留法勤工俭学出发地汇山码头遗址（汪思毅 摄）

露，中共及各方进行了积极的营救。陈延年的身份被识破，经受酷刑逼供，但他信仰坚定，拒不吐露一字。几日后，陈延年被秘密押赴龙华刑场，被刽子手乱刀戕害，年仅 29 岁。

1926 年 6 月后，为了加强江浙地区的工作，中共中央任命赵世炎担任江浙区委组织部部长和上海总工会党团书记。赵世炎在上海深入工人，组织罢工，准备武装起义。1927 年 3 月，在赵世炎等人的领导下，上海工人第三次武装起义取得胜利。中共五大上，赵世炎被选为中央委员。大会后，中共中央即决定调赵世炎到武汉中央机关工作，但没有宣布他的任职。

赵世炎虽然参加了这次会议，但是由于先行离开会场，没有被捕。陈延年被捕后，赵世炎担任江苏省委代理书记。他积极营救被捕同志，并立刻派人到各联络点去，紧急通知各区委，停止第二天在恒丰里召开省委扩大会议并告知陈延年已被捕的消息，要求大家做好应变准备。赵世炎自己的住处亦决定搬迁。但由于忙于布置工作，再加上连日倾盆大雨，家没搬成。1927 年 7 月 2 日，赵世炎因叛徒出卖不幸被捕。被捕后，他慷慨激昂地表示："志士不辞牺牲，共产党必将取得胜利！"赵世炎牺牲的时候，年仅 26 岁。

恒丰里现在被打造成"百年石库门的党史学堂"，以"历史上的恒丰里"和"如今的恒丰里"为主题，分别打造"学史区"和"力行区"，既保留恒丰里的百年变迁又展示了里弄居民的幸福生活，同时呈现四川北路区域早期红色故事和"三香弄堂"的诞生，打造原汁原味的实景课堂。

由于虹口的地理环境及社会环境的特殊，在 20 世纪二三十年代，瞿秋白、郭沫若、茅盾、冯雪峰、叶圣陶、丁玲、夏衍、沈尹默等一大批进步文化人士相继来到这里。他们或栖身于"亭子间"，或寄居于公寓、花园洋房，在十里洋场中笔走龙蛇，为文化进步和人民幸福呐喊、战斗，成为虹口百年难遇的文化奇观，从而铸就了虹口"现代文学重镇"的历史地位。

北外滩，曾是"中国睁眼看世界"的启航之地
（汪思毅 摄）

北外滩滨江绿地一角（汪思毅 摄）

而鲁迅与寓居此地的许多进步人士和共产党人也结下了深厚友情，1927至 1936 年，鲁迅先后发起并参加中国自由运动大同盟、中国民权保障同盟。尤其是在 1930 年 3 月 2 日，我国现代文学史上著名革命文学团体"中国左翼作家联盟"在多伦路 201 弄 2 号中华艺术大学内正式成立，以鲁迅为旗手的左翼文化运动自此蓬勃兴起。1931 年 1 月 7 日，柔石、胡也频、李伟森、冯铿、殷夫五位"左联"成员被国民党淞沪警备司令部以"共产分子""宣传赤化"等罪名逮捕，于 2 月 4 日被秘密枪杀。"左联五烈士"除殷夫外，其余四人均为共产党员，李伟森还担任着共青团中央宣传部长之职。他们生前在从事实际革命斗争的同时，积极进行文学活动，以各自的不同斗争经历和亲身感受创作了一批可贵的文学作品，为初期无产阶级革命文学的发展起到了积极的作用。

1931 年后，瞿秋白和鲁迅共同领导了革命文化运动，以此粉碎国民党文化"围剿"，为中国革命史、中国现代文学史写下了绮丽而不朽的一页。

北外滩住户搬迁后的空房间，与东方明珠塔隔江对望（杨千 摄）

在此期间，鲁迅与左翼作家郁达夫合编《奔流》，与左翼作家柔石组织了新文艺团体"朝花社"，创办《朝花》旬刊、周刊，与左翼作家冯雪峰合编《萌芽月刊》，编辑、翻译介绍了大量马克思文艺理论著作和东欧尤其十月革命后苏联进步文艺作品。推荐发表了众多进步文学作品，为革命文艺理论建设和进步文学青年的培养呕心沥血。他写下大量揭露和鞭挞社会黑暗势力的檄文，《而已集》《二心集》《伪自由书》《南腔北调集》《且介亭杂文》等，成为不朽的经典。

1980 年，中国左翼作家联盟会址被公布为上海市文物保护单位。2001 年 12 月 8 日，左联纪念馆开馆。

虹口是红色的虹口。新同心路 189 号处，有"五卅"烈士墓遗址；黄渡路 107 弄 15 号，有电影《永不消逝的电波》中主人公李侠的原型李白的故居。中国共产党百年风雨历程，在虹口留下了浓墨重彩的一笔。

在四川北路北端与多伦路的连接处，是近几年青年人眼中的网红打卡地"多伦路文化名人街"，作为虹口区"抢救文化遗产、保护故居遗址"的标志性文化工程，已成为上海都市文化旅游一处引人注目的新景点。路口耸立着具有上海石库门建筑风格的牌楼，上方是上海市老领导汪道涵亲笔题写的"多伦路文化名人街"街名。脚下，一条褐红色的呈几何形图案的弹街路饱含着丰厚的文化积淀，蜿蜒地把人们引向尘封许多年的历史深处。鸿德堂教堂、夕拾钟楼、左联纪念馆……在无声中诉说过往烟云。但过度的商业化开发，又似乎让人尴尬。或许正因为此，早些年的热闹已逐渐沉寂了下来。

就如四川北路，渐渐没落了。拓宽改造，拆除了一大片的老建筑，搬走了一大片的原住民，于是，总觉得缺少了什么。

第八章　江中有座岛

　　复兴岛是黄浦江上唯一的封闭式内陆岛，绝大多数的上海人都知其名，但绝大多数的上海人却从未涉足过。顺着黄浦江水在杨树浦港附近向东缓缓向北折转，这座小岛就会悄然露出模样。有人说它似一片柳叶、一弯月牙，也有人说它似一张拉满的弯弓。

　　上海人历来爱轧闹猛，一个小小的景点稍稍有点动静就可以吸引很多人前去看个新鲜，而像这样一座岛，又地处城区这里，却被人们忽视了。

复兴岛大酒店人去楼空（汪思毅 摄）

黄浦江中有座岛。

这座岛的名字叫复兴岛。

上海地处江南，地势坦荡低平，地形呈东高西低之状，虽有"襟海带江"之优势，但山和岛的资源是稀缺的，除西南部有佘山、天马山和小昆山等少数丘陵山脉外，大多为平原，平均海拔高度 4 米左右。至于岛，南部海域有位于杭州湾北部的大金山岛、小金山岛和浮山岛，长江入海口处有崇明岛、长兴岛和横沙岛等面积较大的岛屿外，能称岛的大概就是这座复兴岛了。

复兴岛是黄浦江上唯一的封闭式内陆岛，绝大多数的上海人都知其名，但绝大多数的上海人却从未涉足过。顺着黄浦江水在杨树浦港附近向东缓缓向北折转，这座小岛就会悄然露出模样。有人说它似一片柳叶、一弯月牙，也有人说它似一张拉满的弯弓。

上海人历来爱轧闹猛，一个小小的景点稍稍有点动静就可以吸引很多人前去看个新鲜，就像淮海中路上的那幢武康大楼，都能成为网红打卡点；尤为典型的是，随着电视连续剧《繁花》的热播，让曾经风靡上海滩的黄河路美食街再次爆红，游客们趋之若鹜。而像这样一座岛，又地处城区这里，却被人们忽视了。

这似乎有点说不通。

壹

2023 年春节过后的一个周末，我第一次踏上了复兴岛。

春寒料峭，细雨蒙蒙。徐老师很文艺地来了一句，这样的天气，这样的周末，适合与三五知己围炉煮茶，谈天说地。我说，似乎雅了一点，打打牌，老酒咪咪，倒是不错。当然，无论雅俗，都是生活的日常，倒也不必纠结。徐老师的意思我是懂的，这样的天气不适合出游，所以当我们驱车从闵行出发，一个多小时后来到杨浦滨江一带，见人迹寥寥，倒也在情理之中。

穿过海安路桥，便是踏上了复兴岛。复兴岛不是旅游风景区，它的气质迥异于人们印象中的旅游景点，更谈不上世外桃源。这里只有老工厂老仓库，老摆渡码头，以及一个老公园。居民很少，没有房地产开发的痕迹，没有概念中的那种便利店，只看到一家烟纸店，店面很小，有种破旧的沧桑。岛上，唯一的主干道，名为"共青路"，在岛的中部笔直延伸，一直通向另一头的定海路桥。那是一座老桥，接近百年历史，镌刻着小岛的传说。

岛上还有一家名为"复兴岛饭店"的小餐馆。也许是我们行走得太匆匆，竟然没有找到。据去过的人说，这家岛上唯一的小餐馆有点像兰州牛肉面馆，但里面的布置花了许多心思，到处摆满了磁带、录音机、电风扇、诺基亚手机等老物件。店主是个青海小伙，小时候就跟随妈妈在岛上长大，岛民是他身上最清晰的标签，这份认同也让他扎根了下来，成为岛上 500 多户居民中的一员。

复兴岛真的是小，面积才 1.13 平方公里，南北长 3.42 公里，东西宽 427 米，最宽处也只有 550 米，卧在黄浦江中，如果没有西侧那条名为复兴岛运河的河道把它从杨浦滨江带隔开，那它真也称不上岛。

事实上也是如此，复兴岛的雏形原来就是江边浅滩，它的成岛历史算算不过百年。岛的前身叫周家嘴或周家嘴角，只是因为黄浦江河道在经过杨树浦港一线后，因西侧江岸（今杨树浦路、黎平路交会处一带的江岸）向东突出，呈鱼嘴状，同时附近又有一周姓村落，故而得名。就如陆家嘴

草木茂盛的复兴岛公园（汪思毅 摄）

一样，因地形和居住此地的明代陆深家族，从民间习惯称呼到最终官方认定，遂有此名。

原先周家嘴一带，黄浦江江面骤然宽阔，水道由东折北，水流分散，左侧流速迟缓，加之下游的潮汐逆流上溯至此，致使大量泥沙沉积，经年累月，因而在左岸形成了一大片浅滩，呈弧形状。滩上芦苇丛生，伴着潮起潮落，随风摇曳，也成了鸥鹭栖息觅食的天堂。涨潮时，沙滩淹没于水中，这对黄浦江的航运来说安全隐患甚大，随着中外贸易日臻兴旺，上海如果要以港兴市，没有一条通畅的主航道，货运出不去进不来，那就会严重阻碍城市的发展。

1850 年前，世界海上航运通行木帆船，吨位小，吃水浅，宽阔的黄浦江足以应付。19 世纪 50 年代后，火轮船逐渐替代了木帆船成为水上航运的生力军、主力军，火轮船吨位大、吃水深，原始状态的黄浦江难以应付。美国学者罗兹·墨菲《上海——现代中国的钥匙》中说：最有经济效能的外洋轮船，吃水的深度越来越大。到 1885 年或 1890 年，这些新型轮船多半要经历艰难困苦，始能到达上海，或者干脆不能到达。

于是上海开浚黄浦河道局应运而生，专司黄浦江水道整治，修建码头、设立航标。该局简称浚浦局，聘请瑞典人海德生为总工程师。浚浦局也是现在上海航道局的前身。

浚浦局在第一个十年整治计划中，最重要的一项工程就是在黄浦江西侧自周家嘴至虬江口筑坝。1913 年 4 月 30 日，周家嘴航道束窄工程正式启动。1915 年疏浚主航道时，在沙滩的东侧抛石筑堤，使淤沙沉积。1925 年，在沙滩南段区域抛卸沉排块石，同时筑堤并吹泥填土。次年 7 月，南段填成陆地。此后，又在中段与北段抛筑柴排石块并吹填泥土。1934 年，一

1943 年浚浦局土壤测验现场（选自《上海市志·黄浦江分志（1978-2010）》）

座新的人工岛基本形成，定名周家嘴岛，黄浦江主航道也增深至 8 米以上。与此同时，为便利周家嘴沿江地区的工厂、仓库装卸货物，停泊船只，对浅滩西侧的浅水航道也进行疏浚，修成一条人工运河，即为如今的复兴岛运河。

于是，黄浦江中有了一座岛，迄今为止唯一的岛。

贰

复兴岛太小，步行环岛一周用时不到一小时，故事却不少，一草一木，一砖一瓦，都染上了岁月的风霜，甚至在中国近现代史上还有一段文字可以留下。

"（1949 年）4 月 26 日，蒋介石从奉化乘军舰到上海，亲自部署上海防御。他在复兴岛连续召见集团以上军官，训话打气。表示自己留在上海不走，'要和官兵共艰苦，和上海共存亡'。"——刘统《战上海》中这么写道。4 月 26 日，距离上海解放还有一个月的时间，中国人民解放军已胜利完成渡江战役，以摧枯拉朽之势迅速解放了南京、杭州、镇江、无锡等江南城市，正快速推进解放和接管上海。穷途末路的蒋介石把他在大陆最后的挣扎放在了复兴岛这里，他还在做着"党国复兴"的美梦，他预测国际形势："不出三个月，就会爆发第三次世界大战，到时候美国就会恢复援助。上海战略和经济地位重要，守备的兵力雄厚，军用物资充足，阵地也是坚固的。只要守上三个月到半年，形势一定会朝有利的方向转化。"（刘统《战上海》）事实上，他知道这是在自欺欺人。10 多天后，他从这座小小的复兴岛，满腹惆怅、无比落寞地沿海路逃往了更大的一座岛。

蒋介石在复兴岛的下榻处叫"白庐"，那是岛上仅有的一幢洋楼，两层楼高，位于现在的复兴岛公园一角。20世纪30年代，浚浦局在岛上建造职员俱乐部花园，命名为浚浦局体育会，也就是现在复兴岛公园的最初起源。这幢名为"白庐"的洋房最初是供外籍海员度假使用的，后来作为员工俱乐部，因为外墙通体白色，故而被称之为"白庐"。

我们走进公园，繁花绿树扑面而来。正对着大门的小径深处，矗立着一块2米多高的大石，上书繁体的"复兴石"三个大字，大石背面，则是复兴岛的历史介绍。公园里泛黄的落叶随风起舞，一棵棵大树撑起朵朵华盖，茂盛的绿草忘却了季节般生长。许是阴雨的缘故，公园几乎不见人影，只是在大草坪旁的长椅那里，见到一个人撑着一把伞静静地坐着。

1957年上海文化出版社出版了一本小册子《上海及近郊一日游》，里面选取了29处值得市民一去的景点，其中也有复兴岛公园的介绍，但它几乎是最不被人熟知的地方。

"花棚后面有许多棵高大的龙柏，这一带有小小的假山石和池塘，也有几个土阜，土阜之上，种着香樟、枇杷、女贞、乌桕、马尾松、五针松、夹竹桃、合欢和各种不知名的树木。盛夏时节，密叶遮天，蝉声震耳，在树荫下乘凉，再不会感到炎暑的可怕……"册子里这么写道。60多年过去了，这里的树木花草越加葱茏了。

我们沿着公园的小径走，很容易地找到了那幢名为"白庐"的小洋房。小洋房建筑面积不算大，从外表看也并不怎么有特色，更谈不上豪华，如果之前没有了解其背景，是很容易忽略它的。在生活中，我们因为有太多的漫不经心，往往便与历史擦肩而过。

白庐的外墙上挂着"杨浦区党群服务中心杨树浦驿站复兴岛公园党群服务站"的牌子，如果没有拍照，我是记不得这么多字的。进门，大厅里高挂着一面鲜艳的五星红旗，四周布置的大多是红色主题的内容，角落的

复兴岛公园初建于 20 世纪 30 年代（资料图片）

墙上有电子屏，播放着浚浦局的历史。一位白净的小伙子向我们微笑点头示意。相聊之下，得知他是这里的志愿者，家住龙华，现在是五角场一所大学的大四学生，一般周末他都会来这里服务。言谈中，对白庐的历史倒也略知一二，尤其是蒋介石下榻于此的那一段。

我站在厅中有些恍惚，难以想象曾经在这里发生的一切。

大厦将倾，形如危卵。身心疲惫的蒋介石从宁波象山乘国民党第一舰队旗舰"太康"号驱逐舰秘密来到了复兴岛。那时岛上浚浦局的职工早已被上海市警察局长毛森赶出岛外，只剩下全副武装军警在四周戒备。甫一上岸，蒋介石就马上召见京沪杭警备总司令汤恩伯、空军司令周至柔、海军司令桂永清、上海警备司令陈大庆、上海防守司令石觉等，听取汇报，共商上海防御大计。第二天，蒋介石在复兴岛发表《为南京撤守告全国同胞书》，宣称国民党"政治、军事的缺陷，中外人士的误解，再加以共产党宣传的毒素与间谍活动渗透于其间"，导致了其在内政、外交的全面失败，也丧失了士气、人心。但蒋表示，他"决不气馁，更决不失望"。接着，蒋介石连续3次召见集团以上军官训话，为他们打气。

几天后，蒋介石觉得复兴岛远离市区，对他接见上海各界人士颇为不便，于是要求随同而来的长子蒋经国安排去市区居住。蒋经国虽觉危险，但不敢违抗父亲的命令，只得照办。不多时，蒋介石住进了中正南二路（今瑞金二路）励志社（今瑞金宾馆）。"在市区的日子里，蒋介石每天忙得不亦乐乎，一会儿召集地方知名人士座谈，一会儿召见黄埔军校毕业的学生训示。不管在什么场合，他的话题无外乎坚守上海，誓与上海共存亡之类的老生常谈"（张姚俊《老上海城记·河与桥的故事》）。然而，只有他自己和极少数的心腹心里明白，国民党军队已是强弩之末，蒋家王朝将失去在大陆的统治。蒋介石向汤伯恩交底：尽可能坚守一个时期，待上海的资金和物资全部转运台湾后，就可以放弃上海。

5月3日，美国宣布美、英、法三国的军舰已全部驶离黄浦江，原本蒋介石给予很高期望的"国际干预"彻底破产。为安全起见，蒋又搬回复兴岛。眼看大势已去，5月7日早晨6点，蒋介石搭乘招商局"江静"轮从复兴岛出发，黯然离开上海。

有人把白庐说成是蒋介石在上海的"行宫"，说蒋和宋美龄有段时间曾在这里居住，更有甚者说蒋还曾将秘密情人安置在这里。对此，我是颇不以为然。蒋介石在上海有"爱庐"、庐山有"美庐"、杭州有"澄庐"，它们美轮美奂，各具特色，周边环境也好。白庐岂可与它们相比？复兴岛从来不是一个休闲岛，一个风景区，白庐只是蒋介石的一个落脚点而已。只是因为在特殊的历史节点，让它具有了某种意义。而那种"野史""八卦"只是平添了白庐的几分神秘。

复兴岛公园里的"复兴石"（汪思毅 摄）

白庐外景（徐晓彤 摄）

白庐现为党群服务站（汪思毅 摄）

"复兴岛饭店"是岛上唯一一家小餐馆（汪思毅 摄）

叁

复兴岛上没有高楼大厦，多的是厂房、仓库、码头；没有车水马龙，"慢"得几乎不像在上海；当然也不是什么世外桃源，虽然有着大片的绿化，可除了一座公园，几乎没有可漫步可休憩的地方。

岛上唯一的主干道共青路两旁，香樟树枝繁叶茂，郁郁葱葱，一看就知道有些年头了。随处可见的一幢幢旧厂房，斑驳的外墙上爬满了爬山虎，整座岛原本就是一个港口，而朝黄浦江一边的弧形地带是连排的码头。起重桁架一个接着一个，向天空向江面伸着巨臂。

原本周家嘴滩地属于官有土地。1926 年冬，上海浚浦局向江苏省政府提出用 40 万两白银购买这块 1550 余亩的滩地，在财政部领发执照后，浚浦局将其作为后方基地，设立土木建筑工场及原料仓库，随后又兴建道路，还拨银 7 万两在其南端兴建了一座八孔钢筋混凝土桥——定海路桥，将这片处女地与黄浦江西岸连为一体。复兴岛北端的那座海安路桥，则是在 1976 年建成的。因此，在整个民国时期和建国后的很长一段时间内，定海路桥是小岛连通市区的唯一陆路通道。

1934 年，这座人工岛基本形成后，被定名为周家嘴岛。1937 年，"八一三"淞沪抗战爆发，日本海军陆战队强占了该岛，并将全岛划为禁区，改名为定海岛，在 1939—1941 年间，还一度称作昭和岛。不过在复旦大学教授傅林祥所著的《浪奔浪涌黄浦江》一书中，却是这么写道："1934 年 2 月，《申报》等报刊已经将该岛称为'定海岛'。周家嘴岛、定海岛均为当时习惯性称呼。1937 年八一三战争爆发，日本海军陆战队强占该岛，并改名为'昭和岛'。"显然，这二者的说法是有出入的，或许还需要相应

20 世纪 90 年代前后的定海桥（资料图片）

西接定海路，东连复兴岛的定海桥 （卓孝辉 摄）

史料佐证。抗战胜利后，该岛于 1945 年 10 月 25 日正式改名为"复兴岛"，先被海军接管，后归还给浚浦局。

作为一个港口和工业岛，百年来复兴岛上曾出现过一些著名的企业，是中国民族造船工业的重要基地之一。杨俊生的大中华造船厂就是其中的代表。

杨俊生（1890—1982）是江苏淮安人。1906 年他考取日本弘文书院公费生，留学日本。其间，正逢章太炎在日到处讲演，宣传革命，这对他触动很大。后又深受孙中山先生影响，不仅参加了同盟会，还转攻工程学，决定献身于祖国的造船事业。1919 年，他从日本的东京帝国大学船舶工学科毕业后，先在当时日本最大的造船厂长崎三菱造船厂担任工程师，积累了一定经验，五年后回到了千疮百孔的祖国，满腔热血开启了实业救国之路。

杨俊生先向大阪商船会租借了江浦路附近地皮，盘下了因经营不善倒闭的东华造船株式会社部分机器设备，创办了大中华造船机器厂。然而五年后地皮租赁期满，日本人就不肯再租给他，转卖给了英商。英商买通工

杨俊生（资料图片）

公私合营中华造船厂股东大会合影（资料图片）

部局，由工部局出面以杨俊生未领营建执照为由，强令拆除厂房。租界已无容身之处，杨俊生只好另觅出路。他通过上海大亨杜月笙的关系，请浚浦局帮忙，在当时荒无人烟的复兴岛划拨到一块地皮建造造船厂。谁知，浚浦局批给他的是一块不满 20 亩、一面临江三面沿马路的土地，毫无发展余地，掌握批租大权的英籍总工程师查德利还说这样一块地"足够给中国人造船了"。

建厂初期由于资金有限，技术人员不足，杨俊生既从事管理，又搞技术开发。从 1926 年到 1936 年期间，大中华造船厂为国民党海军建造了几艘小炮艇，还先后建造了"长风""正大""天赐""大达"等客货轮。其中"大达"号为当时国产吨位最大、设备最完善。当时上海民族造船业除了江南造船厂外，皆属小打小闹的修船厂，无法与外商匹敌。但大中华造船厂能建造 2000 吨级以下船舶，且船型美观、制造精良，不仅博得国人的称赞，连英日法商也表示惊讶和敬佩。

1937 年，抗日战争全面爆发，上海沦陷，日本军队占领了周家嘴岛，赶走了岛上的职工和居民，在定海桥上布下铁丝网。大中华厂被迫停工，日军将其改作军械修理工厂。日本人想拉杨俊生下水，便鼓动他担任江南造船厂厂长，作为交换条件，可以将原大中华厂还给他，但杨不为所动，干脆吃斋礼佛，闭门谢客。

抗日战争结束后，杨俊生四处疏通关系，好不容易把残败不堪、只剩一副空架子的工厂要了回来，依靠举债使工厂在最短时间内走上了正轨。两年后，大中华造船厂资金总额已达法币 60 亿元，厂区面积近 1.8 万平方米，职工 850 余人。解放前夕，中共地下党组织找到杨俊生宣传党的政策，促使他没有听从部分股东把设备变卖，将工厂转移到香港的建议，而是保护好工厂，迎来了光明到来的那一天。

上海解放后，大中华造船厂进入新的发展时期。1953年1月实行公私合营，改名为公私合营中华造船厂股份有限公司，简称公私合营中华造船厂。在20世纪五六十年代，先后有16家小厂并入，1966年11月更名为东方红造船厂，1973年1月重新定名为中华造船厂。改革开放后，经过历年的基本建设和技术改进，中华造船厂已成为国家二级企业和国务院批准的首批机电产品出口基地企业之一。

复兴岛会记住杨俊生这个名字，而中国船舶发展史上更有他灿烂的一页。

当然，复兴岛可以述说的历史不仅仅是这些。在20世纪30年代，岛上还有全国规模最大的鱼市场。

当时上海经销的鱼类和海产品占全国总销售额的三分之一，而上海传统的鱼市场在十六铺，至1935年已有冰鲜鱼行23家，河鲜鱼行7家。1934年，实业部决定在上海建一座近代化的鱼市场，一开始选址浦东的东沟。10月，选定交通更为便捷的周家嘴岛（以傅林祥教授的说法，此时应该称为定海岛），在岛的北部建立鱼市场，占地四十余亩。这样做，为的是使原先主要分布在十六铺一带的鱼行集中起来，便于控制。1935年元旦鱼市场奠基，建筑包括7层的办公楼、拍卖场、仓库、冷藏库、浮码头和浮桥等。同年11月完工。1936年5月12日凌晨3时，上海鱼市场正式营业。按照鱼市场的规定，"鱼货输上海之第一次交易便在鱼市场行之"，原来在十六铺一带营业的鱼行以经纪人身份申请入鱼市场，居间代客买卖。为便利客商，鱼市场商请市轮渡管理处等单位，将原先行驶的沪淞线渡轮停靠鱼市场。同月，私营同济和商轮局也开办了浦东高桥至鱼市场的航线。上海鱼市场开业后的生意十分红火，每天商贩川流不息。可惜好景不长，运营一年多后，小岛即被日军占领，业务刚刚走上正轨的鱼市场被迫关闭，于1937年9月15日结束营业。

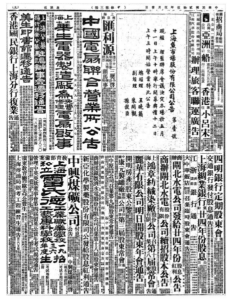

1936年5月1日《申报》刊发上海鱼市场开业　　1936年5月11日《申报》报道上海鱼市场
公告（资料图片）　　　　　　　　　正式开幕（资料图片）

肆

　　"破败的老房、斑驳的建筑，无法步入的一个个大院……来到复兴岛，请不要预期会遇到景点一样的'美丽'。"在我落笔写复兴岛时，读到了一则上海电台记者关于复兴岛的采访，很多感觉竟然十分相似。

　　这座岛少有人居住，又屡屡成为军事控制区，多年来它的上空一直笼罩着一种神秘气息，哪怕是今天，岛上的许多机构仍然是庭院深深，大门紧闭，极少有人能说得清楚它们的前世今生。

　　我不知道有多少人能对这座形成历史不足百年的小岛感兴趣，那些匆匆而来打卡的游客想看想了解的是什么？上海解放后，复兴岛成为燃料、木材、石油、仓储、造船、渔业以及一些企业的重要基地，所以不为人们所熟悉是正常的。徐老师的妹妹在复兴岛附近的一所大学就读，距离才两公里，大学四年，她都没有涉足过这里，周围的同学也是。长期以来，工业岛的概念，让复兴岛远离了上海人的生活圈。

　　或许，正如上海电台那位记者所感怀的那样，这里的乐趣，是属于偶尔路过生锈的铁门窥视里面的神秘的世界，猜测它辉煌的曾经；是属于意外步入某个老旧的岛上生活区，看着窗外晾晒的衣物随风飘摆，想象着它们的主人过着怎样的生活；是属于闯入视线的一幕幕，总是猝不及防地唤起你某一段似曾相识的沉睡记忆……"这座小岛擅长的，是诉说光阴"，光阴中最深刻的那道痕就是那些工厂里的工人、江岸边的岛民支起的生活。对的，是"支起生活"。它是歌曲《复兴岛的夜晚》中的一句歌词，竟让

复兴岛上林立的塔吊（徐晓彤 摄）

我怦然心动。"那是个夏天，空荡的共青路……我看见有人来了，划着小船，在工厂里、岸边上支起生活，我看见有人走了，坐着轮船……我喜欢这个无人问津的片刻，霎那间仿佛全世界都属于我……"一首很小众的歌，它和小岛一样，隐秘地存在于某个角落，可一旦按下播放键就会被击中。歌曲说的是一段小岛上的爱情故事，可也仿佛是在说许多人都曾经历过的相似青春。

我有点遗憾，没有机会走进复兴岛岛民的生活，还有那些曾经在这里工作的人，他们身上应该有着许多故事，或许平淡和琐碎，但内心丰富而充实，对小岛有着无比热爱吧？

我相信，岛上的人一定期望着小岛的改变，而从当地政府的态度来看，似乎对复兴岛的开发抱着不轻易启动的想法，目前主要是进行控制性规划和保护工作，以及推进基础设施建设。复兴岛作为黄浦江内唯一的封闭式内陆岛，也被视为杨浦滨江岸线上的一颗明珠。在大上海东外滩发展的规划中，它是黄浦江两岸综合开发范围内唯一的岛屿，曾有计划建成具有滨水特征的生态居住区和国际水准的公共娱乐中心。当然，也有建议，要把复兴岛打造成世界级的科创岛，吸引国际资源，注入经济发展新的动力，与杨浦长阳创谷遥相呼应，形成双核。还有规划建议，复兴岛要涵括生态岛、休闲岛、论坛岛三个概念，推进建设。上海是个寸土寸金的地方，复兴岛虽说是弹丸之地，但在市区，这样一个从浅滩长起来，又被"吹沙"吹出来的岛，又怎么会被白白地耗着呢？

这些建议，各有各的道理。但我非常认同杨浦区主要领导曾经说过的话："条件成熟了，想明白了，再开发建设，这才是科学发展的态度。"

有些事，真是急不得的。

第九章 陆家嘴·东外滩

陆家嘴高楼林立，日伴浮云、夜揽星辉，无疑代表着上海的高度，也最具现代大都市的魅力。

东方明珠广播电视塔、金茂大厦、上海环球金融中心、上海中心大厦……这些是耸立在陆家嘴滨江一带的标志性的经典建筑。经典到只要讲到上海，绝大多数人的脑海中都会浮现出这一组建筑画面，仿佛是上海的象征。

夜幕下的陆家嘴（陈宇辰 摄）

到浦东陆家嘴这种地方，自己开车的话七绕八拐，一不小心就会把自己迷失在钢筋水泥群中，停车更是件麻烦事。

于是便叫了滴滴打车。周末，车流不密，倒是十分顺畅。从东方明珠广播电视塔附近下车，兜了一圈，而后经过上海国际会议中心，往北，便是陆家嘴滨江地带。对岸，是百年外滩。

来得早，阳光却已铺陈在江面上，波光粼粼，随着细浪涌动，泛着金色的光，一闪一闪，也照耀在人身上。初春的风还是有点凛冽，虽说不是刺骨的那种，裹挟着一点寒意也不至于扰了游兴，却想着，如果是在温暖的季节，在夜幕暗沉中，看江中渔火，看两岸霓虹璀璨，是不是更有感觉？

在江边就这样走走停停，拍拍照，一直到老白渡一带，南浦大桥的雄姿清晰起来。两个多小时，算算，估计走了也有三公里多了。

东方明珠广播电视塔、金茂大厦、上海环球金融中心、上海中心大厦……这是耸立在陆家嘴滨江一带的标志性的经典建筑。经典到只要讲到上海，绝大多数人的脑海中都会浮现出这一组建筑画面，仿佛是上海的象征。而二三十年前，上海的象征是陆家嘴的对岸，那个叫外滩的地方，那里有着万国建筑博览群的美誉，有上海开埠以来积淀下来的厚重历史、"十里洋场"的灯红酒绿和风格迥异的建筑美学。

在外滩游览的人，把陆家嘴当背景，每一帧的构图往往是竖拍的，那些在游客眼中的风景太高大，太壮观，有着刺破天穹般的力量，虽然，很多人把陆家嘴的三大高楼戏称为"三件套"，打蛋器、注射器、开瓶器，但调侃之中却有莫名的自豪。而在陆家嘴滨江沿岸看外滩，欧陆风情扑面而来，既浸透着当年殖民者的贪婪，也饱含着上海人的奋斗，书写着上海城市近代化的历程。

陆家嘴高楼林立，日伴浮云、夜揽星辉，无疑代表着上海的高度，也最具现代大都市的魅力。它是伴随着浦东开发开放而引起世界瞩目的。作为首个国家级金融贸易区和新时期国家级战略经济带"长江经济带"的两大核心区（另一个是重庆江北嘴）之一，它是中国改革开放的符号和象征。有人说，相对于外滩而言，陆家嘴，代表着新上海。

是啊，历史演变过程中会有诸多的巧合，有时空间地域会有令人惊叹的重逢。一江两岸，一湾一嘴，书写下上海这座国际大都市百年风华；江水滔滔，东流不息，吟唱着浦江两岸充满生机活力的骄傲。

壹

在很小的时候，浦东于我而言，是三林塘，是陈行，是杜行，是鲁家汇。我外婆家就在陈行那个叫塘口的地方，紧靠着黄浦江。那时的上海，车少、地广、人稀，城区离我很远，我的眼里只有一望无际的田野；而我的世界又很小，从自己的家到外婆的家，虽然同在一个上海县，但因为隔着一条黄浦江，却要花上半天的时间，变得遥远起来。

所以，当走在陆家嘴滨江的观光平台上，徐老师问我，最早什么时候来过陆家嘴，来过浦东。我认真地想了一下。说，那应该是参加工作以后，但时间已经久远了，大概是 1992 年的秋天，已经时隔 30 多年。

那时的陆家嘴是一片繁忙的工地，到处是轰隆隆的打桩声。而我前来这里，是因为受北方一份刊物的约稿，采写浦东开发开放的报道。彼时，浦东新区还没有成立，正在筹备中，浦东还仅是一个地域概念，那块土地为黄浦区、南市区、杨浦区、川沙县、南汇县和上海县分属。采访持续了 3 天，我在陆家嘴一带来来回回地走着，鞋子上沾满了工地上的泥浆。回来后我

1900 年，从外滩远望，陆家嘴地区农田遍布，芦苇摇曳，一片寂静（资料图片）

写下了一篇名为《东进序曲》的通讯，刊发在该刊次年的第一期。

20 世纪 90 年代初，在中国，有两个地方特别引人瞩目。一个是浦东开发开放；一个是中国最大的经济特区海南岛建设。海南是在 1988 年 4 月被宣布为经济特区的，而我在 1990 年 5 月大学毕业前夕，在上海一家小报实习，只是因为感觉无聊，于是便申请前去海南采访，在岛上呆了整整一个月。那时十万人才下海南，全岛陷入了一种疯狂的投资和开发热潮，更有许多人前来寻找梦想，"种子炒熟了，丢在泥土里都能发芽"是当年描写海南特区最让人耳熟能详的诗句。我也有同学毕业后来到这里，他们豪情满怀地投入到"赶海"的浪潮中。

于是，在浦东采访的时候，我便在想，浦东会不会如海南一样，掀起一股开发的巨浪呢？黄浦江水比不得南海潮那般汹涌，但也有着一往无前的勇气。因为这块土地从来不甘寂寞，尤其是陆家嘴，拥有着得天独厚的地理位置，它注定会一鸣惊人，只是在等待一个时机，一个崛起的时机，一个扬名全国乃至世界的时机。

陆家嘴因明代翰林院编修、上海人陆深而得名，这里是他的故园和墓葬地。如今上海的两个重要地标都是与历史人物有关。除了陆家嘴，还有一个就是徐家汇，因是明代著名政治家、科学家徐光启家族的聚居地而得名。上海人的先祖特别实诚，在给地方取名时，常常这样直截了当。

陆家嘴原本是由黄浦江水长期冲刷形成的滩地。明永乐年间，夏原吉治水，叶宗行献策，经历了"黄浦夺淞""江浦合流"等疏浚措施后，最终形成了如今的黄浦江水系。闸港截流，江水自南向北与吴淞江相汇后，折向东流，潮汐逆流上溯，大量泥沙在如今的陆家嘴一带沉积。于是在东岸形成一块嘴状的冲积沙滩。

当时在上海县境内的黄浦江沿岸至少有周家嘴、曹家嘴、薛家嘴、夏家嘴、鳗鲡嘴、龙华嘴、高昌嘴、陆家嘴等地名，而如今，许多"嘴"的地名已经湮没，倒是陆家嘴的名声越来越响亮，最终成为现在上海最繁华

20 世纪 40 年代的陆家嘴（资料图片）

的区域。有人还从风水的角度解释,陆家嘴前方,正是"黄浦江龙脉"和"吴淞江龙脉"双龙汇聚之处,玉带环腰,双龙戏珠,想不发也难。这当然是戏言,但也从一个侧面说明了这里地理位置的优越。

清代后期,居于上海县陈行的乡贤,三林书院(后为三林中学)创始人秦荣光曾作过一首竹枝词:"浦流西自语儿泾,东尽陆家嘴汇停。计里中长逾六十,黄龙蟠屈一条形。"大意是,黄浦江从语儿泾至陆家嘴的那段在上海县境内,长约 60 里,河流弯弯曲曲犹如一条蟠龙。秦荣光竹枝词中所讲到的这条语儿泾就在我老家彭家渡附近,是黄浦江的一条支流,现在叫女儿泾,南端入黄浦江口处的一段恰好是现在闵行和松江两区的分界线。以前也是上海县和松江县的分界线。秦荣光还特地注明,黄浦江经闵行后,"经周家嘴直折北,经闸港、杜家行(即杜行)、周浦塘(周浦)、吴店塘,折东北为曹家嘴;三旦至薛家嘴;东北六里,为夏家嘴;北折六里,为鳗鲡嘴;东折六里,为龙华嘴;北折六里,为高昌嘴;抱城旋湾,西北流九里,折东为陆家嘴。实共六十四里"。这段话大致说明了黄浦江在上海县境内的流向。需要澄清的是,秦荣光这里所说到的周家嘴是错误的,应为邹家寺嘴,这个地方在现在的浦江第一湾处,对岸即为闸港,因建有"邹家寺"(原为南广福寺,又称大王庙)而得名,曾一度成为整个塘湾地区的地名。自"江浦合流"之后,这一带旱涝无忧,因此当地有谚称"三世修来邹家寺,干勿煞来没勿煞"。关于这些,我在《浦江第一湾》篇章中作过叙述。而周家嘴则原属宝山境内今杨浦区一带,军工路黄浦江边,如今保留有周家嘴路名。"邹"和"周"读音相近,估计当时因以讹传讹所致。

而关于陆深其人,秦荣光也有"竹枝词"专门写道:"邻簧高阁峙城中,后乐园当黄浦东;柱石俨山多胜景,陆家嘴没径蒿蓬。"词中提到的邻簧高阁、后乐园和俨山等同陆深有着莫大关系。

《松江邦彦图》之陆深像

贰

那陆深究竟是怎样一个人呢？

陆深（1477—1544），字子渊，号俨山，其祖籍为河南开封。作为古代最著名的上海人之一，他曾被明嘉靖帝称赞为"先代名臣"，在许多领域都有所建树。当然，同为上海人，但与徐光启家族名震遐迩相比，陆深家族的名气就逊色些了。相传，陆家的先祖系战国时齐宣王少子通的后裔，有称陆深的祖先是唐代著名文学家陆龟蒙。这其实都无从考证了。吴仁安先生在其所撰写的《上海地区明清时期的望族》一文中指出，著称于世的"文化世族"陆深家族，其祖先并非出自什么"文献之族"或"书香门第"。陆深的曾祖陆德衡于幼年时因其父陆余庆（即陆深高祖）不幸蒙冤身死，便离开了在魏塘马桥北庄的家庭，过着流浪生活（曾有学术著作把魏塘马桥误作为上海县马桥镇，这个笑话弄得有点大，这个魏塘马桥是指现在的浙江省嘉善县，我出生于上海县马桥，对当地人文历史还算了解，故有心查阅，不见当地有陆深家族记录，后再细究，才发现此中谬误。因这个说法越传越广，专此说明一下）。陆德衡年届三十二岁，才在浦东洋泾一户章姓人家入赘为婿。从此陆氏便定籍上海。当陆德衡卜居浦东时，左邻右舍十分藐视他这个"倒插门女婿"，经常地欺负他，但陆德衡却始终善意应付，从不与邻居争长论短，从而被当地人尊称为"长者"。加上其妻章氏也颇具妇道美德，夫耕妇织，勤俭持家，渐至小康。到了陆深祖父陆璿、父亲陆平的手里，由陆德衡草创的浦东陆氏田宅才逐渐扩充，并不断得到发展。陆深后来在其《古诗对联序》中称："余家自先曾祖竹居府君，卜居于黄浦东涯，已百余年，而子孙蕃衍，内外族人已千指。"十指为一人，千指就是百口人，也可理解为人多之意。

　　陆深自幼聪慧，家境富足也为他饱读经书提供了条件。明弘治十四年（1501）以应天乡试第一名（解元）中举，同榜的有昆山籍的顾鼎臣。第二年参加会试，"学霸"也考砸了。三年后，即弘治十八年（1505），29 岁的陆深再次参加会试，状元被顾鼎臣抢得，陆深名列二甲第一名，即为传胪（《明史》上如此记载，但在《行状》中，记录陆深为二甲第八名，当然这样的成绩也是相当不错），随后被选为庶吉士，在翰林院中担任编修。这份经历倒是和后来同为上海县人、同出生在黄浦江畔的明代书画巨擘董其昌十分相似，董进士也为二甲第一名，入翰林院，担任庶吉士。

　　就在陆深高中进士的这一年，年仅三十六岁的明孝宗朱祐樘死了，太子朱厚照继位，是为明武宗。登上皇位时只有十五岁的朱厚照只是个贪玩的孩子，哪里懂得治理国家，于是大权旁落到宦官刘瑾等人手中。刘瑾独断专行，作威作福，引来朝中众多官员的不满，其中自然包括翰林院。于是刘瑾干脆把这批翰林官全部谪放外任，图一个"眼不见心不烦"。而陆深被任命为南京主事这样一个无所事事的闲职。

正德五年（1510），刘瑾被诛，陆深得以官复原职，又先后被封为国子司业、祭酒，还曾担任经筵讲官，为明武宗讲授经史。在国子监供职期间，陆深培养了许多优秀人才，其中的代表人物便是日后官拜内阁首辅的夏言。不过陆深的仕途并没有就此一帆风顺，由于同礼部尚书、武英殿大学士桂萼意见不合，他被贬为福建延平府同知，之后先后担任过山西、浙江提学副使，后又被派到四川任左布政使。这是个属于从二品的官职，是明代一级行政区最高行政长官，相当于如今的省长。直到嘉靖十六年（1537），被召回朝廷出任太常卿兼侍读学士。

两年后，嘉靖帝明世宗自北京出发，南巡至自己曾经的封地承天府，陆深奉命随行左右，还得以执掌行在翰林院印。不仅如此，嘉靖帝还亲自提笔删去陆深官名中的"侍读"二字，加封其为詹事府詹事。

嘉靖十九年（1540），年届63岁的陆深致仕返乡，在黄浦江畔的陆家

1989年9月，浦东开发开放前的上海陆家嘴地区全景（资料图片）

嘴故里专心于书画、著述、藏书三大爱好。

其实，早在正德十六年（1521），陆深因父亲去世，丁忧回里，便想着从此退隐。而那一年，恰好是巡抚都御史李允嗣奉命主持疏浚吴淞江，不知他和陆深有没有交集。陆深在陆家嘴旧宅北隅购地，营造了一座名为"后乐园"的江南园林，兴建后乐堂、澄怀阁、小沧浪、四友亭、小康山径、望江洲、江东山楼、俨山精舍、柱石坞等建筑，四周种植杨柳。他在浦西县城中的府第位于四牌楼，名为邻黉阁，取近旁文庙之义，后来人们就习呼那一带为陆家宅，之后又有了一条陆家宅路。据说从浦西楼阁上远眺浦东陆家嘴的后乐园，一望如画。后乐园取意于宋范仲淹名句"先天下之忧而忧，后天下之乐而乐"，以示其虽"居庙堂之高"，亦不敢忘天下之忧。陆深在宅外运土筑五道高冈，长数里，"望之者俨然山也"，于是干脆自号"俨山"，他的文集也取名为《俨山集》，还有《俨山续集》《俨山外集》等。他退隐之后著述宏富，留下了 32 种近 180 万字的传世著作，《四库全书》中收录陆深著作达 21 种，人称"陆祭酒俨山最为博雅"。

陆深还是一位优秀的书法家，主要仿效唐代书法家李邕和元代书法家赵孟頫，与此同时其作品又具有浓厚的个人特色。夏言曾盛赞陆深书法："文裕书法妙通钟、玉，比之赵松雪而遒劲过之。"当然，这里还有点学生对老师的溢美之词。如今，他的真迹传世者不多，代表作《瑞麦赋》被珍藏于北京故宫博物院，上海博物馆和豫园也有几幅真迹。

陆深居官为名臣，在野为名士。嘉靖二十三年（1544），他在家中去世，朝廷追赠礼部右侍郎衔，并赐谥"文裕"。随后，此时已经官居内阁首辅的夏言亲自为昔日恩师题写墓志铭。后来陆深夫人梅氏的墓志铭则是由出生于华亭县的首辅徐阶撰写。这位梅氏也是一位深明大义的女性。嘉靖三十二年（1553），上海嘉定、宝山等地遭到倭寇登陆突袭，不久倭寇即成聚众数千、连舰数百之势，城内居民几无宁日。此时陆深已去世，梅氏听闻上海要筑城抵御倭患，毅然决定捐田拆房，为修筑小东门助力，后人为了纪念她，亦称小东门为"夫人门"。

陆深去世后，他一手辛苦打造的后乐园由其子陆辑经理。后来因为倭患，陆深后人为避灾祸，举家迁往浦西，后乐园从此颓废。到了清代，已经是遗址无存。早前，上海的各路专家作过多番寻访，只能猜测大约是在烂泥渡路附近当时海兴路离陆深墓地不远的地方。而陆深的墓曾是浦东的景观之一，墓地有牌楼、甬道、主墓、祠堂等，甬道两侧有翁仲、石马、石羊等，墓前有赑屃驮一石碑，正面为"明礼部右侍郎陆文裕公墓"，反面镌刻陆深生平事迹。1970年浦东挖防空洞时，陆深墓也被挖了，当时的文博研究人员听说后赶过去，好歹抢救了些文物，由上海博物馆收藏。

如今，在陆家嘴，关于陆深及其家族的遗迹已无，但陆家嘴这个地名能够流传下来，且成为浦东、上海乃至全国的一个地标符号，对陆氏一脉而言，足可骄傲。

叁

毗邻黄浦江畔，两面环水的陆家嘴，是上海国际金融中心的核心功能区。

人们把陆家嘴形容为"金融城"。它是众多跨国银行的大中华区及东亚总部所在地，集聚着5500余家各类金融机构，其中大量是民营和外资企业，大楼上那些在全球金融界响当当的标识一眼就能辨认；工农中建交五大行，招商、华夏、上海、民生等股份制银行，花旗、汇丰、恒生、东亚等外资银行，国寿、平安、太保、太平洋等保险巨头，以及散落在国金、

东方明珠广播电视塔入口处（徐晓彤 摄）

金茂、环球等楼里的证券公司、基金公司等诸多金融机构，还有上海证券交易所、上海期货交易所、上海金融期货交易所、上海石油交易所等13个功能性要素市场集聚。金融功能在此高度汇集，仿佛能听到上海国际金融中心跳动的脉搏。

在陆家嘴，那鳞次栉比的建筑，竖看是一幢幢摩天楼，横过来看一幢楼便是一条金融街。在这里，亿元以上税收楼宇已突破100幢。仅金茂大厦和上海环球金融中心的建筑面积，就超过了外滩沿街所有老建筑面积总和。如果以全部高层建筑体量计，则超过外滩建筑群10倍以上。在250幢高楼大厦里，共有50余万白领在勤勉工作，其中集聚了"银证保"持牌机构800多家，约23万金融从业人员。

我现在的一位同事，曾经是这23万金融从业人员中的一员。她毕业于名校，学的专业与金融浑身不搭界，但被陆家嘴所吸引，于是应聘进入了汇丰银行上海分行，在那里工作了五年。"陆家嘴是年轻人的世界，有青春梦想的追逐，有的人在这里游刃有余，实现了价值，但也有人碌碌无为。"她说。汇丰的办公地在国金大厦，从会议室的落地窗看出去，便是著名的"三件套"，或许在这样的环境中工作，虽然辛苦，但似乎有了坚持下去的动力，也对得起每天要花费 60 元吃顿午餐。她之前家住黄浦，后来嫁到闵行的颛桥，每天来回近 4 个小时的通勤压力让她吃不消，加之有了孩子，"体力和精力都拼不过一波又一波新来的年轻人了"，于是选择辞职。因为怀有对文学的热爱，与我做了同事。

不过，她还是挺怀念在陆家嘴上班的日子，走在绿树红花掩映的大街小巷，倚在滨江观景平台的护栏上，手捧一杯热腾腾的咖啡，而东方明珠塔前永远是游人如织，高低错落的球体从空中串联到如茵的绿草地上，构成了唐代诗人白居易笔下"大珠小珠落玉盘"的绝妙意境；金茂大厦的外观造型宛如修长精美的密檐式宝塔，蕴含着中国传统文化的意蕴，又似一把淡蓝色的宝剑，直冲云霄；还有外观造型简约流畅的环球金融中心、陆家嘴核心区超高层建筑群的收官之作上海中心大厦，与陆家嘴其他标志性建筑一道，共同勾勒出优美的城市天际线，展现着浦东开发开放的成果和陆家嘴金融贸易区的时代风貌。"有一种高级感，时尚和摩登扑面而来，很骄傲。"同事说。

说到东方明珠广播电视塔，倒让我想起了太原理工大学原党委书记郑强教授的评价。他有次在上海某高校演讲时说，东方明珠塔毫无文化内涵可言，花费钱财登上去游玩，只能看到一文不值的烂水泥，离开东方明珠塔以后，什么知识也学不到。郑强教授是位化学家，但同时也是位极具个性的学者，常常语出惊人、观点犀利。在他看来，人们来到上海有很大概率会选择参观一下东方明珠塔，人人都知道东方明珠塔宏伟壮观，却没有人能够说出它的文化内涵。因此"它也只能算是现代文明下必然会诞生的

1980 年的烂泥渡路，即今天的陆家嘴环路（资料图片）

1988 年，陆家嘴烂泥渡路充满了烟火气（茅正元 摄）

建筑作品"。可是如今很多人却把东方明珠塔当作上海的名片，是这座城市的标签，这让郑教授很不理解。他认为，在中国，像长城、故宫这些经受了岁月洗礼的传统建筑，才是中华民族上下五千年的倒影，才值得世人去参观，并且永远铭记在心。郑强教授的这番话引起了众多反响，有赞同的，也有反对的。有人认为他的话太绝对了些，文化不单单是历史的产物，还是时代的见证，东方明珠塔代表的是上海的高度，体现了当代建筑成就，是技术和艺术的结晶。有人则认为，郑强教授想通过东方明珠塔的例子，引导同学们多注重了解内涵，对现代城市建筑有所反思，在美学上有所提升。仁者见仁，智者见智。集观光、展览、餐饮和广播电视发射为一体的东方明珠塔，从 1994 年 11 月 8 日建成后，就因其外观的独特性饱受争议。每个人的审美不同，实属正常。你即便说它"丑"，也阻挡不了蜂拥而来的游客，节假日里就算排上一两个小时的长队，都要登塔一观，否则游览陆家嘴便似乎有某种缺憾。

1987 年，从浦西一侧东望浦东陆家嘴（资料图片）

同事是 1989 年出生的，次年，即 1990 年 4 月 18 日，时任国务院总理李鹏在上海宣布党中央、国务院同意上海加快浦东地区的开发、在浦东实行经济开发区和某些经济特区的政策。从这一天起，浦东的历史翻开了绚丽的一页，而中国的改革开放也翻开了新的一页。陆家嘴在浦东占据着黄金地理位置，也是曾经工业化起步最早的地区，于是当仁不让地成为浦东开发开放的前沿阵地，在总体布局中始终占据龙头地位。所以，当二十多年后，我的这位同事在国金大厦宽敞明亮的办公室工作时，只能在图文和视频中了解和发现旧日时光中的陆家嘴。她可能想象不出，她所走过的寸土寸金的银城中路，曾经的名字叫烂泥渡路，周边是一片危棚简屋。正如我朋友谢国平在其著作《中国传奇：浦东开发史》中所描述的那样："睡眼惺忪的人们纷纷把木制的马桶拎出家门，由清洁工将粪便倒了，然后哗哗地刷。路边还不断地弥漫出呛人的煤烟，那是人们点燃煤炉，生火做饭，之后匆匆赶去上班。"

谢国平是《浦东时报》原副主编、《浦东开发》杂志原主编，除了《中国传奇：浦东开发史》外，还出版过《财富增长的试验：浦东样本》《浦东故事：这样的梦想更中国》等著作。前些年我受谢国平之邀，担任《浦东开发》专栏作家，与他相聊甚多，说他是浦东开发开放的见证者、参与者、记录者当之无愧。我刚认识他时，他还是《每周广播电视》的编辑，就在浦西外滩的北京东路 2 号上海电台工作。因为工作原因，他常常要去一江之隔的浦东，那时的浦东十分"落乡"，两岸的经济和社会差距很大。他曾经写过一句非常伤感的话："黄浦江母亲河，有点偏心，她在奔向大海的途中弯了一下腰，她把繁荣给了浦西，落后给了浦东。"

早在清嘉庆年间，上海人施润就有诗曰："一城烟火半东南，粉壁红楼树色参。美酒羹肴常夜五，华灯歌舞最春三。"上海一半的灯火集中在老城厢东南角的黄浦江边上，那里人口稠密、商业繁华、茶楼酒肆鳞次栉比，是灯红酒绿、莺歌燕舞的声色之地。而与浦西的繁华相比较，浦东的滨江之地显得十分冷清。

从1892年拍摄的照片中可以看到，从浦西的救火会瞭望塔看浦东，那时的陆家嘴还是一个滩涂，稀稀落落有了一些码头和仓库；再看1990年5月的照片，虽然已过了百年之久，浦西是高楼林立、万国建筑，但浦东陆家嘴除了沿江地带有一些工厂、码头、仓库，往里则是农田一片，阡陌纵横，鸡犬相闻，夏天还能"听取蛙声一片"。

从历史溯源，由于当时上海县城设在浦西，上海开埠后，西方列强纷纷逼迫清政府强辟租界，逐渐成为浦西新的政治和商业中心。一时，大量的冒险家游荡在上海租界，还有大量资本投入，城市化进程加快，推动上海县城迅速成为中国最大最重要的商贸中心。从某种意义上说，城市化进程即是工业化进程，浦西尤其是租界引进的西方先进技术大大高于浦东，浦东和陆家嘴地区的城市化进程大大落后于浦西也就不足为奇。

当然，最重要也是最基础性的还是因为黄浦江的阻隔所带来的不便。从船民摇舢板船，再升级到机动船、渡轮，无论如何都满足不了两岸的来往。正因为缺乏便捷的交通设施，大大阻隔了资本、企业投资和人员流入。一些有识之士曾设想在浦西和浦东之间建设桥梁或越江隧道，但均因种种原因无疾而终。

肆

如果从非官方表述来看，陆家嘴有"大小"之分 。小陆家嘴即为面积仅1.7平方公里的陆家嘴滨江核心区，即紧靠黄浦江东岸的一片区域；

大陆家嘴则为陆家嘴金融贸易区，范围包括内环线浦东段与黄浦江的围合部分，面积为 31.78 平方公里。这是浦东开发开放以来沿用最广泛的陆家嘴区域范围。

早在 1986 年 10 月 13 日，获得国务院批复的《上海市城市总体规划方案》中，对开发浦东提出了一系列具体构想，特别对陆家嘴区域作了定位："将划出一定地段发展金融、科技、文教、信息和商业服务设施。在陆家嘴附近将形成新的金融、贸易中心，成为上海市中心的延续部分。"

而浦东，其含义在各种史籍记载和社会民间也有广义、狭义之分。在广义上，它泛指黄浦江以东的大片地区。从狭义上说，在不同的历史时期，它的含义不尽相同。当明初范家浜开浚和黄浦江水系基本形成以后，浦东的中、南部属上海县高昌乡和长人乡所辖，北部属嘉定县的高桥乡所辖，"浦东"之名开始使用时的含义是指上述三乡的土地。到清雍正初年析长人乡置南汇县，析嘉定东境置宝山县，以后又析上海县东境置川沙抚民厅以后，"浦东"广义上是指上、南、宝、川三县一厅在黄浦以东的土地，但狭义上却主要是指上海县在黄浦东岸高昌乡的二十二、二十三、二十四保和长人乡的二十一保等地。

鸦片战争以后，在外国侵略势力的渗透下，浦东沿江地区首先发生重要变化，于是"浦东"狭义所指就是这沿江的狭长地带了。清末民初许多记载都指出了"浦东"这一概念的新含义："浦东者，即黄浦江之东岸也，南自白莲泾港，北迄杨树浦路之周家嘴对岸，绵延十数里。"（《旅沪指南》，1909 年）这个狭长地带为黄浦江所阻，但北、东、南三个方向是在继续发展的。到 20 世纪 20 年代末，浦东的范围至少北面已扩展到了东沟："浦东在黄浦的东岸，北起东沟，南至白莲泾，延绵十余里。"（韦息予：《上海》）到今天，"浦东"的范围更比以前宽广，一般认为，浦东广义的范围包括浦东新区全境，涵盖了历史上的川沙、南汇两县（区），以及闵行区的黄浦江以东地区（即浦江镇、浦锦街道）；狭义上的范围一般则指高桥至杨思一线的黄浦江以东近岸区域及其邻近地区。

浦东沿黄浦江的滨江岸线全长 45 公里，是上海滨江岸线最长的一个区。百年来，其精华一段还是属于距吴淞口 25 公里的陆家嘴区域。浦东人把这里称为东外滩。前段时间，浦东新区政协学习和文史委原副主任、浦东新区作家协会主席张坚先生知我在写黄浦江，特地送给我他们政协主编的《近代东外滩》一书。这本书出版于 2013 年，后记中有这么一段话："在浦东近代史上，东外滩的地位极为重要。从 1843 年上海港开埠，至 1949 年的近一个世纪时间内，东外滩是各派政治力量及中外资本的必争之地，是浦东第二次大移民的重点吸纳地，浦东最早城市化的标志性地区。"

有意思的是，杨浦区把所在的沿江区域也称之为东外滩，西起大连路，东至复兴岛。外滩，于上海而言，确实是对外宣传城市形象、展示城市魅力的金字招牌。黄浦区把外滩风貌区作了整合，提出了外滩源的概念，其"正宗"地位不可捍动，别人是抢也抢不跑的；虹口区提出了北外滩的概念，一座外白渡桥隔开了黄浦和虹口，两个世界，但"上海北外滩，浦江金三角"的宣传也颇具气势；再往东就是杨浦区了，或许杨浦一看虹口提出了北外滩概念，那从地理位置上看，自己无疑就是东外滩了。而且这里值得发掘、宣传的人文历史的确还是很多的。徐汇区虽然没有跟风，说自己是西外滩，但近年来徐汇滨江打造"上海西岸"颇有起色，获得了一定的知名度。当然，这仅是我的臆断，不作为凭。

这些是题外话，但由此可见，对于黄浦江沿岸滨水地区这种特殊的地理位置，各区都有了共同的认识，都想打好这张"滨江牌"，闵行、宝山、奉贤，甚至松江，虽地处郊区，但也不甘落后，希望在滨水地区做足公共

1992 年，外滩眺望陆家嘴（茅正元 摄）

空间的文章，以高品质公共空间为引领，推动深度开发。

话题回到浦东东外滩。

浦东沿江地区，自古以来河流纵横，有高巷浜、谢家浜、东洋泾浜、陆家嘴港等。明末清初，境内西南和中部有散居渔民，后来形成彭家宅。清乾隆年间，为防汛和抵御咸潮筑有护塘，塘外为荒滩，塘内有护塘沟，江苏等地船民来此定居，逐渐形成杨家渡、喻家门、花园石桥、冶坊桥等自然村宅。清嘉庆年间形成王家门小村落。清道光年间又形成张家堰、吴家弄、姜家弄等自然村落。

当 1863 年英租界和美租界合并为公共租界时，租界当局将控制的浦西岸线迅速推展到杨树浦以北。在这前后，他们又将势力伸向了觊觎已久的对江浦东，英、美、法、日、德等国，在并不属于租界范围的浦东抢占岸线，先后辟建仓库、码头、堆栈、工厂等。清政府则建立轮船招商局，并在烂泥渡建北码头，在陆家嘴设立南栈房。英商在烂泥渡建太古栈。而在陆家嘴有法商永兴栈，德商瑞记洋行火油池等。陆家嘴沿江先后建起英商祥生铁厂、日商黄浦造船所、日华纱厂、英商茂生纱厂、英美烟草公司等。民族工商业也在此兴办天章造纸厂、燮昌火柴厂、鸿翔兴船舶修造厂等。烂泥渡地区商业渐趋繁荣，大宗家用器具、砖瓦竹木等建筑材料，各类土特产等均以此为集散地，逐渐形成商业街。

其时，浦东沿江码头所占的岸线已大大超过浦西，据 1921 年公布的数字，浦东的普通货物码头全长 21690 尺，特别货物码头 9250 尺，而浦西的普通货物码头全长 13550 尺，特别货物码头全长仅 1050 尺。浦东码头净超浦西码头长度 16340 尺。浦东的码头仓栈一般纵深较大，又有腹地可以疏散，因此码头仓栈的面积远远超过了浦西。1906 年至 1926 年间，主要码头仓栈已达 37 个。

1989 年，南码头煤炭装卸区（茅正元 摄）

浦东的这种沿岸经济发展，也打破了昔日沿江地区村舍簇立、阡陌纵横的乡村景致，伴随着村落一批批消失，开始向城市化发展。

码头经济成为浦东的一大景观，更吸引了大量贫困的江苏、安徽、山东等地的农民，他们举家划着小舢板来到浦东，上岸后船底朝天当屋顶遮风避雨。有的连船也没有，找点芦席稻草竹竿，搭个草棚，作为栖身之所，俗称"滚地龙"。沿江码头、仓库、工厂外围几乎全是草棚和"滚地龙"，形成了一个个棚户区——城市中的贫民窟。

芦苇丛生的江滩，满目是搁浅的遇难船只残骸和漂浮的杂物，还有木桩和水坑。生活在贫民窟的居民抬首可望黄浦江对岸外滩高楼摩天，霓虹闪烁，自己却蜗居在"滚地龙"中，或与月光或与油灯厮守相伴。夏日里，江滩上暑热难挡，而冬季，西北风同样呼啸肆虐。

伍

浦东沉寂得太久，像旧时代的小脚老太太迈不出步子。

百年来的码头经济并没有有力地推动浦东的发展，尤其是沿岸一带的建设。近现代一批有识之士心急如焚，为地方兴利除弊，发展经济、交通、教育和社会改革等方面，作出了各种努力，希望推动浦东走向现代化的步伐。熊月之先生在《百年浦东同乡会》一书的序中写道：在一些出生浦东引领城市潮流的浦东人身上有着"浦东意识"和"浦东情结"。他指出："在先进的浦西，活跃着一批出生在浦东、引领着城市潮流的浦东人，诸如李平书、穆藕初、杨斯盛、黄炎培、杜月笙等。他们睹物思乡，油然而生一种浦东意识。这种意识，是城市化、现代化的意识，是不甘落后、见贤思齐的意识。"而这种意识本质上就是一种开放意识。

　　1918年6月，中国民主革命的伟大先驱孙中山先生暂居上海，思考着中国的未来，他著书立说，希望能"启发国民"。他写就《建国方略》一书，构想了中国建设的宏伟蓝图。其中也涉及浦东，认为："在我计划，以获利为第一原则，故凡所规划皆应严守之。故创造市宅中心于浦东，又沿新开河左岸建一新黄浦滩，以增加其由此计划圈入上海新地之价值，皆须特为注意者也。"

　　1927年7月7日，上海特别市成立，之后开始制定"大上海计划"，分析认为："浦东方面，目前仅沿江路有码头，其余大部分均为农田。其地位与租界仅一江之隔，而地价之高下悬殊"，"将来交通方面，苟有圆满解决办法，则异日浦东之发展，诚未可限量"。由于财力有限，以及抗日战争爆发，"大上海计划"胎死腹中，浦东仅仅修成了一条浦东路，与黄

1997年，从东方明珠电视塔上俯瞰（吴建平 摄）

1999年，世纪大道在铺路（资料图片）

浦江走向平行，全长 17 公里，号称当时浦东最宽的路，但仅为 10 米。其中一段现为浦东大道。

抗战胜利后，1946 年上海市政府为指导战后城市建设而开始编制"大上海都市计划"，但无论是初稿还是二稿，都坚持"浦东地区宜发展为一农作地带"的观点。

1949 年后，陆家嘴地区的东昌路成为浦东沿江地区最繁荣的一条商业街，有各种商店和电影院等文化娱乐场所。而一直到 20 世纪 80 年代中期，浦东最高建筑物仍是建于 1954 年、高度只有 26 米的东昌路消防瞭望塔。站在 8 层的瞭望塔上，就能把浦东尽收眼底。80 年代中后期，"过江难"日益严重，没有大桥、地铁，只有一条隧道，而两岸企业的越江运输难度更甚于普通居民，高峰时非常拥挤，车辆渡前每天车流长龙，有时过一次江需排队等候十来个小时。一旦遇大雾天，矛盾更为突出。城市化建设落后，道路狭窄，等级很低，直到 1990 年底，这么大的一个地域，仅有公交线路 48 条、出租车 35 辆。而在公共文化卫生设施的配套上，更是令人汗颜，浦东没有一家三甲医院，甚至学生购买稍微多一点的复习资料也要去浦西。因此，那时尽管上海人住房十分紧张，却坚持"宁要浦西一张床，不要浦东一间房"。这是一种无奈和心酸，也道出了人们对浦东的直观印象。

1990 年的春夏之际，当中央宣布浦东开发开放；当上海市浦东开发办公室在黄浦区浦东文化馆的一幢两层楼房前挂牌，于是，上海、中国乃至世界的目光投向黄浦江畔的东侧，投向了那块 1700 多年前从海水里浮出来的广袤的土地。有期待，有疑惑，有观望，更有毫不掩饰的不相信和看笑话的。西方媒体和一些政治势力都说这是中国的一个政治表态，是一个口号，不是一个实际行动。当时，诺贝尔经济学奖获得者弗里德曼来过上海，说浦东开发可能是"波将金村"。沙俄时代，俄大臣波将金为了使女皇叶卡捷琳娜对他领地的富足有个良好印象，在女皇必经的路旁建起一批外表华丽的假村庄，以糊弄女皇。之后，"波将金村"成为大骗局的代名词。

谢国平在写作《中国传奇：浦东开发史》时，曾采访到一个小故事：浦东开发以后，浦东新区管委会一位副主任，有一次带了一位投资者到外高桥去考察，告诉投资者在那个地方将建造万吨级的码头，还告诉他将建立保税区。投资者一看，那里一片滩涂，稀稀拉拉的芦苇。投资者傻眼了，怀疑这位副主任是不是在忽悠他。但事实上，经过短短十多年的建设，这里已成为中国最大的保税区的集装箱码头。

浦东究竟应怎样开发？上海人并没有经验，但是有理念。

第一是不搞特区搞新区，就是不把浦东搞成一个相对独立的经济体，否则不仅无法解决浦西的城市功能重塑问题，而且离开了浦西的城市功能依托，浦东开发不可能成功。深圳特区成立时是用铁丝网隔离开的，但如果浦东也这样做，很有可能将资金流物流人流分割。

第二是不搞经济技术开发区搞功能区，就是不单纯搞工业，而把上海整体经济中较适合浦东发展的一些功能放在浦东，推动上海城市空间布局和产业结构调整。所以，上海后来向中央汇报，希望利用浦东开发来"东西联动，再造中心"。这和经济特区不一样，经济特区一般都有强大的资源吸入功能，新区则要释放能量。

1992 年 10 月 11 日，国务院批复设立上海市浦东新区。名称不一样的背后，意味着浦东和深圳发展模式的迥异。不搞"特区"，意味着浦东开发建设将不倚重国家给予的特殊政策，而是靠新思路、新理念和新的发展。更重要的是浦东开发不只是浦东本地的事，事关整个上海乃至长江流域和全国。

1999 年，农历新年第一天早上，住在东昌路一带的居民们在走亲戚之前化妆（吴建平 摄）

2000 年，东宁路上正在搬家的男子将电视机搬上车（吴建平 摄）

　　浦东开发吸取了过去上海"摊大饼"式的城市发展教训，以城市的功能分区域，把金融、贸易等放在黄浦江边的陆家嘴地区，出口加工放在金桥地区，港口吞吐、物流仓储放在黄浦江入海口的外高桥地区，高科技放在张江。

早在 1990 年 12 月，上海市政府召开浦东新区总体规划审议会，就已经计划先从黄浦江边的陆家嘴金融贸易区开始，打造一个中国与世界、现在与未来相融合的上海新标志地区。这也是第一个经中国政府批准设立的金融贸易区。

1991 年 2 月 18 日上午，中国改革开放的总设计师邓小平兴致勃勃地登上了新锦江大酒店 41 层的旋转餐厅，一边透过明亮的玻璃窗眺望上海，一边嘱咐身旁的朱镕基市长："金融很重要，是现代经济的核心。金融搞好了，一着棋活，全盘皆活。上海过去是金融中心，是货币自由兑换的地方，今后也要这样搞。中国在金融方面取得国际地位，首先要靠上海。那要好多年以后，但现在就要做起。"这是邓小平对百年中国金融史的一个高度概括，也是对上海建设成为国际金融中心的一个历史重托。而陆家嘴，

黄浦江游览售票车（卓孝辉 摄）

此时正在推土机的轰鸣声中改天换地，肩负起了这个历史责任。

浦东开发开放之初，邓小平便对上海提出要求："思想要更解放一点，胆子更大一点，步子更快一点。"进入改革开放新时代，习近平总书记强调，上海要"大胆试，大胆闯，自主改"。正因为如此，浦东开发建设者就有了一种敢为人先、锐意进取、奋发有为的精神状态，逢山开路，遇水搭桥。

如今浦东新区已是"三十而立"，划下了浦东开发开放的时间刻度，也是浦东奋力推进新时代改革开放再出发的时间间隔，其间，浦东开展大规模高起点的基础建设，试验一大批可复制可推广的经验，经历过"危机"中升级，也提出"二次创业"注入新动能。承载着"三个区"的使命，即第一个国家级新区；第一个全国综合配套试验区；第一个中国自由贸易试验区。"浦东发展的意义在于窗口作用、示范意义，在于敢闯敢试、先行先试，在于排头兵的作用。"

大变样，这大概是浦东上演最多的故事。浦东经济爆发式增长。1990 年，浦东地区总产值为 60 亿元人民币，2022 年为 16000 亿元，增长 250 倍之多，占上海比重达到 35.9%。

浦东是一个说来神奇的梦幻，也是个历经百年印证而成为事实的预言。它不仅实现了自身的巨变，也带动了浦西，就像一个马力十足的引擎，驱动着上海快速发展，带动着整个长江流域，共同经历了中国经济增长的黄金时代。

陆

陆家嘴，是浦东开发开放的标志，更是城市前沿空间。

临江的核心地带，那一幢幢别具风采的建筑，突出了自然景观形态的维护和强化，加强了高耸感，时代感，使城市产生了一种强烈的整体视觉意向和统一的韵律，成为新上海的标志性景观，给城市景观轮廓线带来了崭新的变化。这些独特的城市视象，与浦西外滩交相辉映，增强了海内外对新上海的认同，也带来了对于上海独一无二概貌的可识别性。

浦东滨江，也就是浦东东外滩，以"五彩滨江"的规划理念，正在打造成世界级的滨水复合功能带和"世界会客厅"。2015 年，浦东率先启动了黄浦江东岸公共空间贯通开放工作。2017 年底，滨江 22 公里贯通，共建成 2.2 平方公里的滨江公共空间。最著名的便是 22 座望江驿和"骑行—跑步—漫步"三道合一的绿地通行系统。到 2025 年，浦东滨江将实现新增滨水贯通岸线 7.3 公里。

从前滩、后滩、世博公园的浪漫芦苇滩，到陆家嘴滨江大道的摩天大厦，再到上海船厂、民生码头筒仓的工业遗存，自然与人文，历史和现代，交相融合。一路江水一路风景。

当然，要说遗憾，不是没有。陆家嘴滨江一带，都为高楼林立的商务区。规划时为保证交通畅通，区间道路大多宽阔，缺乏可漫步、可亲近、可阅读的街道意味，坦率地说是没有烟火气。尽管有着大面积的广场和公园，但公共空间的数量对城区的支持力度是不够的。同济大学建筑系蔡永洁教授和徐凯博士，曾组织团体，对陆家嘴更新改造作过专门研究，并于 2021 年 8 月出版了《再造陆家嘴》研究成果集，提出了陆家嘴中央商务区繁华背后的弊病，认为需要"扩容"和"提质"，增加"城市细胞"的活力。"人是万物的尺度，如果城市的尺度和人的尺度失去联系，那么城市必然变成'陌生的''冷漠的'和'遥远的'。好的城市是充满'烟火气'的，'烟火气'从哪里而来？是霓虹灯的闪烁，是街道上的人流穿梭，是窗户里的万家灯火，它们让那些巨大的城市建筑变得充满人情味儿。"而这些

立新船厂万吨级远洋船舶上的巨大铁锚已成为江边风景
（徐晓彤 摄）

浦东滨江新建的望江驿（汪思毅 摄）

正在游览陆家嘴滨江的外国人（徐晓彤 摄）

滨江步道旁的由隆花园（徐晓彤 摄）

陆家嘴滨江（汪思毅 摄）

正是陆家嘴目前所缺乏的，没有被称为"日常"的空间，夜幕下建筑很美，车流如织，但沿街没有散步的三五人群，繁华之城缺了最需要的一面。

这倒让我还想起了另外一件事：上海滩有一位从事商业的文化人李大伟。2009 年，他写过一篇文章，大体意思是，在陆家嘴金融中心，汇集五湖四海人才，人际交流应该说普通话。如果只会说上海话，说明没有受过系统教育；如果会说普通话，存心只说上海话，那是没文化的表现。结果被粗暴地歪曲为"说上海话没文化"。李大伟原本自己就是上海人，自然不会看不起家乡话，但他的文章被人断章取义后，引起轩然大波。他被人肉搜索，店铺地址被挂在网上，毕业照被搜出，弄得他不胜其烦。但他实在想不通错在哪里。或许，在某些方面，我们还是太脆弱了些，连善意的批评都接受不了。

那天，和徐老师漫步在陆家嘴滨江水岸。走到立新船厂旧码头的巨锚装置处不远，空地上见一精神矍铄的老者穿着练功服，正在对一个手里拿着剑的七八岁的小男孩说："练武最重要的是什么，是要有'精、气、神'，没有'精、气、神'，什么事都干不了。"

我和徐老师相视一笑。

第十章　那年，和世博有个约会

如何最大程度发挥世博会对上海城市发展的推动作用，让世博会既能产生"有形遗产"，又有"无形力量"，世博会园区选址是关键。最终选择南浦大桥与卢浦大桥之间上海城市中心的黄浦江两岸区域。这是将黄浦江两岸开发和上海城市发展与改造相结合的最佳方案。真正"缝合"了黄浦江两岸，成为上海城市发展的一个新引擎。

世博会上的快乐小白菜（选自《上海世博会志》杨焕敏 摄）

有些事常常因一个小小的偶然而改变。

2009 年 8 月，刚刚被录取为上海大学新生的裴琳琳，怀揣着对大学生活的期许和向往，参加学校组织的新生军训。没过多久，一条消息在校园内传播——为顺利完成 2010 年上海世界博览会的安保任务，武警上海总队拟从上海 60 余所高校征召在读研究生和大专、本科生女兵，负责世博会期间的安检、礼仪、引导等工作。

裴琳琳和同一寝室的三个女生几乎没有多想，全都去报了名。通过一系列严格的体检、政审，她和另一个女生竟然被选上了。10 月，收到了正式入伍通知书，11 月 10 日，她作为 2000 名世博女兵的一员，乘坐着大巴抵达了位于闵行区浦江镇的武警上海总队女兵训练管理基地，从此翻开了人生的另一页。

十多年以后，裴琳琳作为我的同事，和我聊起这段人生经历时，还有那么一丝激动。她笑着说，当时报名，完全是带着一种"轧闹猛"的心态去的。看到周围的女同学那股踊跃的劲头，心想自己刚成为一个大学生，也不能落后啊，选得上选不上暂且不论，态度首先得端正吧。成为世博女兵后，裴琳琳在军营里待了 14 个月，除了训练，便是在世博会现场执勤，直到 2010 年 12 月退役，重新回到上海大学读书。"大一只读了一个月，转眼就成大二生了。"这样的事情发生在自己身上，她至今觉得挺不可思议的。但令她骄傲的是，这是共和国历史上第一次因举办一场活动而如此大规模地征集女兵，自己有幸能成为其中的一员，可以回忆到老。

"城市，让生活更美好"——事实上不光是像裴琳琳等亲身参与到当年上海世博会各项组织工作里的人记忆深刻。90 后以上的人也都难以忘怀那届盛会，不能忘却的还有那蓝色的海宝，那时上海这座城市的大街小巷里到处晃荡着它的身影。

2010 上海世博会是中国首次举办的综合类世界博览会，更是新中国成立以来举办的规模最大、持续时间最长的国际活动，可谓举国关注，举世瞩目。百年梦想，十年努力，八年筹办，184 天举办，以一届"成功、精彩、难忘"的盛会载入世界博览史册。

世博会的理念之一是通过办会带动城市复兴。或许，大多数的普通市民并没有关注到世博会最终选址于南浦大桥至卢浦大桥之间的黄浦江两岸地区的特殊意义，而该选址恰恰在最大程度上体现了世博会对一个城市的影响和带动作用。2002 年初，上海黄浦江两岸综合开发正式启动，世博会选址正好位于这一规划区域内。通过举办世博会，置换沿江工业用地，打开沿江岸线，大力推动了黄浦江沿岸的功能调整，对上海城市未来的转型发展意义重大。

世博会给了黄浦江一次机会，也给了黄浦江一个使命。

壹

"2010 年世界博览会举办地是——中国上海！"

2002 年 12 月 3 日，在欧洲地中海之滨的摩纳哥，一个叫蒙特卡洛的城市，国际展览局正在这里举行第 132 次成员国大会，89 个成员的代表经过 4 轮无记名投票，最后，国际展览局主席诺盖斯庄严宣布，中国上海在激烈的竞争中胜出。

顿时，会场内外一片沸腾，五星红旗徐徐展开，"中国上海""我们胜利了"的欢呼声此起彼伏。此前一年，2001 年 7 月 13 日，在俄罗斯莫斯科举行的国际奥委会第 112 次全会上，北京申办奥运会成功，中国接连赢

2002 年 12 月 3 日晚，中外人士在上海新天地庆祝申博成功（选自《上海世博会志》郭长耀 摄）

得两次全球顶级盛会的举办权，标志着中国经过 20 多年的改革开放，经济社会持续发展，综合国力不断增强，国际地位显著提升，国际社会广泛认同。

北京申奥成功，让世界的目光投向了我们的首都北京；而获得世博会举办权，人们再一次发现，中国还有一座特大城市，叫做上海，有一条穿城而过奔涌入海的大江，叫做黄浦江。

世博会因其举办规格高、参展主体多、持续时间长、展出规模大，故与奥林匹克运动会、世界杯足球赛一起，并称全球三大顶级盛事，堪称世界上最高级别的展示活动。它起源于一个半世纪前的欧洲，是由一个国家政府主办、多个国家或国际组织为参展主体，以展现人类在社会、经济、文化和科技领域所取得成就的国际性大型展示会。世博会有别于一般意义的展览会，其目的在于教育大众，展示人类文明，展现人类在某一个或多个领域经过奋斗所取得的进步，或展望未来的前景；其理念是理解、沟通、欢聚、合作；其宗旨是促进各国人民之间更好地相互了解与沟通。每一届世博会都有鲜明的主题，融汇世界各国带来的新技术、新理念、新文化于一体，让全球民众开阔眼界、互动交流、思想碰撞，从而激发新的竞争和进步。世博会按性质、规模、展期的不同分为注册类和认可类世博会两大类。注册类世博会亦称综合类世博会，展期通常为 6 个月，每 5 年举办一次。2010 年上海世博会即属于注册类世博会。而认可类世博会亦称专业类世博会，规模较小，展期通常为 3 个月，在两届注册类世博会之间举办一次，展出的主题专业性较强，如生态、气象、海洋、陆路运输、医药等。1999 年，昆明曾举办过世界园艺博览会，即属于这种类型。后来我去昆明旅游，还专门去了一趟设于东北郊的世博园景区，博览会举办过后，那里已发展成为 5A 级的园林园艺品大观园，但游人不算多，也许不是旅游旺季，也许昆明可以游玩的风景区太多了，而当时人们对世博会的认知还比较浅吧。但不用人挤人，倒使游园有了休闲漫步的体验。

"中国与世博会的关系源远流长，一百年前就有中国人提出要在中国

上海世博会会徽（资料图片）

世博会吉祥物海宝（资料图片）

举办世博会……但由于当时的中国国力衰弱，举办世博会只能是一个遥远的梦想。"2009 年 11 月 12 日在第七届中国 2010 年上海世界博览会国际论坛上，时任国务院总理温家宝说道。

百年前，上海青浦有一位叫陆士谔的名医，写了一部名为《绘图新中国》的小说，梦见黄浦江上有了一座举世无双的大桥，还梦见自己去浦东参观正在那里举行的万国博览会。那个万国博览会后来也被当代人理解为世界博览会。其实最早的现代博览会就是英国于 1851 年在伦敦海德公园水晶宫举办的万国工业博览会。举办世博会是综合国力强盛的象征。中国近代维新思想理论家郑观应在其著作《盛世危言》中谈到："故欲富华民，必兴商务，欲兴商务，必开会场，欲筹赛会之区，必自上海始。"郑观应不仅充分意识到世博会对一个国家社会经济发展的促进作用，还大胆提出了在上海这一"中西总汇、江海要冲"之要地举办世博会的主张。或许正因为有这样的梦，在 20 世纪 80 年代中期至 90 年代初期，上海市领导便曾提出举办世博会，且组织了专家开展可行性研究。由于当时上海自身客观条件的束缚，再加上中国不是国际博览局成员国而没有申办权，这些努力仅停留在研究阶段未能付诸实施。

1982 年 5—10 月，中国参加美国诺克斯维尔世博会，中国馆首次登上世博会舞台，成为世博会新的亮点，受到世界各国的欢迎和好评。此后，历次世博会组织者将邀请中国参加作为其对外招展的重点，而中国均应邀参加。对我们来说，世博会已成为中国展示综合国力、经济发展和科技进步以及未来发展前景的窗口。那时候还没有要向世界讲好中国故事的说法，但世博会无疑是让世界认识和了解中国的一个很好的平台和契机。1993 年 5 月 3 日，国际展览局通过决议，接纳中国为其成员国，中国由此获得申办世博会的资格，从而在 1999 年成功举办了昆明世界园艺博览会。

1993 年航拍的原浦东地区白莲泾及周边区域，此后成为上海世博会园区的核心部分（陆杰 摄）

与此同时，20 世纪 90 年代，浦东开发开放，上海"一年一个样，三年大变样"，整座城市踏入了高速发展的轨道，国际影响力和吸引力日益增强。世纪之交的上海业已成为中国改革开放的龙头，特别是国际经济中心、贸易中心、金融中心、航运中心建设步伐的加快和国际性大都市的形成，上海终于具备在世界舞台上再领风骚的实力。

1997 年 7 月 16 日，上海市政府向国务院提出申办世博会的请示，11 月 18 日，国务院批复同意。接下去就是 3 年多的艰辛努力：正式向国际展览局递交举办世博会的申请函。党和国家领导人在重要外交场合争取世界各国最高层的支持、上海市政府成立申办工作领导小组推进各项工作。最终中国成为 2010 年世博会第一个向国际展览局递交申办报告的国家，庄严承诺，将竭尽全力，为世界奉献一场完美的世博盛会。

"世界给中国一个机会，中国还世界一个精彩。"全国各地以各种形式，满腔热情地给予支持。当国际展览局官员来中国考察时，各地民众纷纷以实际行动表达殷切的愿望。海外华人、华侨，也在全球各地为中国申博造势声援。

终于，在蒙特卡洛，上海不负众望，夙愿终偿，百年梦圆。

贰

如何最大程度发挥世博会对上海城市发展的推动作用，让世博会既能产生"有形遗产"，又有"无形力量"，世博会园区选址是关键。

上海世博会园区最终选择南浦大桥与卢浦大桥之间上海城市中心的黄浦江两岸区域。现在回过头来看，这是将黄浦江两岸开发和上海城市发展与改造相结合的最佳方案。

　　回顾世博会的发展历程，早期世博会仅作为单一产品的交流场所，大都采用单一建筑形式，后来逐渐考虑分散式的场馆布局模式。从 1855 年到 1937 年，法国巴黎共举办过 7 次世博会，虽然每次会场场址略有不同，但基本上都位于塞纳河两岸和香榭丽舍大街沿线，这在世界城市史上是绝无仅有的。

　　世博会场馆的规划建设对巴黎中心城市空间的日趋完善及交通市政设施的健全起到了积极的促进作用。第二次世界大战后，随着世博会规模的扩大、功能的多样化，场馆开始注重展区规划与城市发展的协调，注重与城市再开发的结合，并十分注重展区的再生利用问题。于是，世博会的选址开始呈现出几种典型类型：一是与旧城改建结合，利用长期荒废的工地、不景气地区，通过世博会的规模效应和知名效应，带动整个地区的住宅、交通和基础设施发展；二是与新城建设相结合，通过世博效应发展新建城市；三是与滨水区改造相结合，带动城市滨水地带的更新利用。

　　综观上海世博会园区选址方案，我们可以清晰地认识到，这个方案把几种典型的选址类型完美地结合在了一起，最终的结果是位于城市中心旧城改造区，真正"缝合"了黄浦江两岸，成为上海城市发展的一个新引擎。但世博会园区这么重大的项目，选址当然不可能一蹴而就，而是经过了几度变迁。

　　之前说过，上海其实早在 20 世纪 80 年代就有过申办世博会的想法。因此，在 1986 年所编制的《上海城市总体规划（1986—2000 年）》，就已经把黄浦江东岸的川沙县花木地区规划为世博会场址用地。当时位于杨高路以外的区域基本上未开发，花木地区紧邻中心城，世博会选址这里的目的部分是为了带动浦东地区的发展。这份总体规划上报国务院后得到批复原则同意。

动拆迁之前的浦东白莲泾区域（陆杰 摄）

1997 年，中国政府决定选派上海申办 2010 年世博会。而此时浦东开发开放如火如荼，新区发展迅速，原本作为世博会选址地的花木地区已调整为浦东新区的行政中心，没有地块可以利用。于是，上海市组织相关部门对选址重新评估，先后提出了在浦东新区的黄楼，以及松江区、崇明县等地的选址方案。

虽然这些方案各有优势，但也存在着诸多不足。2000 年 10 月 30 日至 11 月 24 日，上海市城市规划管理局、市世博会申办办公室、同济大学、市城市规划设计研究院与法国塞尔日—蓬图瓦兹欧洲大学合作举办"上海大型博览会规划概念设计"主题活动，从世界 20 个国家的数百所设计院校中选拔出 42 名参赛人员，组成 6 个设计小组，在上海开展为期 4 周的设计竞赛和交流。活动共提出 6 个选址方案，其中名为"RIVERNET"（江河网络）的方案提出选址黄浦江两岸，所有场馆沿江分布，由西南向东北，从闵行区依江而下直至吴淞口，通过陆上公交和水上巴士连接起各场馆，同时通过重整城市滨水空间，既能突出上海母亲河黄浦江的地位，又能以一种浪漫的方式形象地呈现上海的历史发展轨迹，从而创造出一个丰富多彩、引人入胜的世博会。此外，世博会结束后场址会自然地融入城市网络，回归市民生活。这一创意方案得到国际评委的好评和主办方的关注。

经过缜密论证并充分听取国内外专家意见和建议，上海市最终决定世博会举办场地选址于南浦大桥—卢浦大桥之间的黄浦江两岸地区，并开展了国际方案征集。最后，法国设计公司 Architecture Studio 的方案以在花桥、运河、绿带等方面的新颖构思而胜出。

方案设计了一座连接黄浦江两岸的拱形步行"花桥"，将世博会打造成上海的一道靓丽风景，同时，方案还规划了一条椭圆形运河串联起浦东和浦西。在竞赛方案的基础上，又经过几轮深化，最终形成被称为"极具国际水准、令人激动的方案"。

建设中的世博轴工地
（选自《上海世博会志》项欣荣 摄）

世博会试运行第一天，雨中建设者还趴在瑞典馆外墙上作最后的冲刺（选自《上海世博会志》李文清 摄）

上海举办世博会的初衷是借助世博会来扩大城市的影响力，并在实质上推动城市的建设与发展。有专家认为，从办博的角度看，位于市中心且横跨浦江两岸的选址方案并非最理想，但是结合世博会"城市"的主题，让世博会的举办与城市自身的发展更加紧密联系，却是个很好的选择。

2002年12月3日，上海世博会申办成功。2004年4—7月，上海世博会主办方向国内外近40家知名设计机构征集园区规划方案，在综合各家方案的基础上最终形成《中国2010年上海世博会规划方案》。

世博会园区占地3.28平方公里，加上周围的停车场、世博村等配套服务设施，规划红线控制面积5.28平方公里。规划方案主要是明确目标理念、总体布局、交通、基础设施、景观环境、后续利用等结构性、系统性和原则性问题。尤其在环境景观方面，提出要围绕黄浦江，做好"水文章"，形成以江为景、两岸呼应的效果；建设滨江绿地，利用沿江地形塑造高低起伏的滨江绿坡，做足"绿"文章，形成自然、生态的滨江景观。而在建筑的保护利用方面，规划方案也充分考虑到上海作为国家历史文化名城，城市文化底蕴深厚，世博园地处我国近代工业的发源地江南造船厂和重要的工业基地上钢三厂，应该多方位利用区域内的历史文化资源和现有工业建筑，落实勤俭办博原则，使得世博会规划能更好地反映城市的历史文脉，弘扬城市精神。所以，规划不仅对文物、优秀历史建筑及具有特色的历史建筑进行保留，还对风貌或结构质量较好的厂房与办公建筑以及船坞、塔吊等构筑物进行改造利用。也因为秉持着这种理念，上海世博会成了历次世博会中保留老建筑物最多的一届世博会。

世博会园区动拆迁是新中国成立后上海最大的动拆迁项目，涉及浦东新区、黄浦区和原卢湾区三个区的18265户居民和447家企事业单位。园区总建筑面积庞大，达到230万平方米，配套服务设施40万平方米，共建设场馆 300 多座。其中包括中国馆、主题馆、世博中心、文化中心和世博轴组成的"一轴四馆"和世博村、城市最佳实践区部分场馆在内的永久性建筑。还包括 42 个外国自建馆、42 个租赁馆、11 个联合馆、18 个企业馆、中国港澳台各 1 个馆以及城市最佳实践区部分在内的临时建筑。此外，还有园内服务设施和穿越园区的越江隧道、轨道交通等大市政配套项目等。

在上海世博会规划者和设计者的蓝图中，黄浦江两岸这一片土地承载着解读城市发展深刻主题的使命。"而世博会的建设，无论从功能还是从规模来看，已经超越了工程的概念，我们实际上建造了一座世博城。"曾担任过上海世博局副局长、上海世博会工程建设指挥部副总指挥的丁浩先生这么说道（《世博城》，2011 版）。

上千个单位，10 万建设者，在 1000 天里成就了轰轰烈烈的奇迹。他们竖起了百座塔吊，脚手架密密麻麻遍布园区，地铁、道路、建筑、绿化、环保、能源工程交叉施工。地下、地面和空中，200 个大小工地立体操作，上千辆运输车来回穿梭……勇敢面对"前所未有"，去完成看似不能完成的任务，创造出许多"中国第一"和"世界之最"。

叁

2010 年 4 月 30 日 20 时 30 分，世界的目光聚焦太平洋西岸的黄浦江畔——

中国，上海，世博园。

"我宣布，中国 2010 年上海世界博览会开幕。"随着国家主席胡锦涛洪亮的声音，中国人民期盼百年的世博大幕正式拉开。

数十位国家元首和政府首脑、200 多个国家和国际组织的代表、上万

2010 年上海世博会期间的世博水门及轮渡（杨焕敏 摄）

名中外观众在璀璨的夜色中，共同见证了人类的理想、中国的梦想升腾……

今夜，上海无眠——世博文化中心，歌声、舞姿汇成一片；黄浦江畔，焰火、灯光，闪烁成河……

——摘自新华社上海 4 月 30 日电《中国世博会开幕式侧记：黄浦江畔的梦想之光》

新华社的这篇报道写得富有激情：今夜，一场人类的嘉年华已经启幕——这是中国的，更是世界的。和平，是全人类发自内心的呼唤。和谐，是泱泱中国 5000 年的期盼。夜空炫起来，江面亮起来……这一刻，璀璨迷人的焰火映红黄浦江畔。21 时 30 分，当卢浦大桥上的明黄色信号弹腾空而起——1200 盏探照灯亮起来了，16 盏激光灯亮起来了，南浦大桥和

上海世博馆（摄图网）

卢浦大桥的景观灯亮起来了，浦西建筑物的轮廓灯依次亮起来了……瞬间，黄浦江的夜空点燃了，全场观众的心扉照亮了。一场令人惊喜的上海世博会开幕式室外灯光喷泉焰火表演开始了！这座中国典型"中西合璧"的城市，以东方的热情与豪迈，尽情绽放红色的热情。数百根红色光柱在黄浦江畔时而直冲云霄、时而交织盘旋、时而倾泻入水，从天而降"织就"了一幅巨大的红毯。

这一个夜晚，上海，以漫天绚烂的焰火，张开双臂向世界发出真挚召唤；

这一个夜晚，黄浦江，以无声的江水，曼舞轻扬向五大洲表达着相邀和期盼。

在亮如白昼的黄浦江畔，在如诗如画的世博文化中心，"绿色世博""科技世界"理念得到完美诠释，共谱一曲"创新"和"融合"为主旋律的美妙交响乐章。

那天，裴琳琳没有轮到值勤，她和一批战友在世博文化中心的安保执勤室里看直播。看着焰火从黄浦江畔升起，一种自豪感油然而生。整整三个月的入营新训，就是为了等待这一天的到来。虽然从4月起，世博女兵已经经过了一段时间的"试上勤"，但从明天起，才是公众开放运行日，真正的考验即将开始。

裴琳琳说，刚入伍时，完全是带着新奇，没想到一上来就是"下马威"：女兵首先要完成和男兵相同的新兵入伍训练课目，每天必须训练8个小时，列队、擒敌、体能、执勤动作无一例外，最苦的是3公里越野跑。于是"每天三千米，健康又美丽"的口号，成为她们自我鼓舞士气的精神动力。有的女兵根本没有做好心理准备，一天训练下来，苦累伤相加，熄灯了便委屈地躲在被窝里哭。裴琳琳的班长是来自武警医学院的老兵，她说，她刚当兵时新兵连在西藏，住的环境不好，吃的也不好，最夸张的是连厕所也没有，同这里相比，一个天上一个地下，食堂的正餐都是四菜一汤，早餐必备鸡蛋、牛奶和牛肉，还有什么理由叫苦叫累？于是碰到不顺心的事、困难的事，战友们就会用"女兵不哭"这句话来互相激励，彼此安慰。那时，在训练场上，经常回响着这样一段歌词："我不做风景，更不做花瓶！我就当我的女兵，我就当我的女兵！"

因为运动量很大，训练强度很高，女兵们胃口大开，早上的馒头都不够吃。"大家都是拼身手、拼速度抢馒头的，"裴琳琳笑着说："我那时一口气能吃七个刀削白馒头，是个儿挺大的那种。"结果，她比入伍前整整胖了 20 斤，还有更夸张的，胖了 40 多斤。弄得武警部队首长们急忙下令，为体现世博女兵风采，大家必须严格控制体重。

上海世博会参观人数为历届世博会之最。从 2010 年 5 月 1 日至 10 月 31 日，在共计 184 天的运行期，累计参观者达 7308.44 万人次，平均每天约 39.72 万人次。而负责安检的就是裴琳琳这批经过了严格军事训练的世博女兵。在此期间，她们共查获禁限带物品 153 万余件，只要在岗位上，精神便要高度集中，严阵以待，就怕不法分子进入园区搞破坏。"把使命看得比天高，把责任看得比命重。"裴琳琳说，只有在执行世博安保任务时，才对这句话有了更新的认识。

世博女兵只是上海世博会期间无数工作人员和服务团队中占比很小的一部分。仅作为上海世博会具体组织者和主办者的上海世博局全部工作人员在 2010 年 3 月最高峰时就达 2611 人。上海世博会无论是参展主体，还是展馆展项，又或是文化演艺活动规模和内容，以及论坛举办规模和类型，均为历届世博会之最。为了保障盛会的顺利举行，组织者还建立了近 8 万名园区志愿者、10 多万名城市志愿服务站点志愿者和近 200 万名城市文明志愿者 3 支专门队伍。因为身着白绿相间的马甲，他们被人亲切地戏称

穿上军装，女大学生们有了一个共同的称呼——世博女兵（裴琳琳提供）

为"小白菜"。空前庞大的志愿者队伍构成了一张纵横交错、覆盖全市的服务网络，成为不可或缺的重要力量。

很巧，我的另一位同事赵韵当时正是世博会新闻中心的志愿者。那时她还在华东政法大学读大三，当听到世博会招募志愿者，便第一时间报了名。怀着对新闻行业的热爱，她选择了新闻中心志愿者的岗位。4月，她到同济大学参加志愿者培训，学习世博会基础知识、礼仪与行为规范，还包括工作环境安全、运营应急管理等园区岗位实践课程。赵韵记得，那时同济大学的校园里开满了樱花，而她也学会了那首世博会志愿者之歌《在你身边》——"志和愿两个字／都有一颗心／当心和心靠近／城市的脉搏更强劲……"

新闻中心每天都会举办新闻发布会，还要接待来自世界各国的记者，每天都是忙忙碌碌的，除了服务引导、解答问题、协调安排，有的志愿者还要拍摄花絮、撰写各类文稿。再苦再累，脸上一定要保持微笑。"世界在你眼前，我们在你身边"，这是志愿者的一句口号，赵韵说，那时候才真正懂得什么叫做"国家荣誉感，民族自豪感"。有些国外的记者会拉住志愿者提些敏感的、不怀好意的问题，这就需要自己多长一个心眼，不失礼貌又不能入坑，巧妙应对。

赵韵说，她们当时最乐此不疲的是跟人交换世博会的各类徽章，如今收藏的近百枚徽章成为那段经历最好的纪念。

我的一位文学界老师褚水敖先生是上海作协的一位老领导，在世博会期间，为《解放日报》写过一篇题为《一号门的微笑》的文章，生动记录

2010年10月24日10：17，入园参观者累计突破7000万人次，刷新世博会参观者人数的历史记录（选自《上海世博会志》）

了世博会志愿者的形象。世博会的水陆进出口通道总共有十三处，即一号至十三号门。一号门在浦西交通要道鲁班路与龙华东路的交会口，紧挨着卢浦大桥的引桥。而褚老师的家就在这附近。世博会开幕后，他只要一有空，就喜欢来到一号门，因为他发现，这里的志愿者有着生动的微笑，让他流连忘返。"几位宛如使者一般的青年，笑容可掬地迎候在游客们跟前。随着他们流漾的微笑，以及同时流漾的汗水，他们不时递给游客们一张张世博导游图，有时候可能是一本本精美的世博旅游手册，还要加上一把把色彩缤纷的椭圆形小扇子呢。"

世博会期间，我曾多次去参观。从莘庄乘世博专线，无论是乘车、进园、进馆，永远都在排队中，每一次都要汗流浃背。来自全国各地和海外的参观者汹涌澎湃，世博会各个场馆大多人山人海，进一个热门展馆排小半天再正常不过了。我还接待了好几拨来自外地的大学同学和朋友，远的如内蒙古，近的则是安徽一带。他们或单位组团，或拖家带口，不约而同在黄浦江畔相聚，而我那时在世博园看了些什么，现在印象有些模糊了，但对那些执行安检的世博女兵，一波波微笑着引导游客的"小白菜"却印象深刻。前段时间整理书柜，竟还翻出不少世博会纪念品，徽章、钱币什么的。

2023 年元宵过后，我和徐老师专门去了一趟世博文化公园，路遇一家三口，一个应该是奶奶，一个是妈妈，带着一个三岁左右的小男孩。奶奶同孙儿讲，大体意思是当年你爷爷在这里负责变电站工作，一待几个月，都回不了家。而妈妈则在一旁说，我是在这里做"小白菜"，每天忙得人都要累晕了。

2010 年，与世博的那个约会，对很多上海人而言，是一份温馨的、热烈的、十分深刻的记忆。那 184 天的运行是这座城市浓墨重彩的一笔，黄浦江畔的梦想之光从此更加耀眼。

世博会举办期间的中国馆和世博轴（选自《上海世博会志》吴佳 摄）

肆

在写这节内容时，我一直在思索着几个问题：上海世博会，让我们改变了什么？或者说它为上海这座城市带来了什么？"城市，让生活更美好"，不仅仅是一句宣传口号，是盛会的主题，更应有着从抽象理念到具象表现的实践途径，并全方位得到呈现。

在世博会150多年的历史上，中国2010年上海世博会是国际展览局第一次在发展中国家举办的注册类（综合类）世博会，这对扩大国际展览局在中国及全世界的影响，推动国际展览事业在中国及全世界的普及无疑有着积极的意义。而上海世博会以"城市"为主题，在世博会历史上尚属首次。注册类世博会本身是一项极其复杂的系统性工程，中国首次承办如此超大规模的国际活动，缺乏办会经验，但组织者不惧坎坷，奋力摸索，曲折向前，加之全体办博人员、志愿者团结协作，勇于奉献，以严谨科学、敬业实干、追求卓越的精神，终于办成了一届"成功、精彩、难忘"的盛会，载入世界博览史册。承办世博会，是中华民族百年以来的梦想，它不单是上海作为一个城市快速成长中值得铭记的重大事件，也是中国综合国力不断增强从而得到世界认可的最好例证。

"这是上海城市软实力的充分体现。"上海政法学院国家安全研究院院长，也是软实力研究领域的专家胡健教授说。在他看来，上海世博会让上海城市外交与城市的全球叙事能力得到全面彰显，对上海城市形象的提升具有重要意义：一是最直接体现出来的世博品牌效应。世博会本身就是世界第一品牌，而每一届世博会又产生新的知名品牌，甚至上海原有的城市标志东方明珠、金茂大厦、外滩西洋建筑、城隍庙古建筑、石库门等在

世博会中国馆现为中华艺术宫（卓孝辉 摄）

通过世博会的传播之后被赋予了世博色彩，并成为上海具有世博元素的品牌。二是上海世博理念的辐射效应。世博会是文化展示的盛会，更是超越国家、民族、宗教界限的人类文明的盛会，是人类迈向和平与进步的阶梯。三是城市形象的提升效应。这种提升主要通过两种方式来实现：对原有消极的成分进行修改完善和对原有积极的成分予以放大。上海世博会向世界各国展示上海最积极的部分，一方面，它可以改变国际社会对中国、对上海的消极看法；另一方面，通过展示中国优秀的文化和上海发展的奇迹，上海世博会能够对此产生重要的放大效应。

上海世博会申办成功后，除了在世博园区开展基础设施和展馆建设外，在上海市区还进行了大规模的市政与配套工程建设。浦东国际机场与虹桥交通枢纽功能的提升，实现了上海国际航运中心的国家战略。铁路交通的提升，配合了长三角经济一体化的形成。而后世博时代，城市规划和建设不断向着宜居、环保、可持续的方向发展，延续着"城市，让生活更美好"的理念。

当初世博会选址在黄浦江浦西浦东两岸，是把上海未来的城市规划和总体发展紧密结合在了一起，推动了黄浦江沿岸产业结构调整，提高了旧区改造品质，并带动了周边地区的繁荣。

综观黄浦江的历史，我觉得有四个重要时间节点必须记住，就是因为有这四个时间节点，黄浦江的地位和作用得到凸显和提升，让上海这座城、这条江，这个城市的气质迈入了一个又一个新阶段。

首先是明永乐年间，"江浦合流"的治水措施，在如今闵行区吴泾镇这里形成著名的"浦江第一湾"，迫促江水北折而去，黄浦江从而成为上海泄泻入海主流，从根本上颠覆了前人狭隘保守的水利思想，也为上海数百年后成为"东方大港"奠定了基础。

2013年上海市民合唱节在梅赛德斯—奔驰文化中心举行（闵行区文旅局提供）

其次是 1843 年，上海开埠，上海县老城厢外芦苇摇曳、杂草丛生的沿江滩地陆陆续续建起了一幢幢欧式建筑，上海租界的发端肇始于此。外滩因"万国建筑"名扬遐迩，成为上海十里洋场的真实写照，也是旧上海租界以及整个上海近代城市的起点。上海，黄浦江边的一座小县城，以海纳百川之势，向远东第一大城市阔步迈进。

第三是 1990 年的浦东开发开放，使位于黄浦江东岸，原本是码头、货栈、企业、民居混杂的陆家嘴，一跃成为上海国际金融中心的核心功能区，高楼林立，生机盎然，成为上海乃至中国参与世界经济的窗口和镌刻新时代画卷的壮丽舞台。陆家嘴与外滩隔江相望，"双珠"辉映。

最后便是 2010 年上海世博会的举办，为黄浦江两岸的发展提供了难得的历史契机。上海世博会园区的建设是上海城市更新首次大规模实践。按照"百年大计、世纪精品"的总体思想，动迁了沿江的江南造船厂、上钢三厂等一批百年老企业，搬迁了数以十万计的居民，拆除了一大批老旧住宅，开展大规模建设改造，既成功举办了世博盛会，也为正在"创新驱动发展、经济转型升级"的上海提供了发展新动力，更为市民观赏、游玩黄浦江增添了一段公共空间。

曾担任过上海世博局副局长，现为中央广播电视总台副台长的胡劲军先生说："因为举办过世博会，黄浦江的这一段滨江水岸功能和风光面貌变了，整个气质变了。"世博会结束后，浦东主展区的"一轴四馆"——世博轴、中国馆、世博主题馆、世博中心和世博演艺中心被永久保留。就如 2008 年北京奥运会，其标志性的建筑国家体育场"鸟巢"和国家游泳中心"水立方"被留存下来，在建筑史留下了一道独特的风景线。世博会中国馆现在改名为中华艺术宫，极富中国建筑文化元素的"斗拱"造型以及表面覆以"叠篆文字"的主题构思，令人过目不忘，如今它已成为城市公共活动空间；而演艺中心现在为梅赛德斯—奔驰文化中心，是上海文化娱乐的时尚地标和城市文化的示范区。这些年来，我曾多次到中华艺术宫观展，到梅赛德斯—奔驰文化中心观看大型文艺演出。每次都有不同感受，但有一点是不变的，我深深明白那是世博会带来的"红利"，这些建筑物如邬达克的作品一样，极大影响着上海的文化气质。黄浦江的精华地段，不仅仅有外滩，有陆家嘴，有游船码头，还有各类文化艺术，而这些建筑承载着这样的使命，让普通市民都能够走进去，去感受，去体验，得到审美的升华。

上海世博文化公园位于后滩地区与世博地块的交汇区，在这片区间里面，沿着黄浦江，从上游到下游依次是：前滩地区、后滩地区、世博文化公园、世博地区，每一个地区都是浦东建设的重点，也是黄浦江沿岸综合利用的重点。

位于浦东滨江核心地区的整座世博文化公园，总面积约有 200 公顷。如今这里保留了世博会原俄罗斯馆、原卢森堡馆、原意大利馆以及原法国馆等建筑。我和徐老师去时，那里门窗紧闭，也没有了解到平时是否开放。而这里还有一个名为"申园"的园中园，占地面积达 5 公顷，是在 2021 年年底建成开放的。申园整体上是江南园林的风格。宣传挺有意思的——"浦西有豫园，浦东有申园"，园内有八景：醉红映霞、古柯晚渡、玉堂春满、松石泉流、曲韵天香、秋江落照、烟雨蓬莱、荷风鱼乐。2023 年元宵节还举办了名为"申园满庭芳"的赏灯会。我和徐老师每人花 20 元买了门票入园，兜了半个小时。看得出景观设计的确花了一定功夫，但总觉得缺了什么，也许是建筑外观、中式桌椅、雕栏玉砌都太新了的缘故。古代的江南园林之所以有味道，那是经过岁月积淀的，连石缝里都嵌满了历史的青苔。那些保存至今的江南园林从前的作用不光是用来观赏的，还是

世博萌宠乐园在城市滨江绿地中营造人、动物和自然和谐共存、趣味盎然的活动空间（徐晓彤 摄）

住人的。有人才有生气，哪怕几百年过去了，依旧有烟火的痕迹，而申园目前是做不到的。

世博文化公园后续的建设还在不断地推进中。比如双子山已轮廓初现，将成为文化公园的一大标志，最高峰48米，次峰37米。山体将以松江山体形态"九峰三泖"为原型，还原自然野趣的山林溪瀑，形成山水相映的景观。上海地处江南平原，从来就有着"缺山"的遗憾，佘山在松江，来去也不方便，如今在市中心，在黄浦江畔有了这么一座山，让游客们拾级而上，在山顶饱览浦江两岸的秀丽风光以及世博场馆等上海世博会的宝贵遗存，倒也是一桩美事。

从世博文化公园，再驱车到前滩休闲公园，看到都在建设之中，浦东地盘大，虽然经过了30多年的开发开放，但远远还没有完成发展目标。已过中午，想在街角找个吃饭的地方，却遗憾找不到。想到这几天在看的那本书《再造陆家嘴》，里面谈到一个观点，繁华的陆家嘴，是上海的骄傲，令世界瞩目，但它目前还缺乏与人的亲近感，缺乏烟火气。这里似乎有同样的问题。

上海世博会 Ａ 类馆创意展示金奖：沙特阿拉伯馆"月亮船"夜景（选自《上海世博会志》）

上海世博会 Ａ 类馆主题演绎金奖：德国馆夜景
（选自《上海世博会志》陈志民 摄）

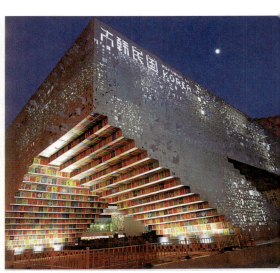

上海世博会 Ａ 类馆展馆设计银奖：韩国馆夜景
（选自《上海世博会志》陈志民 摄）

上海世博会Ａ类馆展馆设计金奖：英国馆全景（选自《上海世博会志》郭长耀 摄）

上海世博会俄罗斯馆（徐晓彤 摄）

上海世博会博物馆（摄图网）

第十一章　渡来，渡又去

　　"黄浦春风正怒号，扁舟一叶渡惊涛。诸君来问民间苦，何用潮头几丈高。"这是元代文人张之翰所作的《黄浦诗》，描述了当时黄浦摆渡的情景，叹渡江之艰辛和不易。

　　元明时期，上海就有船夫以载人渡江为营生，依靠木质人力小船摆渡。岁月既久，渐渐形成了比较固定的渡运网络。早期的摆渡船，多为私人所有。到明代弘治十七年（1504），已形成9个固定的渡口，即后来所称的"古渡"。清同治年间，两岸渡口多达近40个。

西闵线轮渡，繁忙依旧（卓孝辉 摄）

第一次去西闵线轮渡站（闵行渡）采访还是在五年前，我清楚地记得那天天阴沉沉的。上海这几年的冬天都号称"暖冬"，但气温还是一天天降下来了，站在黄浦江岸边，一阵阵寒风袭来，让人不禁簌簌发抖。

西闵线客渡航线是奉贤西渡到闵行的航线，闵行这里的渡口位于沪闵路南尽头处。当地人习惯把轮渡站称为"摆渡口"。对轮渡站我并不陌生，以前因各种原因经常要乘坐轮渡，来往于黄浦江两岸。况且我外婆家住陈行的塘口，从龙吴路的车沟桥乘车沟渡是最便捷的，所以从小就开始体验坐船渡江的滋味。

轮渡站位于闵浦二桥西侧，两层楼高的建筑颇显陈旧，而办公室更是简陋，无论是办公桌、椅子沙发，看上去都有些年头了。再过几个月，这里就要搬迁了，轮渡站因闵行滨江段改造将西移 300 米。新的轮渡站已建设完毕，正在内部装修和检测。当天的值班长张莹客气地让座，并向我们解释道，他们的头儿，也就是闵行轮渡营运分公司的经理卢景良去市轮渡公司开会了，他虽然也是个老轮渡人，1987 年就参加了工作，但很长时间是在上游的米市渡口，2010 年因米市渡停运，才被调到这里。"情况不是最熟哦。"

正聊着，办公室里进来了人。张莹忙起身，对我们说，这是老胡，胡龙军，他在这里做了四十多年了，情况比我熟得多了。

张莹同我们打招呼，得先走一步，要去码头上值勤。"安全最重要，疏忽不得。"他嘿嘿一笑。

壹

"黄浦春风正怒号，扁舟一叶渡惊涛。诸君来问民间苦，何用潮头几丈高。"这是元代文人张之翰所作的《黄浦诗》，描述了当时黄浦摆渡的情景，叹渡江之艰辛和不易。

在 1976 年松浦大桥建成通行之前，数百年来黄浦江上是没有大桥的。上海人，不管是市区还是乡下，过江的唯一选择就是摆渡，即坐船过江，直到 1970 年打浦路隧道竣工，1971 年 6 月投入使用，过江才有新的选择。据清嘉庆《上海县志》载，宋熙宁七年（1074），上海镇设立，此后贸易逐渐发展，人口也逐年增多，经济地位一天比一天重要，也促进了两岸交流。元明时期，上海就有船夫以载人渡江为营生，依靠木质人力小船摆渡。一种叫划子，体积很小，只能乘坐二三人，船工使用木桨驾船，速度较慢，一遇风浪，完全无法抵御。另一种叫舢板，体积稍大，船上有篷可以遮阳避雨，通常可乘坐五六人，船工驾船用橹，虽还是人力，但船速比划子要快一点，完全谈不上舒适。岁月既久，渐渐形成了比较固定的渡运网络。早期的摆渡船，多为私人所有。乡民们为了耕作和出售手工业品、农副产品的方便，一般会用自己的小木船或搭船渡江。因船小抗风浪能力差，常有事故发生，造成船翻覆人溺亡的惨剧；有时船主不讲"商德"，半途停船要高价，敲竹杠，弄得船客哭笑不得，只好无可奈何地补渡船费。于是一些官员和士绅便出钱设立义渡，采用的是大船，安全性相对较高，后有木橹掌船，并有竹篙撑船，规定每船限载 20 人。清代《上海县竹枝词》中曾有写道："浦阔无梁阻旅行，沿滩渡口有船横。民捐官设都称义，普济东西往返程。"这里提到的"义渡"就是指黄浦江上曾经长期存在的一种渡江方式，大约起源于明朝，多为民间团体自发集资、报送官府批准设立的渡口。过江者须支付适量渡资，不足部分则由官衙和慈善机构补贴。到明代弘治十七年（1504），已形成 9 个固定的渡口，即后来所称的"古渡"。之后，各类"官渡""义渡"越来越多，据清同治《上海县志》"津渡"记载，

1890 年前后，浦东眺望浦西外滩，可见江边一字排开的人力摆渡小船
（图片来源：Harvard Yenching Library）

1937 年，外洋泾桥（延安东路外滩）摆渡口（Harrison Foreman 摄）

那时黄浦江两岸渡口多达近 40 个，闵行渡名列其中。不过那时它叫横泾渡，更早一些则叫黄浦渡。

　　作为上海市轮渡公司的一名基层员工，胡龙军并不了解这些关于轮渡的历史，也不了解闵行摆渡口的前世今生，他只知道闵行渡已经有上百年的历史了，是个很老很老的渡口，而自己在这里工作了整整42年。"吃了一辈子'轮渡饭'，明年就要退休了。"胡龙军现在负责这里的考勤工作，"我是老闵行人，闵行中学1975届的毕业生，后来就被分配到这里，从此没有挪过地方。"刚开始时，他负责售票、检票，后来又去车渡轮上做水手，再后来到客渡轮上做轮机，现在年纪大了，船上干不了了，又回到地面上了。"就等退休了，颐养天年。"

和胡龙军一样情况的还有他的同事宋志辉，同是老闵行人，而且也是从闵行中学毕业的。"我们同届，但不同班。"老宋对我们说，当时一同分配来的有很多人。他一来就做水手，而后是轮机，最后成为客渡船的驾驶员。"现在，这个渡口就要搬迁了，为了滨江大道的改造，要移动一点位置。"老宋还说，新的客渡站他是去不成了，那时候他同老胡一样已经退休了。"不过，我们这批人见证了闵行客渡的辉煌，想想还是蛮激动的。"

在奉浦大桥、闵浦二桥还没有建成通车之前，西闵线轮渡几乎是唯一连通闵行和奉贤的水路交通要道，再早的话，没建松浦大桥之时，金山往市区也是走这里的。作为上海西南地区跨越黄浦江连接沪闵公路、沪杭公路的交通渡口，它的作用和历史意义不是一两句话就能带过的。

时间再往前推。100多年前的闵行，还没有建成连通市区的沪闵路，有船无车，为了方便偏远乡镇民众往来县城，上海地方政府就设立了所谓的"便民航"。闵行镇距上海县城约70华里，乡民往来县城极为不便，乾隆十二年（1747），知县王侹置船两艘用于长渡，并作规定，每船载25人，每人付渡资6文，成担货物按1人计算。同时，又有富户金倬云捐地4亩，所得用于船只的维修。

直到20世纪80年代初期，类似的长渡船还有。我小时候就坐过"平湖班"，从闵行渡搭乘到陈行塘口外婆家。那是种小火轮船只，行驶的速

20 世纪初，黄浦江上的义渡小船（图片来源：South China Morning Post）

民国时期，黄浦江上的摆渡船多以撑划竹篙和木桨为动力（资料图片）

度很慢。

20 世纪八九十年代,是整个上海轮渡最繁忙鼎盛的时期。那时,黄浦江两岸共有轮渡线 20 条,最上游的是米市渡至塘口轮渡线,最下游的是吴淞至三岔港,其中周家渡至江边码头、塘桥至董家渡、东昌路至东门路、泰同栈路至公平路、民生路至丹东路、上川路至定海桥为通宵班。市中心的对江航线平均间隔 1.4 公里,每天客运量达到 100 万人次,年最高客运量达 3.7 亿人次。西闵线轮渡虽然地处市郊段,但运输量不亚于市区一些渡口,常备对江渡轮 3 艘,日均渡客量 2.7 万人次,年运输量达到千万人次。

贰

闵行渡与曾经的闵行老街咫尺之遥。

凭借地理位置和水利条件,闵行镇自古就镇市兴盛,闵行外滩很早就设有摆渡口,它地处米市渡与闸港之间的黄浦江中游,其前身称瓜泾塘。明代沿海军事图籍《筹海图编》称,"江南经略,皆以闵行为渡,黄浦入松江府通衢,故称水路要津"。闵行镇横泾西直至如今的兰坪路一带为天然的水深岸线,适合大船停靠。船舶汇集、帆樯辐辏,码头经济在这里展开,商业活动由闵行外滩向北辐射扩散,形成南部为商业区,镇北部多为居住区的格局。

上海开埠以后,由于黄浦江两岸发展不平衡,浦东地区远远落后于浦西。当浦西上海县城一带早已屋宇鳞次栉比,街市车水马龙,放眼一派繁华之时,浦东却显得有些清寂,依旧是举目皆农桑,抬脚上田埂。比较意外的是,闵行镇虽属市郊,离县城较远,但由于地理位置特殊,自古以来南来北往的商船和车马途经闵行时纷纷靠岸,到镇上歇歇脚,谚语有云:"尴里勿尴尬，闵行要过夜。"闵行老街则趁势敞开大门，为八方旅人提供服务，成为各路客商的中转站，也让老街日益繁荣起来。清乾隆中期开始，这个黄浦江畔的小镇，一跃成为上海县首镇，而此时这个上海县的概念囊括了如今的上海市区。20世纪四五十年代，闵行老街商家聚集，是上海地区粮米、棉花、毛猪的集散地之一。

闵行渡曾经还有个"全国第一"的名号——它是首个国内公营车辆渡。1932年，连接沪杭公路的闵行轮渡由全国经济委员会主持办理，"于该地之黄浦江两岸筑成钢引桥连趸船浮码头，并造柴油钢壳渡船'经航'一艘，以供汽车渡江之用，每次可运载两辆小型汽车和70名乘客，车、客混装。同年10月10日正式通航。设立了闵行汽车轮渡管理处，是全国官办车辆轮渡之始"。次年10月4日，又增添"济航"号轮，每渡可载10辆小型汽车及载客120人。闵行轮渡为沪杭公路咽喉，往来车辆甚多，每月平均流量近千辆次和3万余人次。

黄浦江上最早出现的机动轮渡其实是在1911年。1月5日这天，从浦东东沟，开出了一条用蒸汽机作动力的小火轮，后面拖带着一条木船，船舱里坐着的是身穿官服、颈戴朝珠的清朝官吏；船头上站立着衙门的听差和兵丁、巡警。小火轮沿着黄浦江向浦西驶去，烟囱里断断续续冒出黑烟，蒸汽机里发出"呼哧呼哧"的喘息，航行两个多小时，才到达目的地外滩"铜人码头"。这条小火轮名为"安泰轮"，由浦东塘工善后局经营，起初"本为便公起见，并不装运货物，亦不搭载肩挑"。虽说如此，但以此为标志，开始改变了黄浦江拓宽以来两岸一直靠木船摆渡的局面。机动船渡江具有安全、快速的优点，塘工局自开办轮渡后从未发生事故，而且机动船的出现打破了夜间不渡的惯例，大大延长了渡江时间，这些非舢板、划子所能及。之后，黄浦江上手摇渡船生意开始清淡起来，不少船老大望江兴叹，只得

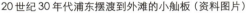
20 世纪 30 年代浦东摆渡到外滩的小舢板（资料图片）　　　　20 世纪 30 年代，在西闵线轮渡线上运营的"济航号"
　　　　　　　　　　　　　　　　　　　　　　　　　　　　　　（图片来源：University of Bristo

　　改做其他生意。而 20 年后闵行车辆渡的出现，更是开创了上海交通运输史上的一大先河，促进了两岸经济发展。1935 年，上海市轮渡已拥有长渡、对江渡轮 12 艘，客位 5026 个，钢质浮码头 9 座，木质码头 3 座，航线 6 条。全年乘客人数高达近 1300 万人次，全年装运货物 47.5 万件。至 1937 年，上海市属轮渡成为上海渡运业中的主要力量，并形成以市属轮渡为主，商办民渡、济渡为辅的渡运体系。然而随着抗日战争全面爆发，黄浦江渡轮也未能幸免，车辆渡业务更是受到了沉重打击，有的被日军飞机炸毁，有的被日军强行征用，遭到了严重损毁，一众轮渡公司几乎破产。

　　1937 年 8 月 13 日，侵华日军飞机轰炸闵行轮渡，闵行轮渡码头被炸毁一部分，"经航"渡轮被炸沉，尔后"济航"渡轮也被日军掠往南京浦口作渡轮。沦陷期间，日军征用两艘 15 吨木船并排扎在一起载车，再用拖轮拖带渡江，车渡以此维持。抗战胜利后，由民间以原两艘木船并扎，手摇渡江。之后才由市轮渡公司相继置登陆艇一艘及由驳船拼接改装的简易汽车渡轮一艘恢复渡运。

949 年，上海外滩，图中可见轮渡码头及仍然在运营的人力渡江小艇（Jack Birns 摄）

20 世纪 50 年代，市民在轮渡上观赏风景（资料图片）

1946 年 4 月，闵行当地 35 人合伙集资购置一艘木壳轮船，取名"顺风"一号渡轮，可载客 60 人，经营闵行至西渡的白天渡运业务。同年又置一艘同类型船作为备用，取名为"华泰"轮，并成立民营"闵渡公司"。1952 年改为"闵渡轮运行"，1953 年并入"沪南轮运行"，1956 年合营于松江专区航运局所属"松江轮船公司"。

1958 年 1 月原松江专区所辖嘉定、宝山、上海等 3 个县划归上海市辖后，经上海市公用事业管理局决定，闵行轮渡于 4 月 1 日划归于上海市轮渡公司接管，统一经营管理闵行车、客渡航线，称西闵线。1962 年，在新建长途客运码头的同时，也新建了对江渡候船室。

西闵线曾于 1967 年、1987 年、1993 年、2007 年经过几轮改造，迁建。2011 年 7 月，市轮渡有限公司撤销原轮渡站建制，成立营运分公司，西闵线隶属闵行营运分公司。

闵行渡口曾出现不少名人踪影：1937 年 8 月，郭沫若从日本潜回上海，投身抗日救亡运动，在黄浦江两岸开展战地慰问工作。8 月 24 日下午，郭沫若、田汉和夏衍等一行前往奉贤南桥张发奎司令部。途经闵行摆渡口时，为等候前去慰劳张发奎总部的上海各界抗敌后援会成员，郭沫若一行便在闵行渡口停留了约二三十分钟，在闵行外滩街兜了一圈。

而据蒋经国《沪滨日记》和本地教育家张翼主编的《明心报》记载，1948年，蒋经国在上海打"老虎"失败后，辞去上海经济管制区副经济管制督导员之职，于11月6日带了秘书高理文与几个知己乘汽车回杭州。上午8点左右，蒋经国途经闵行镇，在轮渡口下了车，买了一包五香豆腐干和一碗小馄饨，边吃边打听镇上的米粮买卖行情。

正值时局动荡，物价飞涨，人心惶惶，出现抢购风潮，闵行镇镇长王用之着手成立米粮联合公卖处，并要求各粮行兼营山芋、芋头、玉米等杂粮，以补米粮不足。蒋经国得知镇上出现抢购风潮，便匆匆赶到大街视察实情，王用之闻讯慌忙赶去接待。蒋经国走过为了避免抢购而打烊避难的董惠大绸布店时火气大发，当即吩咐王用之勒令其歇业。说完，他长叹一声，扭头离开闵行老镇，而后的杭州之行也十分扫兴，他在当天的日记中叹息："一路风景虽美，但秋风红叶，使人发生伤感。"1948年11月28日，蒋经国派出他掌控的国民党青年军209师直属卫生营驻扎闵行镇。然而大

1946年4月，上海市轮渡公司筹备处从外滩招商局大楼搬迁至北苏州路河滨大厦底层办公（资料图片）

上海解放后颁发的上海市轮渡公司工商登记证（资料图片）

势已去，历史性变革如黄浦江之水一样，正翻滚着新的浪潮。

曾在轮渡站工作一辈子，现早已退休的陈师傅清晰地记得，20 世纪70 年代，就在闵行渡口，他有很多次与大人物的"距离很近"，虽然至今不敢确定具体是谁，"但是一定是大人物"。陈师傅说，因为当时对岸的奉贤设有驻军基地，领导人去视察，闵行渡口便是必经之路。每有"大人物"的车上了车渡口，陈师傅和同事们只能在人墙外眺望。

宋志辉说，他在轮渡站倒是没见过什么大人物，但对一批人却是记忆深刻，那是从市区、闵行等地到奉贤五四、东风、星火等农场务农的知青。很多人一上去奉贤的渡船，就开始掉眼泪，尤其是女知青，更是哗哗地哭开了。实在还是因为奉贤和市区的条件相差太大，去吃这样的苦，让这些年轻人无法承受。而相反的，从西渡方向返回的知青则是笑逐颜开。

老宋说，那些知青对他讲，遇到下雨的时候，就不用出农活了，大多趴在窗台上，看着闵行方向，默默想家。

叁

"侬晓得哦，当初我们乘渡轮到闵行去，就像你们闵行人到市中心去一样的。"家住奉贤邬桥的王永兴说。从他开始记事起，就觉得虽是一江之隔，但闵行和奉贤是"两个世界"，一个天，一个地，一个繁华闹猛，一个是贫穷落乡，"连一条好好的路都没有"。摆渡到闵行就不一样了，20世纪八九十年代，闵行老街还没拆掉前，大街小巷人流熙熙攘攘，农贸市场上的菜也是新鲜价廉，"作孽啊，买肉也是闵行的好。"王永兴说。他第一次乘坐轮渡时，还是在 80 年代初，刚上初中，感觉十分新鲜。从邬桥到西渡差不多有 9 公里，他和几个小伙伴骑着自行车到闵行来，因为人太小，坐不上车座，只好把腿穿过斜杠"三角骑"。那时候，老闵行在他们眼里真的太闹猛了。因为没有钱，就到老街上随便逛逛，看到南北大街上的汤团店里挤满了人，买汤团要排队，还觉得很奇怪，因为这东西在乡下太常见不过了。

1994 年，王永兴来到闵行经济技术开发区的第一精工企业上班，坐轮渡就成了常事，在他看来，那时整个奉贤的小青年们似乎都到闵行来"寻生活"了。这话自然有点夸张，但当时闵行开发区引进了诸多世界 500 强企业，需要大量年轻员工，因为待遇高福利好，吸引了对江金汇、邬桥、西渡等离闵行仅一江之隔的附近乡镇的青年。每天上下班高峰时，渡口到处是人，密密麻麻，拥挤不堪。遇到大雾天，都要排出去好几百米远。连车渡轮都要帮忙载人，下完客船就调头返，否则就载不完人。

这一点老宋和老胡也给予了证实。他们说，作为水手和驾驶员，遇到这种情况，就在担心"船被踏沉下去了"。每天来来往往，心都悬在嗓子口，紧张得不得了。老宋和同事们起早贪黑地维护秩序，焦灼地等待轮渡靠岸，以疏导人流。作为轮渡人，他们永远不会忘记，1987 年 12 月 10 日那个雾锁寒江的冬日。当天清晨，轮渡因浓雾停航，数万市民麇集陆家嘴轮渡站，因赶着上班，他们望眼欲穿，焦急万分。九点多，日出雾散，恢复通航。由于瞬时人流过载，酿成伤亡数十人的惨重踩踏事故。那是浦江轮渡历史上的至暗时刻。

老宋还谈到一件事：奉贤人善种西瓜，每到夏季，西瓜上市，奉贤的农户就要采摘好西瓜运到闵行来售卖，西瓜不经放，时间长了要坏掉，所以一到晚上，渡口全是运西瓜的人和车，那时车是手扶拖拉机，用柴油，开起来"叭叭响"，经常要排两三个小时的队才能乘上船。这样的情况会持续一个多月，直到西瓜落市。"简直是如临大敌，谁都不敢掉以轻心。"

1980 年代，"沪航客 51 号"渡轮正在靠近延安东路摆渡站（资料图片）

1988 年 5 月，为缓解"过江难"矛盾，上海部分车渡早高峰载运自行车乘客过江（资料图片）

老宋说。

和王永兴一样，同在第一精工企业工作的王余华也是西闵线轮渡的常客。

"以前摆渡船是开敞式的，近些年变成了封闭的空调船，价格也上涨了不少。"王余华说，他1992年到闵行来上班的时候，月工资差不多200元，船票才5角钱一张，且单向收费，到对江（闵行）是不要钱的，回去收钱；现在是船票2元，双向收费，如果骑自行车、电动车就要2.8元，用交通卡则能便宜1元，但仅限返程。"一年下来，船票钱也要花一千多元呢。"

实际上，不光是来闵行的奉贤人，几乎每个闵行小孩也都有坐轮渡的记忆。

20世纪60年代，3分钱，就可以买到去对岸奉贤的筹码，在闵行老街长大的郭阿姨小时候最期待的就是轮渡靠岸的时刻，为了多坐几次轮渡，每次走过投筹码处墙上的"一米二"身高线时，她总是有意识地把腿稍稍弯曲，生怕超过免票标准线，"给父母省几分钱也好的"。轮渡就是孩子们的"新大陆"。多年后，郭阿姨自己为人母时，儿子小冯比她更迷恋轮渡。20世纪90年代，每到盛夏，小冯就吵着让父母带他去闵行渡口，买一个3角钱的筹码，待轮渡靠岸，和一群小朋友争先恐后抢着去轮渡的船头位置，享受迎面吹来的清凉江风。船抵达对岸奉贤，孩子大多不下船，玩遍船上的每个角落。

我有一位朋友郑宪，20世纪70年代时在离闵行渡不远的一家国营企业做工，后来恢复高考进了大学，毕业分配到《解放日报》，对闵行渡也有着深刻印象。他说，当年闵行渡口，左面向东是一个宽平的车渡轮，右边朝西是客渡船位置，左轮右船鸣笛声声，此起彼伏。车渡车辆驶进驶出，轰隆哐啷响，汽车卡车在碎石路上碾压，腾起一蓬蓬尘雾。客渡船人流吞吐，主流就是奉贤的农民闵行的工人，挤挤挨挨，上海话奉贤话混搭。他

1992年12月10日，中山南路，黄浦江轮渡因大雾停驶，警方安排市民搭卡车从隧道去浦东（雍和 摄）

记得这两个轮渡间，曾有块牌子，上面写着：外国人未经许可，不得过江。开始还不晓得啥原因，后来才了解到，原来奉贤有部队，还不是一般部队，是专门打飞机的导弹部队。

郑宪现在也退休了，他乐此不疲地做着一件事——重访年轻时生活工作过的地方。他在我的朋友圈中看到我在行走黄浦江，大感兴趣，给我来电话，说你一定得写写黄浦江上的渡口，尤其像闵行渡这样的，太有故事了。市区人记得的是董家渡、杨家渡，就像讲到黄浦江，很多人心目中就是外滩的模样，那太以偏概全了。黄浦江沿岸大片地方属于郊区、农村，有着不一样的风情。他嘱咐我一定要把这些写进去。我明白郑宪所要表达的意思，事实上我自己也是这么想的。

黄浦江上游的米市渡已废弃，成为了淞南郊野公园入口（徐晓彤 摄）

来往于陈行塘口和吴泾车沟桥之间的轮渡船（徐晓彤 摄）

上海轮渡复兴东路渡口１号口（汪思毅　摄）

肆

　　我曾经坐过早期的渡轮，那时的渡轮船舱是开敞式的，设施都比较简陋，夏天的热浪、雨天的水珠毫无遮挡地侵入进来；每逢寒冬腊月天，凛冽的寒风直扑船舱，那种冰冷刺骨的感受，只有亲历者才有体会。

　　在 20 世纪 80 年代后期，上海轮渡迎来最繁忙、最鼎盛的时期，黄浦江从上游米市渡至下游吴淞口 80 公里的江岸，共有 22 条轮渡航线和 44 个轮渡站，市中心城区平均间隔 1.5 公里就设有一个渡口，每天乘轮渡的市民达 100 万人次，全年客运量高达 3 亿人次。黄浦江除客运航线外，还有数条车渡船航线。可以说当时的上海有着全世界最繁忙、最密集的轮渡航线，支撑着这座特大型城市的正常运转。

　　胡龙军说，其实乘轮渡的人不知开轮渡人的辛苦。

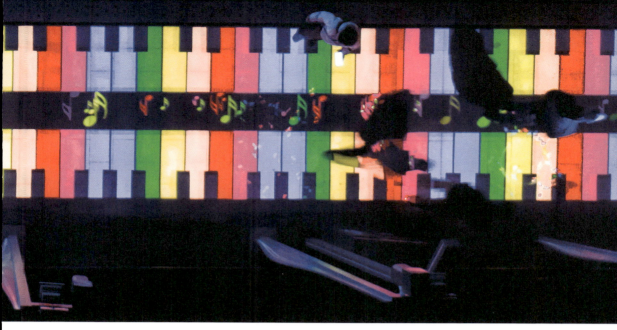

西闵轮渡站闵行渡一侧的"小外滩"光影秀（王盈 摄）

　　长期以来，在轮渡人中流行着一句话："天下三样苦，撑船、打铁、磨豆腐。"轮渡船员的工作的确很吃力。驾驶员整天和一只又笨又重的方向盘打交道，每天要盘几百次，一天下来，两只臂膀又酸又痛；轮机员则整天蹲在又矮又小的机舱里，听着驾驶员的命令，开动机器，一天到晚开车、吃排、前进、后退，热天热得汗流浃背，一步也不能离开机舱；水手的劳动强度则更高，整天拿着一根二十多斤重的缆绳，"套泥菩萨，拔牛尾巴，而且吃力不讨好"，特别是冬天，缆绳着水结冰，又硬、又滑、又重、又冷，捏在手里，冷到心里，而且船靠码头时又要将它抛到两三米以外的桩头上，然后用力拉紧。这样的操作，每天要重复近百次。

　　老胡说，盛夏时节，船甲板温度要达到六十多度，站在上面感到脚底板都要烧起来。"当然，这点苦还没什么，压力最大的还是我做驾驶员时，前面老宋说过，遇到西瓜上市，人挤车、车碰人，一条船停下下完瓜和人，就要折返，累不说，安全问题很头疼，容不得半点马虎。"

　　"还有人给我们驾驶员起了个外号，叫'贼老大'，因为晚上江面视线不好，甚至会有没有灯光的小船在江面上穿行，所以不得不格外小心谨慎，时不时就要低着头，查看四周环境，就像做贼一样。"老胡道。

　　"我们轮渡船在没有全封闭前还经常发生有人喝醉酒摔下江的事情，当然也有轻生的。"老胡说，"还好一般都被及时救了上来。"现在在闵行工作的奉贤人胡永辉则清楚地记得，有一年过年，他在闵行饭店吃年夜饭，因为多喝了几杯酒，结果一坐上渡轮，被江风一吹，醉意就上来了，忘记了下船，往返了好几次，最后还是到午夜12点渡轮停驶时，被船员发现，才把他"撵"了下去。这件事至今还被工友们拿来打趣。

　　这些年来，上海建造的过江隧道和大桥越来越多，上海各条轮渡的客流同西闵线轮渡一样正在大量减少，所以在改造新渡口时最注重的不再是能运载尽可能多的人，而是让乘客的舒适度尽可能得到提升，着力于改建渡口环境，渡轮设施等。

　　张莹在看到这种变化的同时，最担心的是轮渡船员青黄不接。他说，西闵线轮渡，西渡和闵行职工加起来有九十多人，但是过不了多久，将有十多位像老宋、老胡这样的员工退休，可是新员工，尤其是年轻人招不进来。其实这样的状况，在全市轮渡站中普遍存在。

　　"主要还是苦和待遇差。"老宋说。在轮渡值班室，我们恰巧遇到上晚班的奉贤小伙子小朱。他是客渡轮上的水手，今年才28岁，以前上班住宿舍，现在因为结婚生子，就搬回家里了。他一周里要上两个早班，两个晚班。早班的时候凌晨3点多就要到岗，因为头班船是4点开。晚班则要忙到子夜12点半。孩子才20个月大，他平时都照顾不了家里，就这种辛苦程度，工资才4000多元一个月。"所以我们这里都是老年人和中年人了，年轻人怎么会来啊。"说这话时，老宋一脸无奈。

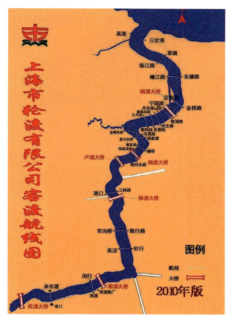

上海轮渡航线图（2010 年）　　　　　　上海轮渡线示意图（2021 年）

"不过苦归苦，轮渡还是要开下去的，总有解决的办法，侬讲是哦？"老宋说。我不知道怎么接老宋的话。我也不知道若干年后黄浦江两岸轮渡航线还会不会存在，大概会的吧，只是航线可能会减少，或许会保留一些主要航线，也有一些景观航线，成为城市的一道风景。

百年西闵线轮渡，是黄浦江两岸众多轮渡的缩影。多少年来，轮渡已融入了上海市民的日常生活中，留给老上海人的是琐碎而温馨的回忆。自1988 年延安东路隧道北线、1991 年南浦大桥相继建成通车，黄浦江上差不多每隔几年就新添一座大桥或一条隧道。进入 21 世纪后，二号线、四号线等轨道交通也加入到立体化过江系统的行列之中。此消彼长，使得曾经在越江交通中堪称"老大"的黄浦江轮渡不得不拱手让出头把交椅。目前，黄浦江仍保有 17 条轮渡航线，配备了新型空调渡船，乘客以骑自行车、

黄浦江上的轮渡在变少，观光游轮却日益多了起来，翡翠公主号游轮上人们摩肩接踵（周平浪 摄）

助动车市民为主，每天约 15 万人次。除延续其交通功能外，如今，包括许多国外游客在内，人们更多地把搭乘轮渡当作一种怀旧与消遣，而非生活的必需。位于金陵东路—东昌路的轮渡航线，每天有成千上万游客选择在渡轮上欣赏浦江两岸的风景。这比黄浦江游览船实惠多了。在 2010 年上海世博会期间，黄浦江轮渡别开生面地开辟"世博水门"航线，在东金线（东昌路—金陵东路）和其秦线（其昌栈—秦皇岛路）两个轮渡站，每天渡船载着数万中外游客先从江上欣赏两岸风光和世博建筑群，然后停靠世博专用码头，游客进入世博园继续参观。轮渡把交通与观光完美地结合起来，成为世博会公共交通中最具特色的一个亮点。或许人们会感慨曾经有多少悲欢离合在这里演绎，但一水难隔两岸人，渡来，渡又去，轮渡渡过的不只是乘客们的一段旅程，还有每个人的希望、期盼和梦想。

2019 年 1 月 20 日，新的西闵线轮渡站启用。2023 年 4 月，历经 4 年多建设的闵行滨江公园对外开放。整体公园以"沧海拾贝"为主题，融入本土历史文化，起伏的绿坡、遍植的新叶树、五颜六色的小花，还有滨江步道、林中小径……组成了一个多彩的休闲娱乐空间。除了绿植花草，颇具艺术造型感的白色镂空雕塑同样吸睛。这个景点叫"南浦归帆"，坐在雕塑下的长椅上，落日下看着黄浦江上货船来来往往，听汽笛声阵阵，便有了一份意境。东边不远处就是闵浦二桥，西侧则是闵行渡。轮渡在江中穿梭不停，对岸就是西渡。利用周末，我和徐老师在感受了闵行滨江公园的风景后，每人花了 2 元钱，坐上轮渡，去西渡走走看看。

乘在轮渡上，想起那次来轮渡站采访的情景，不禁有些感慨，老胡和老宋他们都已退休了，不知道现在怎么样，干了一辈子的轮渡工作，这份情结永远烙在心头了。而我们在这里寻获的不仅仅是一段段记忆，还有这座城市独特的气息。

第十二章 大桥

    黄浦江把上海分成了东西两岸，但在20世纪70年代以前的漫长岁月中，竟没有一座横跨浦江两岸的桥梁。"一江隔两岸，东西长相叹"，在黄浦江上造桥，由此成为数百年来历代上海人企盼的"彩虹梦"。

    悠悠黄浦江，虽然让人们尽享水土膏腴和舟楫之利，却阻隔出两岸截然不同的世界，也阻隔了两岸的往来。在黄浦江上建桥的愿望在几代人心中承续，而尝试也从未停止。

改造后的松浦大桥人行道上可以驻足休闲（徐晓彤 摄）

王超是位 95 后女生，大学毕业后一直从事视频剪辑工作。

她的老家在黄浦江畔的得胜村，属于松江区车墩镇地界。

得胜村这里原有个得胜港，村因港而得名。所谓"得胜"，就是字面上的意思，与明代抗击倭寇有关。因此地位于盐铁塘入黄浦江之口，故而最初叫做"塘口"。明嘉靖年间，倭寇肆无忌惮屡屡进犯，中国官兵屡战屡败，百姓不堪其扰，生命财产受到严重威胁。嘉靖三十三年（1554），倭寇经叶榭塘入黄浦江，松江府总兵汤克宽率兵在水上拦击，大破敌军船阵，此战让当地军民大受鼓舞，于是便将这里改名为"得胜港"。但王超不知道这段历史，四五百年前的事实在太遥远了，在她看来这不就是个普通得不能再普通的名字嘛。也是，她从小就跟着父母搬到镇上住去了，在北松公路车墩影视乐园的对面买了一套商品房。只有节假日才回到村里，看看还住在老屋的爷爷奶奶。三年前她结了婚，新家安在松江大学城旁，而工作又在市区，就更难得回去了。

在王超的印象里，村宅平淡无奇，到处是农田，沟沟坎坎的，路也不好走。每到三四月份油菜花开时，满目金黄灿烂，煞是好看。宅上的一帮子小孩追逐着在花丛中采蜜的蜜蜂，到黄浦江边，站在堤岸上，看江中舟来舟往，欢呼雀跃。

王超和小伙伴们最喜欢的还是去村宅西侧那座大桥的桥墩下玩。

王超说，小时候她不知道这座桥叫什么名字，只知道它通向对岸的叶榭，可以去金山，"是座很大很老的桥"。后来稍懂事点，爸爸妈妈告诉她，这是黄浦江上的第一座大桥，老早的名字就叫"黄浦江大桥"，现在它叫"松浦大桥"。王超还得知，她的姑妈曾是大桥收费站的管理员，坐在桥北口小亭子里向过往车辆收取过桥费。

上海古桥：嘉定众善桥

上海古桥：松江跨塘

没来由地，王超觉得挺有意思，也挺自豪。

壹

松浦大桥位于松江东南叶榭镇和车墩镇间的黄浦江上，在闵行西渡上游 12.5 公里处，是一座铁路、公路两用桥。兴建于 20 世纪 70 年代中期。虽然顶着"黄浦江上第一座桥"的名头，但这座桥建在黄浦江的上游，远在北松公路至松江得胜港之间，那里是乡下头，许多上海市民对它都很陌生。我曾经问过很多上海市区的人，他们几乎都表示不了解，不光未能亲临其境，一睹其风采，还有一些人甚至连"松浦大桥"的名字也少有所闻。

回望历史，在黄浦江上建桥曾是多少代人的梦想。而松浦大桥是这个梦想得以实现的起点。

桥，是人类文明的产物，是社会走向进步发展的标志。一部桥梁史，其实就是一部浓缩的人类文明史。

桥起源于人类受倒木过河的启发，将独木或梁板架在河上以便通行。

上海古桥：浦东媳颂保安桥　　　　　　　上海古桥：宝山宝源桥（均选自《上海的桥》）

中国是古桥之国，约有 4000 年的"筑"桥历史，更早在河姆渡遗址、半坡遗址中也似有桥的遗痕。"出门即过桥，人家尽枕河。"上海地处江南，临江濒海，域内河道稠密，沟渠纵横，水系发达。水多，桥自然也多，民间素有"一里一桥""三步两桥"之说。有据可查，上海的桥梁史开篇于 1700 余年前，"上海第一桥"是三国时期的吴国在嘉定安亭一座菩提寺的山门前所建的山门桥。说是桥，其实就是把石梁架在水上，长不过 3.5 米，宽不足 2.7 米。可惜岁月变迁，现全桥已埋入地下，踪迹难觅。而上海的古桥究竟又有多少呢？很难考证。专家得出的结论是，少说也有 5000 座，流传至今的有 300 座，其中保存较好的有 120 多座。沧海遗珠，虽饱经岁月风霜，却风骨犹存，遗韵悠悠。这是上海的一笔宝贵的文化遗产。

作为上海的母亲河，黄浦江蜿蜒 113.4 公里，它把上海分成了东西两岸，对于上海的重要性毋庸置疑。但在 20 世纪 70 年代以前的漫长岁月中，竟没有一座横跨浦江两岸的桥梁。

明永乐年间，明成祖朱棣派朝廷重臣夏原吉江南治水，上海县鲁汇的小秀才叶宗行献计"黄浦夺淞"，最终实现"江浦合流"，使黄浦江成为上海水利"正脉",之后,不仅数百年无大水之患,而且,使重洋巨舰也可直驶上海城下,为上海港的发展,创造了前所未有的条件。至清乾隆、嘉庆年间,上海已被称为"江海之通津,东南之都会"。上海港逐渐成为我国东南沿海的一大商港,上海县也已经成为江南的商业城市,在经济和文化发展方面,都较早地步入了资本主义萌芽阶段,并冲击着沿海与内地的闭锁状态。一些新生事物,如船队、会馆、钱庄、洋行、邮政等纷纷涌现,标志着作为沿海通商城市的上海,正迸发出巨大的潜力,向近代化的方向迈进。

与此同时,黄浦江的作用和地位也在日益凸现上升。

然而,它却给上海留下了一道久久难补的遗憾——

一条黄浦江,成了都市和乡村的隔离带;

一条黄浦江,成了繁华和贫瘠的分割线;

黄浦江沟通了内外的交流,却阻隔了两岸的往来。

旧时的黄浦江两岸之间来往,一开始以划子和排筏为渡,后来发展到摇橹撑篙的舢板,因船小浪大两岸距离远,其安全性无法保障。倘若遇到巨舰开过,就会颠簸摇晃,因翻覆造成落水淹死之事屡屡发生。更主要的是,这些船只也无法载上重物,对两岸物资和贸易交流带来重要阻碍。随着社会发展,人口日益稠密,往来频繁,加上雾天不能航行等问题,"过江难"的矛盾越发突出。

黄浦江上为什么没有一座桥呢?

其实,在现今松江境内,曾有过一座木石结构的跨江大桥,全长300米,位于现在的黄浦江上游和泖河的水面之下。20世纪70年代,当地政府曾在这一带打捞到100多立方米的木材和数百吨的石料。经过有关方面考证确认后,这座水下大桥为黄浦江上的第一座桥。可惜的是,此桥为何人何时所造,已无从查考了。

1946 年 5 月 16 日，《申报》刊发一篇茅以升谈浦江大桥造价的文章（资料图片）

除了这座不知桥名而沉睡水下的大桥，迄今还没有发现过第二座古桥的遗存。

"一江隔两岸，东西长相叹"，在黄浦江上造桥，由此成为数百年来历代上海人企盼的"彩虹梦"。

清末民初，青浦有一位叫陆士谔的名医，一边行医一边写小说。宣统二年（1910），他出版了一部名为《绘图新中国》的小说，讲述主人公做了一个美梦，黄浦江上建造了一座举世无双的大铁桥，连接两岸，他兴冲冲地从浦西过桥，准备到对岸的浦东参观正在那里举行的万国博览会。游兴正浓之时，竟然摔了一跤，醒来才发觉是南柯一梦。

这算是陆士谔一部幻想之作，但也代表了当时很多上海人的心声。

贰

悠悠黄浦江，虽然让人们尽享水土膏腴和舟楫之利，却阻隔出两岸截然不同的世界，也阻隔了两岸的往来。在黄浦江上建桥的愿望在几代人心中承续，而尝试也从未停止。

自上海开埠，浦西一带，尤其是县城中心区域越来越繁盛，可供拓展的空间日渐狭小，有的地方拥挤不堪，而举目所望，浦东一带仍是田园农舍。孙中山先生在其所著的《建国方略》中主张开发浦东，"创造市宅中心于浦东"，他提出的设想是：将高桥镇以南至龙华寺的黄浦江放弃，在浦东另开一段新的黄浦江，"而现在上海前面缭绕潆回之黄浦江，则填塞之以作广马路及商店地也"。

填江拓土，扩大城区建设面积，这是一种大胆的构想，但另辟一条黄浦江出来，江的另一边又该怎么办？

1921 年 7 月 7 日，美国土木工程学会会员贝伦慈在上海循环俱乐部发表演说，提议在黄浦江上建造桥梁。他认为，在黄浦江上造桥和改进上海的交通是迟早必须解决的事情，造桥与上海港口的改良有着重大关系。江桥建好后，铁路可以延伸到各大码头，汽车也可以进入港区，浦东地区由此可以发展为工业区和居住区。对于市民来说，浦江两岸如果有一座大桥或数座大桥相连接，电车、汽车和行人步行往来都很方便。贝伦慈还当场展示了他绘制的黄浦江浮桥图。

1927 年 7 月，民国政府宣布成立"上海特别市"，随即着手制定"大上海计划"，拟以江湾为市中心区，建筑道路、市政府大楼和其他公共设施，从而打破上海公共租界与上海法租界垄断城市中心的局面。该计划勉强推进了 8 年，大兴土木，最后因抗战全面爆发而中止。随着大上海计划的实施，1931 年，又有上海地方商绅提出在黄浦江上建设大桥的设想。有人主张建造可容火车、电车、汽车、行人往来的桥梁；也有人提议，为便于黄浦上万吨轮的进出，应该建造钢铁活动浮桥。建桥费用，由商民承垫，政府派员会同承办商民组成保管委员会，共同保管。参照闵行人李英

卢浦大桥（桑炯华 摄）

建设中的闵浦三桥（陶志军 摄）

石于 1922 年所创建的沪闵长途汽车公司征收养路费办法，待建造完成后，向通行的车辆收费，还本付息。规定一定年限，本息还清后，桥梁归政府管理。

随后，大桥建设筹备工作进入实质性阶段，与德国孟阿恩桥梁公司订立草约，拟在南头（南市）董家渡与浦东之间建造钢制浮船桥梁。此后，市政府工务局约谈发起商人，发现经费没有来源，图纸过于简单，于是要求提供造桥经费及图纸的详细计划。后来也不知什么原因，此事没有了下文。

直到 1945 年抗战胜利，租界收回，在黄浦江上造桥又提到了议事日程。1946 年 5 月 10 日，上海市政府第三十次市政会议讨论通过《筹建越江交通工程进行办法》，决定设立上海市越江工程委员会，由著名桥梁专家、中国桥梁公司总经理茅以升和上海市工务局局长赵祖康主持筹划。越江工程筹建分为两期进行。第一期，勘测并选定桥梁或隧道地址，绘制浦江两岸的地形图，然后通过钻探了解选定地点的黄浦江地质情况；第二期，设计工程图样，编制预算，拟定工程计划，完成招标、发包等前期准备工作。

以茅以升、赵祖康等桥梁专家、设计师组成的越江工程委员会，拟定了四种越江工程方案，即隧道、低架活动桥（桥的中孔能够自由开启以便大型船只通过）、高架固定桥和在上游建固定桥。这四种越江方案，凝聚着一代中国桥梁精英的智慧和心血，也寄托着数以百万计的上海人的深情期望。1947 年 8 月 17 日，茅以升通过电台广播，向市民们介绍了越江工程的重要性和存在的难题，他表示，黄浦江是上海的生命线，越江工程就是浦东的生命线，以现在的工程技术条件来看，无论是建隧道或是建桥，都应该能够办得到。

越江工程委员会设有由众多建筑、桥梁专家组成的技术顾问小组。经反复比较、论证，最终确定隧道为越江工程的首选，可以适应上海港的发展和满足国防的需要。在选址上，通过对中正东路（今延安东路）外滩、十六铺、董家渡和日晖港几处的论证，认为在中正东路外滩建一条双通道的隧道通往浦东较为合适。如果建桥的话，一是建筑费用太贵，二是技术上存在难度，所以暂时不予考虑。

　　然而，巧妇难为无米之炊。越江工程的方案确定了，但建设费用从何而来？虽然当局曾作出承诺，支付 2 亿元设计费，却一直没有兑现。实际上，被政治、经济、军事危机弄得焦头烂额的国民党政府既无财力也无心力去真正将这么一个耗资百亿的浩大工程付诸实施。为了应付内战所需的庞大军费开支，国民党政府滥印法币，国统区的物价如脱缰野马，财政经济处于崩溃的边缘。经茅以升等人再三催要，好不容易才领到 1 亿元法币。可笑的是，这 1 亿元在 1946 年底还可以买到 1000 匹细布，等 1948 年款项到手，只能换回 10 余匹细布，或只购买 10 斤茶叶。

　　如此情况之下，越江工程只能沦为"纸上谈兵"，跨越黄浦江之梦也随之终成泡影。直到 1970 年，终于建成了第一条穿越黄浦江水底的公路隧道——打浦路隧道。这条隧道从 1959 年制订规划，1966 年动工，直到五年后，即 1971 年 6 月正式通车。截止到 2023 年底，整个黄浦江越江隧道已建成并投入使用的共有 17 条，包括延安东路隧道、外环隧道、复兴东路隧道、西藏南路隧道、军工路隧道等。2024 年将完成银都路隧道、龙水南路隧道的建设。

　　有机会的话，我应该要好好地走走这些隧道。它们与黄浦江息息相关，与很多上海市民的生活更是密不可分。

叁

　　我和徐老师走在得胜村的宅头巷尾，想着应该约上王超的。这里是她的老家，虽然她也并不是很清楚它的前世今生，但总比我们两个陌生人瞎逛要好得多。

宅上几乎没有新的房子，大多陈旧而斑驳，有的平房看上去有数十年了，那些两层楼的房子估计最晚也是在 20 世纪 90 年代建造的。从村落的布局结构上来看，它不似我们平常所见到的松松散散，而是紧密有致，依稀有种小镇街巷的感觉，小巷中铺着的是青石板。碰到村上的老人，一打听，还真是。

这个紧邻黄浦江的小村落因明代抗倭大捷，一战成名，被命名"得胜港"，此后乡民安居乐业，尤其明末设渡口后，遂成集镇，过往盐铁塘、黄浦江的客轮货船常在这里停泊，到清代、民国期间商贸越加活跃，集镇上几乎家家户户都开店，20 世纪 40 年代，达到 50 多家，还有两处寺庙，一处为佛教寺院大觉寺，另一处为道教关帝庙。新中国成立后，得胜港在很长一段时间里是乡、高级社、生产大队等的所在地。

热情的老人指着巷口处的石板桥对我们说，别看它毫不起眼，也有一百多年历史了。"吾伲小辰光时，格里邪闹猛！（我们小时候，这里很热闹）"接过我递给他的烟，这位年近八十的老人明显有些兴奋，话多了

1975 年，建设中的黄浦江大桥，即现在的松浦大桥
（资料图片）

1976 年 6 月，黄浦江大桥落成通车
（资料图片）

起来，虽然是当地土话，好在我是听得懂的，甚至有种亲切感。毕竟闵行和松江是隔壁邻居，追根溯源，还同属松江府，语言体系一脉相承。

"老早街上光茶馆店就有七爿。"老人说。从什么时候集镇废了呢？我问。老人面朝西侧，抬手说道："看到哦，建那座大桥时，一部分村里厢人搬脱了，集镇也搬迁到北爿车墩去了，格里就冷落了。"

老人嘴里的那座大桥，就是松浦大桥，也就是之前说到的"黄浦江上的第一座大桥"。

1972 年，国家重点工程上海石油化工总厂（俗称金山石化）在上海市最西南的金山卫地区破土动工。为了承担石化总厂的运输任务，必须在附近修建一座越江的公路铁路两用桥，使黄浦江两岸联结在一起，于是在黄浦江上建大桥的设想终于摆上了议事日程，而且迅速落地推进。

1973 年 7 月，交通部第四铁路工程局第十六勘测设计队对金山卫铁路支线，经过选线比较，提出了枫泾、米市渡和得胜港三个建造黄浦江大桥的比较方案。最终得胜港方案胜出。1974 年 7 月，施工队伍聚集在得胜港，打下了第一根混凝土管桩，擂响了第一锤撼天得胜鼓。

松浦大桥总投资 5250 余万元（我查了一下，当时上海工人月工资一般在 36 元左右，可见建桥费用之巨。），全部采用国产材料，自行设计、施工。仅一年零一个半月后，1975 年 9 月 11 日，大桥铁路桥建成通车。次年 6 月 29 日，铁路桥上层的公路桥也建成通车。

这座越江桥不仅工程巨大复杂，其桥型虽类同南京长江大桥，双层两用，却别具一格，与特大型长江大桥相比，更显出它的精巧秀气，与江南水乡的情调十分吻合。桥头周围的道路遍植绿树，四周花坛里花木葱茂，形成一片绿化生态区域。在此观光休闲，当别有一番意境。

因为是黄浦江上的第一座大桥，其地位可想而知，故当时当仁不让地被命名为黄浦江大桥。20 世纪 80 年代初，我正在读小学，学校组织秋游，徒步来到这里，登临桥上游览。目睹伟岸的桥姿以及在桥上巡逻的解放军战士，感到莫名兴奋和自豪。还有一次，是跟着外公和我妈去的。为了弄清桥上究竟有多少盏路灯，外公便用火柴棍来计数。那时人小，也没见过什么世面，觉得桥好大好长好美，除此之外，找不到其他形容词来表达这份直击内心的震撼。直到 1991 年 11 月 19 日，号称"中国第一"的南浦大桥横空而起，我乘车行驶在这座市区第一座黄浦江大桥上，当年的那份感慨才被打破。

2022 年 10 月 29 日，我重游松浦大桥，并在得胜港流连。这座大桥起初的黄浦江大桥之名随着后来黄浦江上的大桥越建越多，终于没有守住，在 1989 年改名为车亭大桥，1995 年再一次改名，以松江首字加"浦"字，定名为松浦大桥。

我和徐老师从得胜港村宅出来后，走车亭公路拐上了松浦大桥的公路桥，到对岸叶榭寻了一处空地停车，在岸边才发现下层桥梁竟然可行人通行，忙登上楼梯观景，才发现别有一番景致。

好多年没有走过松浦大桥，发现它变样了。一了解才知道松浦大桥从 2017 年 6 月 30 日开始，经过了历时五年的工程改造。原来下层的铁路桥已经单列建设了金山铁路黄浦江特大桥。松浦大桥仍然为上下两层，上层桥梁为公路桥，汽车通行，但下层桥梁被改造为人行道和非机动车道，步道上增设了座椅、小品景观和古朴的路灯，用建设方的话来说，"遵循简洁原则，打造可漫步、可阅读、有温度的慢行空间"。

叶榭这里保留着最原始最自然的农村景象，南桥堍处附近有当地农民在路边摆摊，出售自家所种的蔬菜；而北桥堍得胜港这里，竟然开设了一家名为流浪蜗牛野奢露营地的休闲场所，桥东西侧相通，占地面积不小。

松浦大桥下的露营地 （徐晓彤 摄）

大概因为是周末的缘故，在里面游玩的人还是挺多的。

一座四十多年前为上海石化总厂而建的大桥，如今有了完美的观光功能，不得不说，这是时代的进步。

肆

松浦大桥于上海石化总厂而言，是有功之臣，不仅解决了该厂的运输问题，同时沟通了两岸的公路运输，促进了经济发展。然而这黄浦江上的第一道彩虹虽然美丽，但因远离市区、地处乡下，对缓解上海市民"过江难""难过江"问题未起到真正的作用。

"宁要浦西一张床，不要浦东一间房"，曾经是上海人的历史心态。新中国成立后的几十年间，上海浦西城区人口急剧增长，城市基础设施却仍然维持原样。住房拥挤，交通阻塞，曾经摩登繁华的都市已变得狭窄不堪。即便这样,人们也不愿搬到广阔无垠的浦东。一条大江,令人望而生畏。无论是住在浦西,工作在浦东,或住在浦东,工作在浦西,通勤路上的拦路虎就是这条大江。

但是问题总得要面对。为了解决浦西的拥挤状况,高层决策者提出"打过黄浦江去",一场向浦东进军的"发展大战"轰轰烈烈地开始了。在这片绿草萋萋、农田茂盛的土地上,到处响起了隆隆的打桩声,到处堆积了如山的红砖、黄沙、水泥和石子。20世纪80年代开始,浦西人口不断向浦东迁移。到80年代末期,浦东的居住人口已达110万,每天来往黄浦江两岸的人员和车辆逾百万,远远超过了当时越江交通设施和承载能力。

凡是经历过那个时期的上海人都不会忘记昔日交通的拥挤状况。来往浦江两岸的车辆驶进了越江隧道,突遇状况,车停了。眼看着上班要迟到,车却挪不动半步。属市区部分的12条轮渡线,状况也好不到那里去,一旦遇到大雾天,全线停航,人们只能望江兴叹。如果轮渡间隔时间稍长,码头上便会挤满焦灼的乘客。待轮渡靠岸,人们蜂拥而入,犹如逃难。就算有汽车,渡口排队也要两三个小时,司机们怨声载道,却又无可奈何。

面对上海快速膨胀,人口激增,车流量成倍增长的状况,解决"过江难"刻不容缓。

1980年12月8日,《文汇报》刊载文章《浦东浦西可否一桥飞架》,发出呼吁,顿时引发全社会热烈反响,数千封读者来信飞向报社、市政府,表达人们的愿望,还提出了种种造桥方案。

1987年,建设市区的黄浦江大桥被正式列为上海五大市政工程之一。时任市长江泽民指出,建设黄浦江大桥对开发浦东、振兴上海意义重大。他强调:一定要把浦江大桥建成上海城一个新的标志、新的景点!

1988年12月15日,随着"嘭、嘭、嘭"的打桩声,黄浦江上的第

一位长者好奇地用望远镜打量着建设中的南浦大桥（王鹤春　摄）

建设中的南浦大桥（陆杰　摄）

一座大跨径桥梁——南浦大桥，在这一天打下了具有历史意义的第一根 52 米钢管桩。

　　南浦大桥总投资高达 8.4 亿元，位于市区董家渡和周家渡之间。是我国自行设计、自行施工的国内第一座双塔双索面叠合梁结构斜拉桥，也是

1991 年 12 月，南浦大桥通车，它是黄浦江上第二座大桥，也是上海市区第一座跨黄浦江大桥（桑炳华 摄）

上海市区第一座跨越黄浦江的大桥。

经过全体大桥建设者近三年的日夜奋战和艰苦奋斗，1991年11月19日，南浦大桥提前45天全面建成。一桥飞架，长虹凌空，浦东浦西近在咫尺，融为一体。上海人终于圆了"一桥飞架黄浦江"的梦想，也完美诠释了什么是"上海水平，上海精神，上海速度，上海风格"。

南浦大桥规模之宏大，工艺之严格，技术之复杂，施工周期之短，充分展现了上海桥梁建设者的胆魄和智慧，创造了建桥史上的奇迹，在当时创造了众多全国第一，有的还是世界第一：

南浦大桥一跨过江，423米的跨度为全国第一；

南浦大桥引桥全长7783米，在世界同类型桥梁中位居第一；

南浦大桥主桥面最重的一根钢梁达83吨，最长的一根钢索达227米，为全国之最。

……

大桥建成后，困扰上海市民的"过江难"得以明显缓解。以往在渡口排队两三个小时的货车，如今过江只需短短的7分钟。

上海市民为此兴奋不已。据当时新闻媒体报道，正式通车那天，附近的居民倾巢出动，像过节一样，扶老携幼，喜气洋洋地登上大桥，参观这座圆了上海人数百年来梦想的大桥。有的在大桥走了一两个来回仍感意犹未尽，有的还把自己与南浦大桥的合影寄给四面八方的亲友。

南浦大桥采用泛光照明展示大桥夜景雄姿，桥面上方的主塔采用的是有色金属卤光灯，犹如一把雪亮的利剑刺向夜空，冷峻挺拔，非常壮观。主塔横梁上用青白色的泛光将邓小平亲自题写的"南浦大桥"四个大字映照得特别鲜亮。桥面下方采用黄色调钠灯，带来融融暖意。

我还清楚地记得，我第一次走南浦大桥是在1992年的春上，请单位的司机开了一辆白色的昌河小面包车，从浦西到浦东，又到浦东回到浦西。之所以记得这么清楚，那是因为不久前的春节，邓小平南方视察，来到上海，老人家于 2 月 7 日，在大桥上留影，背景是高耸的桥架，上面是他书写的南浦大桥题字。

有点遗憾，那次去我没有带照相机，没有留下影像。

伍

在黄浦江上建桥，发轫于松浦大桥，但真正吹响大踏步进军号角的自然是南浦大桥。

南浦大桥的建成在一定程度上缓解了市区居民"过江难"状况，更为浦东的开发开放创造了有利条件，然而两岸之间的交通依然有诸多不便和限制因素。尤其是占过江量 34% 的苏州河以北地区，还没有一处具有连续通行能力的越江工程。许多车辆因候渡时间长，只得穿越市区绕行，使原本已十分紧张的市区交通平添压力。因此，在苏州河以北地区建造跨越黄浦江的大桥，对于缓解过江难、早日形成完整的内环线和浦东、浦西融为一体的市区立体交通新格局是相当迫切的。

为此，市政府决定，在苏州河以北黄浦江段上再建一座越江大桥，即杨浦大桥。1991 年 4 月 29 日，在南浦大桥即将进入主桥合龙的关键阶段，杨浦大桥的主塔基础打下了第一根桥桩。1993 年 10 月 23 日，杨浦大桥建成通车，比预定时间提前了 100 天，而且还创造了一项纪录：是世界最大跨度斜拉桥，简称"世界第一跨"。

世界著名桥梁专家斯文森先生深有感慨地说道："对于一个发展中国家来说，能够设计和建造这样一座世界纪录的斜拉桥，就好比在奥运会获

杨浦大桥（桑炯华　摄）

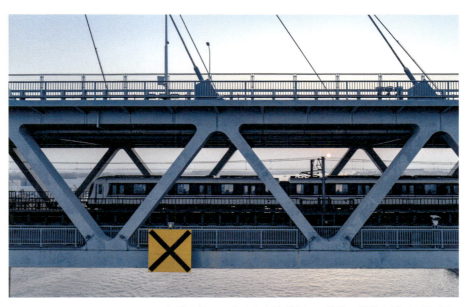

闵浦二桥是一座公路和轨道交通一体化双层特大桥（王盈　摄）

徐浦大桥（桑炳华 摄）

得半打金牌。"

从此，南浦、杨浦两座姊妹桥交相辉映，为开发开放浦东，振兴上海经济提供了重要的基础设施。

之后，在不到30年的时间里，黄浦江上相继建成奉浦大桥、徐浦大桥、卢浦大桥、松浦二桥、闵浦大桥、闵浦二桥、松浦三桥、金山铁路黄浦江特大桥、辰塔公路横潦泾大桥等（以建设完成时间排序）。到2020年10月28日，昆阳路越江大桥（闵浦三桥）建成通车，目前黄浦江上共有13座越江大桥。光我生活的闵行区，地界之内就有4座大桥。

从黄浦江上第一座桥松浦大桥到南浦大桥，两桥之间我们用了整整16年的时间。

闵浦大桥（汪思毅 摄）

从南浦大桥到闵浦三桥，12座桥，我们却只花了30年，平均2.5年修成一座。一座座大桥犹如黄浦江两岸横空出世的道道彩虹，成为我们城市的骄傲和象征，实现了历史的跨越。

在写这章大桥的文章时，我梳理了一下，除了地处松江的金山铁路黄浦江特大桥、松浦二桥、松浦三桥和辰塔公路横潦泾大桥外，其余大桥我走过多次。看得多了或许少了几分感慨和激动，但写下来时，翻看过往，便多了些思考。

黄浦江上的桥梁史，也是上海历史的一部分。历史的发展因桥的发展而更显光彩；而桥的发展，则间接、或直接地标志了历史的发展阶段。

第十三章　大厂

　　杨树浦是上海近代工业发展最早、最集中的地带，也曾是上海最大的工业区。如果说要追寻中国城市近代工业区，那么上海便是一个典型，而以杨树浦为代表的黄浦江工业码头区，则是上海近代工业化的一个缩影。

　　由杨树浦溯江而上，经过虹口、黄浦、徐汇、闵行等区，不知道有没有人统计过，这一带黄浦江沿线曾经有多少产业工人工作过，生活过，但我相信，他们的记忆一定与这条江有关。

吴泾沿江一带曾经是上海化工区企业聚集地（汪思毅 摄）

　　蒋玉萍退休了，在 2021 年的秋天。55 岁，还是活力满满的样子。两年前，她荣升为外婆，所以她给自己的退休生活作了一个规划，一是帮着女儿带孩子，二是趁精力允许，到全国各地甚至海外走走。她热爱旅游，"现在有大把时间可'挥霍'了，想去哪儿就去哪儿。"她笑着对我说。

　　1985 年 6 月，19 岁的蒋玉萍从位于江川路上的上海电机学校毕业，然后被分配进了同在江川路上的上海电机厂工作，直到退休。整整三十六年，工种和岗位换过不少，但单位却没有换过。最后在厂工艺部部长岗位上退休。

　　电机厂是个大厂，是中国电机制造工业的骨干企业之一。蒋玉萍进入这个厂时，职工规模已超过 8000 人。"每天上下班，厂门口挤满了人，太壮观了。"蒋玉萍说。除了普通职工，这里也云集了大量高级知识分子，拥有中高级职称的近千人。蒋玉萍最初的学历才是"小中专"（从初中直接考入中专，一般学制四年），用她的话说是"混在人堆中毫不起眼的那种"。所以，我相信她最终成为这样一家大厂的工艺部部长，一定不是熬资历熬出来的。

　　蒋玉萍没有细谈她个人的成长经历，她感慨的是，当年，自己作为上海县陈行乡一个农家女，从黄浦江畔的一个小村落里走出来，乘着车沟桥轮渡来到闵行镇上，读了中专，而后又幸运地进入了这个依黄浦江而建的大厂。命运似乎始终和这条江休戚相关。

　　蒋玉萍还记得，自己当初刚来这里上学的时候，这个江边小城虽然远离市区，却已十分繁华，商业、生活等配套十分齐全。建置上历经数次变动，一度两次成为独立的行政区。而今，这里是江川路街道所属区域，本地人口中的"老闵行"。而横贯辖区东西向的主干道就叫江川路，最东起头一段前身叫一号路，又称"闵行一条街"，在20世纪六七十年代被誉为"闵行的南京路"。

"老闵行"有许多大厂，尤以上海电机厂、上海汽轮机厂、上海锅炉厂和上海重型机器厂最为出名，这些大厂屹立在黄浦江上游，自20世纪50年代末期起，撑起了中国电站设备生产的半边天，上海机电工业的半壁江山。同时，也为新中国的城市建设史，增添了别开生面的一章。这四家大厂被上海人形象地誉为"四大金刚"。

依江临水的"老闵行"一带是当年因工业而兴的城区。而综观黄浦江绵长的岸线，事实上，也是一部上海乃至中国的近现代工业史，书写着不能忘却的集体记忆。

壹

那天，逛完复兴岛，驱车从定海路桥出来，不一会儿就来到了杨树浦路。尽管春雨绵绵，又夹杂着湿冷的阴霾，但还是决定停下来走一走。

我对这一带并不熟悉，也少有机会来这里，但杨树浦的赫赫之名很早以前便让我产生了浓厚的兴趣。因为这里是上海近代工业发展最早、最集中的地带，也曾是上海最大的工业区。如果说要追寻中国城市近代工业区，那么上海便是一个典型，而以杨树浦为代表的黄浦江工业码头区，则是上海近代工业化的一个缩影。毫无疑问，行走黄浦江，要深入它的肌理，杨树浦是断断不可忽视的。

老上海人习惯把杨浦称之为"杨树浦"，事实上，现在的杨浦区原名便是杨树浦区，是因区境内"杨树浦港"而得名。"浦"因河（港）得名，"杨树"遂因沿河两岸当年栽种大量杨柳树而得名，合之即称为"杨树浦"。

19 世纪末的杨树浦港（资料图片）

杨树浦港系黄浦江下游的一条支流，源自西北部的走马塘，纵贯杨树浦区境中部，向南注入黄浦江，是区境内的一条主要河流。当初，作为片区地名的"杨树浦"，是指黄浦江以北、长阳路以南、大连路以东的这片区域，尤以沿杨树浦路两侧的狭长地带为核心。而作为行政区的"杨树浦区"则起名于 1945 年 12 月建区之时，1950 年 6 月，改称"杨浦区"。曾经，在杨树浦港以西至大连路这片区域，还有一个榆林区，在 1960 年 1 月被撤销，并入杨浦区。这片地域虽然屡经易革，但杨树浦无疑是杨浦区的发端。

杨浦素来号称有三个"百年文明"，即百年工业文明、百年大学文明、百年市政文明。百年大学自然是以复旦、同济为傲延续至今，沪东这片热土，是近代上海高等学校的蕴育之所，也是近代上海教育界知识界构建大学校园的首选之地，诞生了许多给人以深刻印象并至今仍在发挥巨大影响的高校，留下了丰厚的历史遗产和教育资源；百年市政，是因上海在 1927 年 7 月设立"特别市"，推行"大上海计划"，杨浦所属今五角场以北至黄浦江边的地区进入大规模的开发建设历程，从浜河纵横、农野远展，一变而为城市化的上海新市中心区，当年建造的市政府、市图书馆、市博物馆、市体育场、市医院等主要建筑依然存留于世，经整修后风韵不减；而百年工业文明无疑是杨浦、上海乃至中国近代工业史上最辉煌的篇章之一，是中国工业文明史的一个缩影。

其中，杨树浦地区是上海近代工业发展最早、最为集中的地带之一，也是中国近代著名的工业中心。据史学推断和论证，杨树浦成陆于唐末宋初，已有千年以上的历史。上海开埠后，英租界的核心在外滩南京路一带。1869 年，租界工部局从外滩沿黄浦江修一马路至"杨树浦"，名为杨树浦路。百多年前，人们就已深刻明白"想要富，先修路"这一道理，自此以后，杨树浦地区开始了后来居上的历程。

早在 19 世纪 80 年代，在西方近代"工业革命"浪潮的冲击下，一大批立志于"工业救国"的仁人志士借助政府资本、民间资本以及外资，在杨树浦兴办了中国近代最早的一批工业企业。至 1900 年，先后有近百家

20 世纪 80 年代的杨浦黄浦江畔工业带（资料图片）

外资独办、官商合办、官督商办、私人合股等性质的工厂和与工厂相配套的商业机构落地杨树浦地区，成为杨浦乃至上海近代工业的发端，揭开了中国近代民用工业化的序幕，有力推动了中国近代工业创设和经济发展。甲午战争以后，1895 年清政府被迫与日本签订《马关条约》，外商据此取得了一系列在华开办工厂的特权。随后，大批外商抢占黄浦江滨江沿岸，投资设厂，民族资本家也纷纷效仿，其发展之速、规模之大、分布之集中，"在当时中国农耕社会无出其右"（《杨浦百年工业大转型》，2017 年 9 月）。到 1913 年，杨浦的滨江地带机器轰鸣、烟囱林立、产业工人聚集，建成了棉纺、缫丝、造船、造纸、发电、自来水等工厂 60 多家，到 20 世纪 20 年代，有产业工人 20 万人，占上海产业工人总数近一半，全国的近 10%，成为全国最为集中、上海规模最大的工业区，是名副其实的"中国近代工业发源地"。

第一家自来水厂、第一家发电厂、第一家煤气厂、第一家机器纺织厂、第一家机器造纸厂……杨树浦创造了当时许多上海和中国的"第一"。换言之，近代上海的繁盛，杨树浦功不可没。

先说纺织。上海曾经有过极度辉煌的纺织轻工业，历史悠远。在宋朝末年，上海地区就已经开始引进棉种，到了明代，农田已"棉七稻三"，此时上海的手工棉纺织业日益兴盛，成为全国最大的棉纺织中心。19 世纪 70 年代末，西方工业革命激发了上海纺织的迅速发展，从手工棉织向机械织造突变。1878 年，清廷重臣李鸿章委派候补道彭汝琮为首任总办，负责筹建上海机器织布局，这是中国近代第一家机器纺织厂，而厂址就选在杨树浦沿黄浦江地界。然而筹办过程十分缓慢，走了许多弯路。直到 1893 年才得以全面投产。生产之初，便营业兴盛，利润可观，热别是纺织利润尤其丰厚。所产棉纱、布匹除在上海本埠销售外，还销往杭州、芜湖、天津、牛庄、重庆、福州等地，经济效益十分显著。"不数月获利三十余万，成效大著，文忠（李鸿章）悦服。"谁能想到，该厂全面投产不久，却因一场大火把洋务派苦心筹建 10 多年的这家纺织大厂化为灰烬，全厂房屋、货物、设备尽毁。李鸿章闻之，痛心疾首。但这场大火并没有阻挡住中国近代工业发展的脚步，李鸿章决定在旧厂基础上重新筹设一个新厂——华盛纺织总厂，规模更大，设备更好。仅仅在一年之后，华盛就在原址开工投产了。

从织布局成立一直到 20 世纪初，也就是甲午战争后期，外商开始大规模来沪投资纺织业，大多在杨树浦一带，尤以英商、日商为盛。到

全国劳模黄宝妹在技术带教（资料图片）

了 20 世纪二三十年代，上海已成为全国织布工业发展最为集中的城市。1949 年新中国成立时，上海共有纺织企业 4552 家，纺锭数量占全国总数的 47.23%。真正号称为"半壁江山"。行业员工最高时达 55 万人，直到 70 年代末，纺织业都是上海财政的"第一支柱"。

2022 年 2 月，因为一个项目，我去了趟上海纺织博物馆，馆长蒋国荣先生接待并讲解。他是一个老纺织人，对上海纺织史如数家珍。那些介绍词估计他面对众多的参观者已重复数百遍，但讲到曾经的辉煌时，还有那么一丝丝的激动。确实，人人都说上海是个时尚的城市，很大部分体现在衣着打扮上，发达的纺织业自然提升了人们在这方面的品位。20 世纪 80 年代中期，我身边有不少同学、相熟的同龄人都纷纷报考纺织院校，可见这个行业的吸引力。有辉煌，自然有没落。20 世纪 90 年代，上海纺织经历了产业调整的阵痛，壮士断臂、凤凰涅槃，大规模进行了"关停并转"，一大批纺织女工转岗、下岗，提早退休。为整个上海城市的改变，付出了巨大牺牲。当时，18 位"纺嫂"成为上海航空公司首批"空嫂"的新闻轰动一时。1996 年 5 月，"东锭西移"的重大决策开始实施，首批上海第一棉纺织厂的 3 万纺锭设备运往新疆石河子市。1998 年，上海纺织首批棉纺压锭，"全国压锭一千万，上海敲响第一锤"。这是后话。

复兴岛附近，定海路杨树浦路这里，有个上海国际时尚中心，号称亚洲规模最大，便是由原上海第十七棉纺织厂改建而成的。这里的建筑已有百年历史，最早为日本人投资的裕丰纱厂。厂房屋顶采用整齐的锯齿形设计，造型独特，是当年同类厂房中设计最先进、施工最精致的建筑。十七棉厂在 1990 年时职工人数超过 1 万人，是名副其实的"万人大厂"。在 20 世纪 50 年代，还出了一位著名的全国劳模黄宝妹，她在这里工作过整整 42 年，1959 年就曾受到周恩来总理的接见。黄宝妹在接受电视台采访时回忆道:"那时候我住在浦东,而我们的纺织厂在浦西,每天早上 3 点就要起床,走到码头再乘船。一共只有三条船,一条船满了就开走,然后再回来接人。那时候我们都要抢在第一批过江去,因为如果第一批走不上,到下一批就要脱班迟到了。那时候是不能脱班的。"2021 年 6 月 29 日,90 高龄的黄宝妹被授予"七一勋章",在人民大会堂,由习近平总书记亲自颁授。我的一位朋友章瀚,是 SMG 的导演,前两年执导电视台"庆五一"晚会,把老太太邀请到了现场,让她讲述上海纺织行业的辉煌历程和人生故事。事后章瀚说,别看老太太年纪大,但思路清晰、精神抖擞,讲话也中气十足。

上海纺织行业衰退,经过大规模收缩和劳动力调整,十七棉厂也同大部分纺织厂一样,风光不再。"万人大厂"到 2023 年时只剩几十个人在看护工厂。停产后,进入 21 世纪初,主管部门将其打造成了与国际时尚业界互动对接的地标性载体和营运承载基地,以纺织概念为主的文化创意园区。同时具备时尚多功能秀场、时尚接待会所、时尚创意办公、时尚精品仓、时尚公寓酒店和时尚餐饮娱乐等六大功能区域。我们去时,大概还是因为天气之故,游人较少,清水红砖的外墙,依稀保留着 20 世纪 20 年代老上海工业文明的历史年轮。

贰

站在上海国际时尚中心的亲水平台向远方眺望,江面在稀稀落落的雨水中一如既往地混沌,却也平静地流淌。潮水退却后,裸露出沿岸大片的滩涂,有鸟在滩涂上觅食。迷蒙的雨丝让视线变得模糊,不知道是什么鸟,大概是白鹭之类。

由上海第十七棉纺织厂改建而成的上海国际时尚中心（吴玉林 摄）

　　向东望去，便是复兴岛。对过则为浦东岸线，岸边停满了船，龙门吊高耸，巍巍壮观。那里是沪东中华船厂的基地。西首，是被誉为"世界第一跨"的杨浦大桥，曾经以 602 米的跨度，飞跃黄浦江两岸，当之无愧地成为世界第一斜拉桥。

　　再回头望着国际时尚中心，那一排排的锯齿形厂房，耳旁仿佛回荡着数十年前那彻夜不停的纺织机械声，眼前闪现着纺织女工忙碌的身影，想起了夏衍那篇发表于 1935 年的著名报告文学《包身工》。

　　"若说苦，杨树浦。"这句话指的便是当年杨树浦一带纺织女工的苦难生活。所谓包身工，是旧中国工厂中实行的一种定期卖身的雇佣制度，带着残酷的奴役性质。包身工一般多为农村来的女童工，由包工头迫使他们的父母或保人接受极少的包身费，订立包身契约。包身期间，没有人身自由，一切听命于包工头，不准回家，不准到其他厂家劳动，全部工资归包工头所有。杨树浦便是当年包身工的"故乡"。

　　自 1843 年开埠以来，上海就成了一座移民城市，外地到上海谋生者日渐增多，到 20 世纪二三十年代，越来越多的女工进入缫丝、纺织等行业，成为一名"湖丝阿姐"，包身工制度也随之在外商纱厂日益盛行，而又以日商上海纱厂最为典型。包身工最早出现于 1897 年英国人在上海开办的英商怡和纱厂（新中国成立后为上海第五毛纺厂），当时外商在中国办厂，因语言不通，风俗习惯不同，无法直接管理工人，于是便采用买办包工制，通过招用包身工头管理包身工。至 1937 年，上海的包身工已达七八万人，占当时纺织女工的三分之一。杨树浦地区纱厂集中，纺织女工也以此地人数居多。而包身工都是童工，进入纱厂，便被送进了大铁门内，在棉尘飞扬、机器轰鸣连讲话也听不见的车间里，一天工作十几个小时，从早晨 6 点做到晚上 6 点，或从晚上 6 点做到早晨 6 点，故而有"日工做到两头黑，夜工做到两头亮"的说法，更有人形象地比喻为"从鸡叫做到鬼叫"。

包身工的食宿条件十分恶劣。住的是包工头向厂方租用的"鸽子笼"，冬天像冰窖，夏天像蒸笼；吃的是二稀一干，碎米、菜皮、咸菜、豆芽等。夏衍在《包身工》中这样描写道：旧历四月中旬，清晨四点一刻，天还没亮，睡在拥挤的工房里的人们已被吆喝着起身了。一个身着和时节不相称的拷绸衫裤的男子大声地呼喊："拆铺啦！起来！"接着，又下命令似地高叫："'芦柴棒'，去烧火！妈的，还躺着，猪猡！"七尺阔、十二尺深的工房地上，横七竖八地躺满了十六七个被骂做"猪猡"的人……

夏衍的这篇报告文学，创造性地采用电影的表现手法，我初读时，总感觉每段文字都具有画面感。包身工每天上班由包工头押带进厂，下班再押回，不能写信、不能回家，俗称"包饭女工"，实际是"罐装了的劳动力"。

2011 年 6 月，上海拍摄了一部名为《先驱者》的电影，讲述了中国共产党人领导和推动工运，同资本家们展开抗争的悲壮故事，也展示了上海纱厂包身工所遭受的非人待遇。

1920年杨树浦发电厂外景（资料图片）

2006年时上棉十七厂（资料图片）

　　随着包身工制度的推行，还有一个称呼被广为传播，那就是"拿摩温"，是当时工头的别称。现在是没人讲了，但你若同有点年纪的老上海人聊天，说起"拿摩温"，几乎没人不知道，这是近现代上海工业史上的一段记忆，一段关于包身工历史的记忆。

上海国际时尚中心的隔壁，便是杨树浦发电厂原址，现在这里已被改造为杨树浦发电厂遗址公园。2010 年底，曾被誉为"中国电力工业的摇篮""远东第一发电厂"的杨树浦发电厂，因装机容量已不能适应节能减排等要求而停厂。厂内老建筑被保留下来，纳入黄浦江沿江的整体改造规划。厂区由工业用地转变为文化、商业服务、商务办公用地。

发展工业需要畅达的交通以及比较完善的水、电等公共设施。近代上海城市化总的趋势是由南向北。城在南，租界在北，城市重心先在城厢内外，后转移到两大租界，公共租界区域功能的划分，是南商北工，也就是说苏州河以南是商贸中心，苏州河以北是工业区域。杨树浦本来以农业为主，城市化起步较晚，但它北距吴淞口不足 10 公里，为黄浦江出入口要津，出海航运十分便捷，可以说是位于上海与海外联系的最前端。所濒临的江

杨树浦水厂江边取水口旧貌

1880 年在伦敦注册的英商"上海自来水股份公司"　杨树浦水厂泵站（控制室）（均为资料图片）

岸，是江浦合流后最靠近中心城区的一段。从这里出发，溯黄浦江向上而行，可以到达城南、闵行一带。沿苏州河，则与闸北、沪西相连，兼得黄浦江、苏州河两条河流运输之便利。加之拥有黄浦江开阔的沿江滩地，并且邻近上海近代化港区（虹口、浦东陆家嘴），开埠后，成为具有经营眼光的外国投资者和民族资本家投资的首选之地，进而成为中外工业投资的汇集地。即以公共事业为例，当时上海主要的水、电、煤、气企业后来都集中在杨树浦，这些企业均属于投资较大的近代城市基础工程，也是兴办近代工业的基石。

杨树浦发电厂，记录着上海追求、创造奇迹的历史足迹。1882 年 5 月，英商立德尔等人在今黄浦区南京东路和江西中路的西北角组建上海电气公司，这是中国首家发电厂。7 月 26 日，上海电气公司开始供电，首先在外滩、南京东路、百老汇路（现大名路）3 条主要干道上安装 35 盏弧光灯，吸引了众多上海市民好奇的目光。那个漆黑的夜晚似乎与往常有点不同，外滩边挤满了达官贵人和成百上千的市民。当夜空中弧光灯点亮时，人们纷纷往前簇拥着，狂叫着："电灯！电灯！"第二天的报纸上一些文人雅士称电灯为"赛明月"，吟诗加以赞颂。而到了 1908 年，上海公共租界工部局决定在杨树浦沈家滩购地约 2.6 万平方米筹建"江边电站"，该电站便是杨树浦发电厂的前身。1913 年 4 月 12 日江边电站投入运营，在 20 世纪 20 年代至 40 年代成为远东地区最大的火力发电厂，与英国著名的曼彻斯特发电厂齐名。它的投入运营，大大促进了一战期间中国民族工商业的发展，整个杨树浦的工业更是近水楼台先得月。直到新中国成立之初，上海 80% 的电量来自杨树浦发电厂。

在杨树浦发电厂遗址公园内，如今还保留着两根高高的烟囱。站在烟囱底下，人是那么渺小，烟囱早已不冒烟了，但见证过上海夜色变得璀璨夺目，渐成不夜之城的那份荣光。其实，当年这里还有一根灰蒙蒙的老式烟囱，号称"远东第一"。1941 年的一天，发电厂为高温高压锅炉专门配备的钢制大烟囱安装完毕，一落成就以 105 米高度傲视全亚洲，成为太平洋西岸近代工业的一座坐标。这根大烟囱如今早已被拆除，36 吨重的底座黯然地躺在上海市历史博物馆的仓库里。

20 世纪 60 年代，报纸上有过多次小测验：上海最高的建筑是什么？答案既不是 76 米高的国际饭店，也不是中苏友好大厦尖顶上那颗离地 100 米高的红星，而是杨树浦发电厂的这根烟囱，105 米。最温情的比喻是将这根远东第一大烟囱比作"上海村口的老槐树"，坐船回上海时，只要从远处看见吴淞口那根老高老高的大烟囱，心里就可以告诉自己——到家了。

沿黄浦江岸并行的杨树浦路上，最弹眼落睛的建筑，当数杨树浦水厂的哥特式建筑。这座水厂由英国商人麦克利沃等人投资，在工部局取得了开办给水工程的专营权后，于 1881 年 8 月动工兴建，1883 年 6 月竣工。水厂由英商休斯顿公司设计，整片建筑呈铁锈红色，大门的东西两端各有一个与主楼垂直相连的双层城堡式层楼，顶部分别竖有旗杆，其他建筑的墙顶均为雉堞缺口，犹如城墙。在三角形的屋顶下，还标着建造的年份：1921 年。再往里瞧，还有历史更悠久的，有座建筑建于 1882 年，目前依旧作为生产车间使用，鹅黄色的墙配以木质窗户，还有铜插销，一看就是老古董。

杨树浦水厂厂房之所以要建成风格独特的城堡式样，据说是为便于守卫看管，防止有人投毒或污染水源；也有人认为，水厂内部建筑物数量较少，但因有大量的滤水池、沉淀池等面积广阔的低矮构筑物，为减少违和感，因此采用突出围墙的城堡风格。想想都有些道理。如今在黄浦江面上

杨树浦水厂（桑炯华 摄）

望去，这道连绵不绝的特色景观的确令人赞叹不已。

水厂建成供水之时，适值李鸿章在上海。1883 年 6 月 29 日，李鸿章参加了自来水厂放水典礼，亲自拧开阀门开闸放水，黄浦江的江水瞬间涌入蓄水池中，从此中国第一座现代化水厂开始正式运转。投产初期，仅供应市政用水，8 月 1 日正式向居民供水。不过，原来打算向租界居民普遍供水的计划，进展并不顺利，因为一般中国人还不知道自来水的优点，也不愿意改变使用河水的旧习惯。另外，一向以挑水为生的挑水工有组织地竭力反对。直到 1885 年，租界里面才有一些中国居民装上自来水龙头，改变了过去使用河水或向公共龙头取水的习惯。随后，自来水才渐渐普及开来，从而促进了水厂发展。到 1930 年代，水厂不断扩建，占地面积增加了将近 3 倍，从供水规模看，无疑是远东第一大自来水厂。

不过，虽说上海城市居民用上自来水已有一个多世纪了，但自来水在上海郊区的普及都是比较晚的，哪怕是黄浦江沿岸的农村。闵行水厂是上海解放后兴建的第一座市级水厂，为配合闵行卫星工业城的兴建，于1958 年 8 月 1 日开工，1959 年 1 月 1 日供水。虽然我当时所在村子离水厂才六七公里，但这份待遇却没有享受上，我们洗衣淘米用的是来自黄浦江支流的河水，煮饭烧菜则是自家的井水。直到 20 世纪 80 年代中期，为配合建设闵行经济技术开发区，又建成规模更大的闵行第二水厂，厂址就设在我们村，而取水口也在村西侧黄浦江上游地段，于是家家户户就像城里人一样用上了自来水。而我们村当时有 150 多位村民征地进厂，成了拿国家工资的自来水厂工人。

上海是我国最早使用煤气的城市。1865 年 12 月 18 日傍晚，天刚刚暗下来，一群英美侨民兴高采烈地来到南京路外滩，点亮了 10 多盏煤气灯。顿时，在灯光照耀下，南京路显得异常明亮美丽。这也宣告了上海第一家煤气厂已正式投入使用，向社会供气。这家煤气厂叫大英自来火房，在苏州河南岸西藏路东侧购买了约 15 亩土地作为厂基。1900 年底，改组为上海煤气股份有限公司。由于客户不断扩大增加，供需量稳步上升，煤气公司决定在杨树浦地区筹建新厂。1934 年 2 月 8 日，一座现代化的煤气厂——英商上海煤气股份有限公司杨树浦工场挂牌诞生了，占全上海煤气消费量约 80%。一个月后，承担了近 70 年供气任务的西藏路煤气厂全部停产。

毫无疑问，自来水、煤气、电力不仅是现代城市不可或缺的基础设施，也是兴办近代工业的基本条件。当年，杨树浦地区的棉纺织企业是这些公用事业和市政设施的最大受益者。反过来，杨树浦棉纺工业区的形成又刺激公用事业、市政设施的进一步发展和完善。

杨浦滨江孕育了近代中国第一批民族工业，被联合国称为"世界仅存的最大滨江工业带"。百年后，这里的机器轰鸣声早已销声匿迹，逐步被

杨浦滨江由"工业锈带"变成了"生活秀带"。图为上海国际时尚中心（徐晓彤 摄）

在线新经济圈的键盘敲击声、市民游玩和健身的欢笑声所取代，"工业锈带"已变身为"生活秀带"。

2019 年 11 月，习近平总书记在上海考察时亲临杨浦滨江，提出"人民城市人民建，人民城市为人民"重要理念，深刻回答了城市建设发展依靠谁、为了谁的根本问题。近年来，当地政府持续推进滨江岸线贯通开放，规划建设集科技创新、数字经济、研发转化、休闲居住等功能于一体的高品质复合滨水区。

如今，走在 5.5 公里的杨浦滨江岸线上，放眼望去，这里已没有了当年的"大厂"，一座座沉睡的老厂房、旧仓库焕发新生，成为时尚秀场、展览馆、咖啡馆、就地取材的雨水花园、滨江栈桥、城市绿丘，吸引着市民游客前来"打卡"。

位于闵行区江川路街道区域的上海汽轮机厂、上海电机厂航拍（汪思毅 摄）

叁

"四大金刚"，是中国汉传大乘佛教中四尊守法尊天神的代称，而老上海人则将日常的早餐组合——大饼、油条、粢饭和豆浆喻为"四大金刚"。

"五朵金花"，是 20 世纪 50 年代末，由长春电影制片厂拍摄的音乐爱情电影，讲述了一对生活在大理的白族青年有情人终成眷属的爱情故事。

而在闵行，"四大金刚"和"五朵金花"却又有着不同的寓意。尤其是"四大金刚"，它代表着新中国第一座卫星城的崛起，更是新中国重工业发展史上的一首颂歌；而"五朵金花"在中国化工行业史上，地位不可撼动。

"四大金刚"和"五朵金花"分别对应着曾经的闵行和吴泾两个地方，前者是黄浦江畔一个历 500 年不衰的集镇，而后者则默默无闻，原为江边的一个小村落。

当年矗立在龙吴路旁的"五朵金花"（资料图片）

我们现在说的闵行，当然是指行政建置的闵行区，上海市十六个区之一。但本地人口中还有一个"老闵行"，是个约定俗成的专用名词。大体指的是位于闵行区西南部的江川路街道区域。

闵行便是闵行，为什么还有一个"老闵行"呢？其实很简单，这是因为1992年9月，上海县和原闵行区"撤二建一"，建立新的闵行区，本地人为了以示区别，把江川路街道这块原闵行区所属区域，称为"老闵行"。说得通俗点，是"小闵行"和"大闵行"的概念。"老闵行"地区与今日之闵行的版图相比，那的确就是个"小闵行"了。事实上，曾经在很长一段时间里，它的确只是上海县的一个市集和乡镇。

然而，不要小瞧了这个小地方。历史上的"老闵行"地区，古有秦皇驰道，为水路要津，因地域之便，长期以来商贸发达，街市繁华、人文荟萃、群贤毕至，一度在江南地区城镇中颇有影响力。从清乾隆中期开始，便被誉为上海县首镇。而此时这个上海县的概念包括了如今的上海市区。19世纪开始，老闵行进入了一个快速发展的资本主义社会时期。本地教育为先，各类学校应运而生，尤其是民众教育蓬勃发展。闵行镇人李显常创办的闵行轮船局、李显谟（字英石）修筑的沪闵汽车路（今沪闵路）和创办的沪闵南柘长途汽车公司，迈出"利运输而兴实业"之路。因为特殊的地理位置，闵行镇粮米、棉花市场十分活跃。随着1958年1月，国务院将原属江苏省的上海县、嘉定县和宝山县划归上海市管辖，闵行镇一夜之间站在了时代的风口浪尖。

上海区域面积的扩大，不仅为工业的发展、工业布局的调整，而且为上海以工业化带动城市化、实现经济和社会的可持续发展提供了有力的空间支撑。上海市确立了"逐步改造旧市区、严格控制近郊工业的规模，有计划地建设卫星城镇"的城市建设方针，明确了由单一城市向组合城市发展的方向。

闵行镇，幸运地成为上海第一个卫星城的建设样板。

1958 年 9 月，上海明确将闵行规划为以机电工业为主的卫星城，人口 15 万—20 万，总用地面积约 21.7 平方公里。作为历史上上海县治所在地，虽然时间短暂，但已具备了一定的基础条件，更因为闵行拥有黄浦江岸线和紧靠沪杭铁路，具备建造码头和专用铁路线的区位优势。不久，上海第一个工业卫星城在闵行正式启动，并不断扩大发展。在原有的上海电机厂、上海汽轮机厂基础上，上海重型机器厂、上海锅炉厂等一批大型企业纷纷落户闵行。四大超大型企业，每家都有近万名职工，各占地约 1 平方公里，如此体量，故而被人们形象地称为卫星城的"四大金刚"。闵行，很快就发展成为全国性生产大型电站和各种机电设备的重要基地。在缺技术、少设备的情况下，这四家在当时国民经济中具有举足轻重地位的企业艰苦奋斗，创下了新中国诸多"第一"——第一台双水内冷汽轮发电机组、第一套火力发电机组、第一台万吨水压机、第一套核电机组……填补了中国工业一项又一项空白，引领了中国重型机械制造工业的发展。

上海虽号称是中国近现代工业的摇篮，全中国最大的工业城市，能量大，行业全，但直到 20 世纪 50 年代，真正的现代工业还在萌芽，其标志就是这四家大厂的建立。其历史，是非常典型的中国工业企业发展史。四家厂的创办，都可追溯到民国时期，其中上海电机厂起步于杨树浦桥下的一家"公兴铁工厂"；上海汽轮机厂是在新中国成立前的通用机器厂的基础上发展起来的；而上海锅炉厂则源于 1915 年的"慎昌洋行"。到 1958 年，除了两家企业已在闵行镇上外，其余两家均从地方局促的上海市区转移到了能扩大厂房的闵行镇，闵行以此为底本，成为上海新的三大工业基地之一的机电工业区。

上海电机厂（卓孝辉 摄）

上海汽轮机厂（卓孝辉 摄）

上海重型机器厂（卓孝辉 摄）

上海锅炉厂（卓孝辉 摄）

　　"四大金刚"为新中国工业做出的贡献是提供了强大的动力——电能。"电力是什么呢？"我在担任《城市季风》执行总编时，曾派记者采访过中国科学院院士、上海电机厂原副厂长、副总工程师汪耕先生，这位第一代电机人作出了通俗的解答："就是先在锅炉里烧出蒸汽，而后将蒸汽放在汽轮机里，拖动汽轮发电机运转发电。"当年把锅炉厂、汽轮机厂、电机厂这三大动力厂建在闵行同一个区域内，就是因为它们之间有着密不可分的内在联系。

　　汪耕先生不幸于 2024 年 5 月 8 日因病在上海逝世，享年 96 岁，早年他曾被派往莫斯科学习，归国后立刻投身于上海电机厂大容量发电机的研制。为了攻克定子和转子双水内冷汽轮发电机这一世界性的难题，电机厂和浙江大学携手攻关。当时刘少奇、邓小平、贺龙等中央领导都来了。两个多月后，双水内冷汽轮发电机研制成功，并被安装在南市发电厂。这也是世界上第一台双水内冷汽轮发电机。

"我应该算是第二代的电机人。"蒋玉萍跟我说，那时像汪耕这样的老技术人员还奋斗在一线，言传身教。"他们身上散发着的那股劲，你真无法形容。"蒋玉萍讲起电机厂的历史也是如数家珍。

走进电机厂的二道门，一尊高大的毛泽东主席青铜塑像端坐于秀美葱绿的草坪上。两旁是四季常青的雪松，基座周围是姹紫嫣红的繁花。这场景，如一幅立体的画，定格了一个伟大的历史时刻：1961 年 5 月 1 日，毛主席来到电机厂，与上海市工人群众一起欢庆"五一"国际劳动节。蒋玉萍说，据她的师父回忆，当年这里是座大礼堂，主要屋架全部厾毛竹和芦苇搭建，屋顶面用稻草铺成，四周均用树木围成，简朴而不失庄重，是电机厂艰苦创业时期的典型写照。那天，毛主席就在这里同上海市工人群众、劳模代表欢聚一堂。

为了保护这座具有特殊意义的礼堂，上海电机厂曾三次对礼堂进行大修，但由于先天不足，使用已久四周多处开裂已成危房。1995 年决定拆

1953 年 8 月 30 日，上海汽轮机厂正式命名挂牌

安置在上海重型机器厂的中国第一台 1.2 万吨水压机

上海锅炉厂调试 8 米卷板机场景（摄于 1970 年）（均为资料图片）

除草棚大礼堂，在原址上建一座毛主席青铜塑像，以志纪念。消息传开，上海电机厂职工，包括退休人员都纷纷捐款，甚至职工子弟小学和幼儿园的小朋友——上电人的儿孙，都用小手捧出零花钱……"我也捐了款的。"蒋玉萍说。

随着"四大金刚"的陆续建设投产，10 万科研人员和产业工人，包括部分家属汇集到闵行镇，这个在一年前人口才不到 4 万的江边集镇"日长夜大"，已远远不能满足工人们的生活需求。我的同事曾经采访过一位叫杨金清的老先生，他当时是上海电机厂运输科驾驶员，负责接送厂里的工人往返市区与闵行。厂里用装货的卡车，顶上装一个简易的顶棚，工人们密密麻麻地挤在卡车上，一路颠簸着回到市区的家。"由于那时候的路都是石子路，卡车扬起灰尘，一路开到上海（市区），车上的工人们都是满头的白灰，都变成了白毛男、白毛女。"杨金清回忆起那段时光依然记忆犹新。

时任全国人大常委会委员长的刘少奇前来视察，看到了卫星城经济结构单一的问题，提出卫星城镇的公共设施配套应该及时跟上。为了解决在闵行工作的十多万工人和家属的居住和生活所需，"闵行一条街"的蓝图便加速酝酿了起来。

在众多建设者夜以继日的合力建设下，仅用了 78 天，郊野之上，闵行一条街建成了。这条街官方初时命名为"一号路"，街上包括一家大型百货商店、一家宾馆、一家电影院、一家俱乐部、一座公园。这种公共配套以后几乎成了全国新型城市的模式。作为上海为国庆十周年献上的一份大礼，闵行一条街创下了许多"第一"，在全国引起轰动：城市建设速度为当时世界最快；是新中国首个"街中有坊、坊中有街"的卫星城；是当时最舒适漂亮的上海工人住宅新村；"一号路"是上海最宽阔平坦的林荫大道,"两条南京路的宽度";拥有通向市区的第一条 6 车道以上的高等级公路;成为当时上海绿化率最高的地区,有一条中国唯一的以街道香樟树命名的"中华香樟街"。时至今日,提起当年 78 天建"闵行一条街"的壮举,让这个黄浦江边的小集镇成为了现代意义上的城区,参与建设的设计人员之一朱菊生老人难掩激动之情。"当时接到这个任务,说要在闵行建设一条路,而且时间非常紧急。学校就立刻把我们建筑院的大学生们集合在一起。让我们回家收拾衣物,当天就安排了卡车把我们送到了闵行。"已是耄耋之年的朱菊生老人,如今两眼看不清东西,但回忆起那段光辉岁月,还是激情澎湃。"我们一群大学生集合在一所幼儿园里开会,当天晚上就各自画图纸,每人负责一部分建筑,大家都干劲十足地画了一个通宵,第二天一早再把设计稿连起来,整体看效果。大家都是年轻人,有许多创新的点子。比如阳台上用花式的栏杆,既通风又美观。"

我收藏着一份 1959 年 10 月 18 日出版的《新民晚报》,以《新厦新街新人新城市》为题,整整一个版面报道一号路建设情况。文章写道:"踏进一号路,最使人感到兴趣的是建筑物的色彩和它那些运用民族古典建筑特色的地方。建筑物的色调明朗而不刺目,雅淡而不阴黯。它们有浅紫色、淡米色、浅赭红色、青莲色等,使人感到安静而又舒适。最有特色的是阳台上的栏杆,栏杆采用中国园林中的'漏窗'构图,简洁而多变化。它们的颜色大多是白色的,远远望去,使人有'玉石雕栏'的感觉。"作者还写道:"人们走在闵行一号路上,被一家一家新开的商店吸引住了。这里,有三十五开间门面的大型百货商店、十开间的服装鞋帽店,有三十四只座位的大型理发店,有点心店、冷饮店、水果店、照相馆、钟表眼镜无线电商店、药房、书店、银行,还有六层楼的大旅馆,和市区迁去的聚商老正兴菜馆。"

被誉为"中华香樟一条街"的江川路，曾是闵行的骄傲（卓孝辉 摄）

　　文中所说的"六层楼的大旅馆"便是闵行一条街上的闵行饭店，这是新中国的第一家花园饭店，于1959年7月3日破土动工，并在国庆十周年当天正式开门迎客。接待的第一批客人，就是各国驻上海领事馆人员及家属，上海市政府请他们来见证只用了78天就建成的闵行一条街。"起初是不对外开放的，主要接待首长和外宾，就算是'四大金刚'，如果有外来联系工作的人员想住宿，也需凭介绍信才予接待。"若干年前，我曾经采访过闵行饭店第一任经理胡铨，这位当时已年近八旬的老人回忆道。胡铨原先是在市里从事公安工作，负责内保。1958年，他受组织委派负责闵行饭店的筹建。在当时，上海为了加强涉外饭店的保卫工作，涉外饭店的经理几乎都有从事公安工作的经历。胡铨还告诉我，饭店的六楼楼顶是放眼闵行卫星城的最好瞭望台。当年，要看闵行全景，这里是最佳位置，不仅可以俯瞰闵行一条街，把这座工业新城尽收眼底，甚至还可以远眺东北方向、同为卫星城的吴泾化工区。

那次采访，胡铨还谈到了一桩往事。1961 年 10 月的一天，胡铨突然接到上级通知，说全国人大常委会副委员长郭沫若第二天要来闵行，他迅速安排，做好接待准备。知道郭老的书法造诣很高，还买来了文房四宝，以备不时之需，没想到真派上了用场。第二天郭老偕夫人登上饭店屋顶平台鸟瞰一号路全景，放眼望去，高耸入云的烟囱和鳞次栉比的厂房颇有气势地屹立在黄浦江边，感慨不已。回到休息室，郭老诗兴勃发，挥毫赋诗一首："不到闵行廿四年，重来开辟出新天。万家居舍联霄汉，四野工厂冒远烟。蟹饱鱼肥红米熟，日高风定白云绵。谁能不信工程速，跃进红旗在眼前。"郭老向胡铨解释，"不到闵行廿四年"，是说他 24 年前曾经来过闵行的。1937 年抗战爆发，他从日本潜回上海，从闵行摆渡过黄浦江，通过沪杭公路而后辗转内地参加抗日战争，所以对闵行印象深刻。那时的闵行还只是一片农村，除了摆渡口旁的老街热闹些。看到如今的成就，郭老特别激动。正好当天饭店招待郭老一行的午餐，菜肴有大闸蟹、青鱼划

20 世纪六七十年代，"一号路"商业、生活配套齐全，是老闵行最繁华的地方（资料图片）

水等，郭老边吃边打趣地对胡铨说："哎，我刚作了'蟹饱鱼肥红米熟'，你倒真给我吃蟹和鱼了！"引得全桌人哈哈大笑。那次采访胡铨过后，我思前想后，觉得这样一家老饭店所承载的历史意义实在难得，光留点文字可惜了。于是不久，我便组织了一个摄制团队，重新来到闵行饭店，再次麻烦胡铨老人和其他两位担任过饭店经理的当事人做口述录播，最后做成了《一家老饭店》的纪录片。在闵行电视台和互联网视频平台推出后，反响十分不错，转发量1.4万，观看人数10万以上。

闵行饭店在特定的历史环境中诞生，自然蕴藏了自己特有的内涵，在"1949—1989年上海十佳建筑"评选中，闵行饭店与沿街其他十幢大楼一同被推选为全市三十项精品建筑。六十多年过去了，闵行饭店虽然经过三轮改造，但依然是闵行一条街上的标志性建筑，是时代的荣光，是老闵行人心中的念想和记忆。直到今天，还常有原来"大厂"里的老人，带着一家子人到闵行饭店点上"响油鳝丝""青鱼划水"等几样招牌菜，边吃边回味旧日时光。

当年的闵行老街和闵行渡，也是"大厂"里青工们爱逛的地方。曾在"大厂"里工作过的郑宪说，当时在闵行"做生活"的青工谈朋友，有一些是向北打回20多公里外的市中心，外滩墙、肇嘉浜花园马路、梧桐树下淮海路。而有一些则是把压马路的阵地移到南向的闵行渡，放到渡船过江之后奉贤的马路。周末从早上出发到南桥，逛后吃过中饭，便一路拉手看风景，一路油绿的树，路两边风景变幻的河流农田，从日头照头顶走到夕阳无限好。待乘上回闵行的摆渡船，便一起在船上望北斗数星星。他感叹："闵行渡过去玉成了多少老闵行工厂才子佳人美事，天晓得。"

而我家则就在上海重型机器厂南面，类似的情景也曾经常见到。那些男女青工沿着高低不平的田埂欢声笑语追逐着。那是属于那个时代的青春浪漫。

"四大金刚"里有许多来自市区的年轻人，都到了适婚年龄，找对象便成了头等大事。一部分人内部消化，一部分则通过介绍，和附近农村的姑娘谈起了恋爱。这些青工大多是家里兄弟姐妹多，住房紧张是个突出矛盾。于是，和农家女成一个家，既解决了个人大事，更解决了住房问题。而对农家女来说，找一个拿着稳定工资的国企工人，那绝对是梦寐以求的。于是那些年男青工落户农村成了普遍现象。但女青工是不会嫁到农村的，本来大厂的女青工就少，被人追都来不及呢。

我记得我们宅上就有几对。我小学一个女同学，她父亲就是城里过来的。老底子是浙江宁波的，所以"阿拉"讲得特别清脆。他在上重厂木工车间工作，入赘女方家。虽是木工，但长得清秀，手也巧。休息天还会做些桌椅什么的。有时会跟村里的人穿上"皮靠"一起到黄浦江里捉鱼摸蟹，给家里改善一下生活。尽管在我看来，他们家的条件已够好的了。

很多很多的青年人就这样在黄浦江畔的大厂里扎下了根。一辈子。

20世纪八九十年代，闵行一号路是我和村里的小伙伴最爱逛的地方。从宅上走上半小时的土路，再坐上闵东线，只要乘5站路，就可到城区中心，可以在名列上海十大剧院之一的闵行剧院看场电影，还可以在隔壁的小公园（当初就叫小公园，现在名为红园）漫步休闲。有充满小资情调的咖啡馆和年轻动感的迪斯科舞厅，更有各种商铺林立的百步街，广州最前卫的牛仔裤、小女生最喜欢的饰品服装、翻盖手机等等，你能想到的那个年代最新兴的事物都能在那儿看到。

如今城老了，整体建筑格局几乎没有变化，那些老公房里住的是曾经在"四大金刚"这些大厂里工作了一辈子的退休工人。他们都已老了，老得只能走在街上寻找着青春的时光。

吴泾化工区一带的船码头（汪思毅 摄）

肆

在 1958 年时，上海为调整工业布局增加骨干企业，并减少市区人口，依据尽可能靠近河道、铁路和原有集镇，有供电和给水条件，与市中心的距离在 25—30 公里等选点原则，到 1959 年底，先后规划建设了闵行、吴泾、安亭、嘉定、松江 5 个卫星城。

在当时上海县境内，除了闵行，还有一个就是吴泾。

吴泾那时候还只是黄浦江边一个仅 200 余人的渡口小村，属塘湾地区。这里地处"浦江第一湾"，水上交通十分便利，与市区相邻的龙华地区直线距离 15 公里左右，它完全是一座从无到有，依靠工业发展规划要求建设起来的典型的新兴工业城区。1958 年 8 月，上海规划建设以化学工业为主体的吴泾卫星城，人口 10 万—15 万。于是，吴泾化工厂率先落户浦江之畔，当时的吴泾还是一片江滩芦苇，田野村落，甚至没有一条通往上海市区的马路。人们只能靠坐船往来。但仅仅两年多时间，吴泾化工厂拔地而起，竖起了高耸入云的烟囱；和上海锅炉厂合作制造了氮肥合成塔，并研制出了新中国成立后国内第一批尿素；在这里诞生了第一套国产的合成氨装置、尿素装置、油甲醇装置……工人们用自主研发生产克服了设备短缺的困难。

1960年2月，上海市规划设计院编制吴泾地区第一个总体规划，确定吴泾"是一个以煤的综合利用为主的化学工业区"，规划范围"东起黄浦江，北靠六磊塘，南至塘泗泾，西至樱桃河、闵吴铁路支线，用地约10平方公里"。于是上海焦化厂、上海碳素厂、上海电化厂（氯碱化工）、吴泾热电厂相继建成投产。这四家企业加之吴泾化工厂被形象地比喻为"五朵金花"，为上海的工农业生产和市民生活作出了巨大贡献，大都成为国内化工行业的排头兵，书写下了新中国化工行业史上浓墨重彩的一笔。早在1974年11月，吴泾化工厂建成了国内第一套轻油化年产8万吨的甲醇装置，实现了用"油头"生产甲醇。这在当时是甲醇生产的重大历史突破，迈出了与国际化工靠拢的一步，而其合成氨工艺也被写入了教科书。1975

左右图：上海吴泾化工厂（资料图片）

年，电化厂一举攻克金属阳极工程项目，成为国内第一家年产烧碱超过10 万吨的氯碱企业。1987 年 5 月，上海氯碱总厂成立，并于 1990 年 4 月，上马 30 万吨／年乙烯工程。此工程被喻为"东方奇迹"，铸就了氯碱腾飞的基石。而上海焦化厂，50 多年来焦炉从一座发展六座，支撑着上海城市管道煤气的"半壁江山"，还帮助上海市民甩掉了 80 万只煤球炉。

吴泾的这"五朵金花"成为那个年代年轻人追求和渴望的目标。当时的上海碳素厂，厂里有 3000 多名职工，每天上下班，浩浩荡荡的自行车队宛如一道移动的风景线。很多年轻人从学校毕业后，都以能分进碳素厂上班为荣。上海碳素厂生产的石墨电极当时远销 5 大洲近 20 个国家和地区，为军工和科技尖端研制了多项新材料，所获荣誉无数。

1965 年 9 月出版的《吴泾化工厂的诞生》一书，用这样的笔墨来赞颂吴泾化工厂："从古老的龙华塔下，乘上汽车沿着黄浦江南行半小时，你的眼光，首先被矗立在江岸上的一座别致而又雄伟的烟囱所吸引。一根有国际饭店那么高的钢铁烟囱，被玉琢般的水泥栏杆围绕着托上了蓝天；烟囱上，轻烟缭绕。哦，一座多么美丽高大的烟囱啊！接着，吴泾化工厂的动人的面貌也展现在你的眼前。但见烟囱下，高大的厂房一座挨着一座；两只巨大的储气柜，像城堡似的屹立在厂区中央；一座座雄伟的筒体，巍峨矗立；像蜘蛛网一般的钢铁管道，蜿蜒穿行在筒体中间。真使你眼花缭乱。"

这样的文字描述有着强烈的时代印迹，洋溢着一股豪情。当然，如此歌颂一座化工厂，在今天是难以想象的，但当时化工是工业之基，有了自主工业才能强国，而其间产生的污染问题，在很长时间里，都被人有意无意地淡化了，或者也可以说是视而不见。

为方便当时在这里工作的工人，吴泾地区从 1958 年开始陆续兴建了

不少职工家属宿舍，新建住宅 7 万平方米，如"吴泾一村""吴泾二村""吴泾三村"等居民区，地区人口近 2.1 万人。虽然这些工人新村只是两上两下的楼板房，但人们因其离厂近，还能享受水电便利，便争相入住，至于污染，那只是借此"向厂里要福利"，并没有人太当回事。按照现在的标准，离化工厂那么近，根本不适合居住。现在看来，与民居、村落犬牙交错，是吴泾化工区当年在规划上最大的"先天不足"。

闵行卫星城建设的雏形在极短的时间中形成，显然闵行镇的建制已不适应城市建设迅速发展的需要。1959 年 12 月，中共上海市委决定，把这个地方从上海县中划出，成立闵行区。考虑到吴泾与闵行相距不远，于是吴泾（煤炭化工）卫星城建设也规划进了这个新成立的闵行区。1964 年 6 月，闵行区撤销并入徐汇区，并改为闵行、吴泾两个街道，成为了徐汇区的两块"飞地"。直到 1981 年 2 月，才重新恢复为闵行区建置，这便是人们口中所称的原闵行区，或老闵行区。

现在看来，将高污染、"三废"集中的化工企业选址在地处上海中心

"五朵金花"依次为吴泾化工厂、上海焦化厂、上海碳素厂、上海电化厂（氯碱化工）、吴泾热电厂（均为资料图片）

城上风上水地带的吴泾卫星城建设的决策，缺乏对未来上海市中心城区可能带来的环境灾难的预测和评估，结果造成对黄浦江水系生态的严重破坏，并使上海城市的现代化为之付出了高昂成本，但那是特殊历史环境和条件下的特殊产物。

据《上海县志》记载，1968年9月27日，上海焦化厂甲苯溶液大量流入曹行公社六磊塘，以致河面发生重大火灾，烧毁木船9条，水泥船10条，烧死船民15人，烧伤50余人。1972年，上海县革委会向中共上海市委上报吴泾地区工业污染情况，吴泾地区有5家工厂排放"三废"，严重污染了附近4个公社的76个生产队，上半年5800亩农作物受损，减收粮食53万余公斤。1988年秋，杜行乡勤俭村农民77户197亩晚稻被吴泾工业区工业废气污染受损。1992年夏秋两季，塘湾、杜行、陈行等乡受吴泾工业区工业废气污染的影响，晚稻2972亩和部分果园绝产、减产……这些都是有记载的"事件"。两岸空气水源污染、农民不敢吃自己种的粮食，人口牲畜得病、癌症发病率高等，成为了必须正视的客观问题。

2000 年时，因为业务关系，我同原闵行区环保局打交道比较多，并认识了当时的副局长周庆江。他从 1990 年开始担任副局长，直到 2010 年退休，20 年来一直关注着吴泾化工区的污染问题，有过多次直接处理投诉的经历。对此周庆江忧在心头，可是吴泾化工区内的企业大多是市属国有，用他的话来说是"管不了，管不着，管不好"，是个确确实实的"老大难"——历史很"老"，工厂很"大"，治理很"难"。虽然从 1958 年建厂伊始就开始治污，但多年下来，仍不见成效，这跟当时的政策有关。"痛恨、无奈、迫切"，在当年的一次采访中，周庆江用三个词来表达自己的心情。

2001 年，梅陇镇曹行双栖村 5 位居民代表向闵行区环保部门投诉，称当地空气太差，影响身体健康，还带来了村里 678 人的自发签名。区里十分重视此事，为村里 1500 人与化工区的几家企业调解了 8 个月，陆陆续续开了 21 次调解会，最后双方签订了《环保调解书》，承诺每年给村里

俯瞰上海汽轮机厂（汪思毅 摄）

补贴，直到当地村户拆迁完毕为止。周庆江竖耳听着5位老人发自肺腑的诉求，亲眼看着被污染的村落环境，深感自身的无力。他如实说：当年环保技术检测只能监测工厂的废气排放，却无法检测大面积的大气环境，区环保局没办法拿出证据来证明环境遭到污染——因为工厂的排放都是符合国家标准的。问题就在于符合标准的工业废气排放，对居住环境也有影响。

2003年，周庆江被选为上海市人大代表。想到在吴泾化工区周边深受污染干扰的群众，他下定决心："我这辈子就想把这件事干了。"

2004年，上海市相关部门就化工区的污染问题开始作综合整治的调研。周庆江一起参与了环境治理、产业调整、城市形态等三个规划。2005年，上海市和闵行区相继成立吴泾办，制定了具体实施纲要。

之后便是实打实的综合整治。到2012年，上海碳素厂、上海钛白粉厂、上海白水泥厂、青上化工等17家企业已整体关停，上海焦化有限公司、上海氯碱化工有限公司和吴泾化工有限公司大部分生产线已关停。自此，吴泾化工厂为国内输送合成氨和氮肥的生产线永远成为了历史。2012年，上海焦化有限公司还主动关停了计划外的5号、6号焦炉，吴泾化工区最大的废气污染源被彻底拔除。

如今的吴泾地区基本实现了从化学工业区到科技时尚镇的蝶变重生，一大波化工企业一一撤离，烟尘味渐渐淡去。南部地区的浦江第一湾，以紫竹高新技术产业区为牵引，其培育建设已在产业基础、形态功能、人才支撑、品牌建设等方面形成了一定的基础。吴泾，不再是化工重地的代名词。

周庆江已于2023年2月去世。好在在他去世之前，夙愿已实现了，这一辈子把这件事干成了。

1983年，在闵行卫星城西侧，上海市征用原属马桥的3.5平方公里土地，创建了上海闵行经济技术开发区，这是上海市最早的两个国家级开

闵浦大桥旁的两个巨大建筑为吴泾第二发电厂的汽轮发电机冷却塔（汪思毅 摄）

发区之一。在引进外资，消化吸收先进技术，发挥对外窗口、经济辐射作用和带动区域经济发展，解决劳动力就业方面取得较大成就。当年，闵行西南部和对江奉贤的农村青年纷纷进入开发区内的"三资企业"工作，从务农挣工分到进厂挣工资，不仅收入得到提高，思想观念也得到改变。

而今，曾经的闵行卫星城，正成为上海南部科创中心核心区和主战场，纳入了"大零号湾科技创新策源功能区"建设中。当年充满了光荣与梦想的"闵行一条街"，作为红色文化地标，吸引着市民纷纷前来打卡。走一走"一号路"，重温那激情燃烧的岁月。

2023年11月底，注册资金高达15亿元的上海电气集团能源有限公司成功落地老闵行地区。这是上海电气在未来能源产业链的重要布局，代表了"四大金刚"从传统的火电能源设备制造向新能源和高端先进制造业发展方向，将围绕高效清洁能源、新能源、工业驱动领域发展，提升系统解决方案能力和装备核心竞争力，打造新时期的智慧能源与工业装备企业。更为国企在闵行从传统制造向智能制造、高端制造转型起到了引领性和示范性的作用。

由杨树浦溯江而上，经过虹口、黄浦、徐汇、闵行等区，虹口是人文荟萃之地、黄浦坐拥外滩旖旎风光，而徐汇滨江一带虽有相当的工业体量，但相比杨浦和闵行，又弱了一些。我在这些地方行走驻足时，十分犹豫，想着到底要不要写一下徐汇的大厂呢，最后还是放弃了。因为我发现，杨树浦的大厂，和闵行、吴泾的大厂，更能反映上海近现代以来工业发展的脉络，具有特殊的典型意义。

我不知道有没有人统计过，这一带黄浦江沿线曾经有多少产业工人工作过，生活过，但我相信，他们的记忆一定与这条江有关。

第十四章　出海口

黄浦江一直以来就是上海城市经济繁荣发展的生命线。尤其是19世纪中叶以来，上海借助于地理位置及水运之利，沿岸金融贸易业、港口运输业、近代工业得以逐步兴起和发展。而黄浦江则是上海这座城市通向世界的黄金水道，因为有了黄浦江，100多年前就成为了全世界最自由的港口之一，以开放、包容的姿态，成为全国最具国际性的地区，世界闻名的国际大都市。

大江汤汤，经百里乃成；大域泱泱，历千年而兴。黄浦江是面向世界开放的，吸纳着世界最新的成果，同时又主动融合，向世界热烈拥抱，其思想意识和文化性格相对于民族的历史，就具有了某种开创性和划时代的意义。

吴淞口的垂钓者（徐晓彤 摄）

　　夜幕降临，"名信08"游轮从十六铺码头缓缓驶出，调头，向着杨浦大桥方向，开启了黄浦江的游览之旅。

　　初秋的风吹在身上，轻柔又舒适。两岸的璀璨华灯、江面上的霓虹倒影交相辉映，一览无余的美景是游船对外滩之美的另一种讲述，陆家嘴那一幢幢的摩天大楼，刺破天穹，展示着这座城市的高度，星光与大厦窗口透出的灯光融为一体，灿烂地撒向滨江的角角落落。"舟行碧波上，人在画中游"，魔都之魅，似乎在此刻得到了真正的诠释。

　　近一年的行走黄浦江，大都是沿着岸线走马观花。常常是翻阅着史料，再做实地探访。从黄浦江的零公里处，到黄浦江第一桥；从浦江第一湾，到徐汇西岸滨江；从外滩源到陆家嘴；从复兴岛到吴淞口炮台湾……基本上算是把江边的古镇老宅、市井之地、摩登街区走了个遍。现代的，古朴的；时尚的，乡土的；繁华的，落寞的——或许这都是黄浦江的自然和底色，真实而客观。

　　乘游轮游览黄浦江，原本就是行走黄浦江所计划的，在之前还和上海市公安局闵行分局水上派出所说好，搭乘他们的巡逻艇在他们所负责的黄浦江航道区域实地感受一番。水上所教导员李斌是我从事共青团工作时的同事，他为我制定了航行路线，但我总有各种琐事缠身，一拖再拖。

　　终于选了个时间，到船上感受一下黄浦江的两岸美景。游轮是上海新东苑国际投资集团旗下的，总裁陈星言知道后，马上作了相关安排，于是我们享受了作为VIP客人的待遇。

　　游轮上客人还是蛮多的，有散客，有旅行团的，还有单位前来团建的，都沉浸在外滩和陆家嘴一带那绚丽景观所带来的震撼。45分的游览时间只能到虹口北外滩附近的秦皇岛码头打个来回。实在是太匆忙，下船登上码头时，还听到旁边的游客轻声抱怨行程太短，意犹未尽。

我忽然记起，30 年前我也乘游轮游览过黄浦江，那时陪广西南宁来的几位杂志社编辑，他们到上海组稿，我则尽一份地主之谊，还拖上了当时在《文汇报》做记者的朋友许仰东。那时的浦江游轮设施陈旧，机声隆隆十分嘈杂。航程倒是挺长，一直要到吴淞口才返航，将近 2 个半小时。

不过，过了现在杨浦大桥的位置，基本上是墨墨黑一片，深陷于暗夜中，偶尔才能看到远处的船火。

直到船即将返航时，我们才知道这里已是吴淞口了，再下去，就是"三夹水"的地方。黄浦江水、长江水、东海水在这里汇合。

"三夹水"的地方，也是出海口的地方。

壹

城市因水而兴，因水而灵动。

在大多数人眼里，黄浦江就是一条景观河，闲适、自然的水域风光和两岸鳞次栉比的人文建筑景观荟萃都市景观精华，构成了韵味独特的上海市都市风貌。白天百舸争流，汽笛悠扬，海鸥追逐船只，自由飞翔；夜晚夹岸华灯霓虹，如梦如幻，伴着夜上海的优美旋律，一幅独具魅力的画卷展现在游人面前。

黄浦江游览业务最早始于 1931 年。盛夏季节，一家叫兴业信托社的机构就专门组织几艘渡轮，推出从外滩到吴淞口之间的夜游浦江路线。船上除出售各种饮料，并播放音乐助兴外，有时还放映电影。当然，一般的平民是享受不起这份待遇的。上海解放后，夏季仍保持了浦江夜游活动，直到 1962 年后停业。1979 年，上海市内河航运局对浦江号和春江号游轮

20世纪70年代一望无际的吴淞口（资料图片）

进行整修，重新开辟外滩至吴淞口三夹水的黄浦江游览航线。航程60公里，全程往返3个半小时，配有导游介绍。不过，那时的两岸风景自然无法同现在相比，越往出海口方向越乡土，处处是风吹草低见阡陌的景象。

　　如今，登上黄浦江游轮，船在江中缓缓行驶，两岸繁盛之景扑面而来，令人目不暇接。到"十四五"期末，黄浦江沿岸地区将基本建成体现现代化国际大都市发展能级和核心竞争力的集中展示区，文化内涵丰富的城市公共客厅和具有区域辐射效应的滨水生态走廊。2021年7月30日，由上海市人民政府印发的《上海市"一江一河"发展"十四五"规划》中，明确提出：坚持发展为要，人民为本，生态为基，以高品质公共空间为引领，推动深度开发、优化功能布局、培育核心产业、打造城市地标，努力将黄浦江沿岸打造成为彰显上海城市核心竞争力的黄金水岸和具有国际影响力的世界级城市会客厅。将苏州河沿岸打造成为宜居、宜业、宜游、宜乐的现代化生活示范水岸，实现"工业锈带"向"生活秀带""发展绣带"的转变，将"一江一河"滨水地区打造成为人民共建、共享、共治的世界滨水区。

但这不是黄浦江的全部。

说得直白些，黄浦江一直以来就是上海城市经济繁荣发展的生命线。综观全球的世界级城市，绝大多数傍水而起，因为它们脱胎于古代农业城市、近代工业城市，饮用、灌溉、运输、生产，都离不开源源不断的水。上海亦然，是黄浦江为上海地区航运、供水、灌溉和防洪等提供了全面服务。

尤其是 19 世纪中叶以来，上海借助于地理位置及水运之利，沿岸金融贸易业、港口运输业、近代工业得以逐步兴起和发展。而黄浦江则是上海这座城市通向世界的黄金水道，因为有了黄浦江，100 多年前就成为了全世界最自由的港口之一，以开放、包容的姿态，成为全国最具国际性的地区，世界闻名的国际大都市。

黄浦江汇聚着、流淌着这座城市的灵气、精华、风韵，它孕育了上海城市的成长历史，并伴随着这座城市，一同饱受生命的悲欢，阅尽人间百态。

现在大家都知道了，上海之得名，最初始于那条叫"上海浦"的小河。

鸟瞰吴淞口（资料图片）

上海，这个词的本义，就是"到海上去"。但在古代社会，因为生产水平的限制，只能"望洋兴叹"。海洋，特别是远海，始终是人们无法跨越的领域，以至于成为大陆之间无法逾越的天堑。而中国因为有着广袤而纵深的内陆腹地和悠久的农业传统，一直被视作为内陆国家。虽然中国同时又拥有长达 18000 多公里的海岸线，世代居住、繁衍着以海为生的人民，但中国却没能率先成为一个海洋国家。那么上海后来怎么挣脱了束缚，"到海上去"了呢？

从地理位置上看，上海地处太平洋西岸，亚洲大陆东沿，中国南北海岸中心点，北接长江，东濒东海，南临杭州湾，处于长江和黄浦江入海汇合处。"襟江带海"，位于长江出海口，是这座城市独特的自然禀赋，扼江海咽喉，挟黄浦江和江南的水运之利，占天时地利人和，上海，就这样从千年前一个农耕社会的邑城向现代工商业都市转变，享受了优厚的条件。诚如历史学家熊月之先生所说的那样："在人类发展史上，大江长河之旁，往往人民聚集、户口辐辏，城市繁盛。在蒸汽作为运输动力出现之前，大河是最重要、也是成本最低的货物与人口流动通道，其两岸又多肥田沃土。所以全世界范围内，大河每每是人类文明的摇篮，也是其所在国家与地区的文化宝地。长江流域是中华民族文明的发源地之一，有许多城市位于长江两岸。"（熊月之《魔都上海的魔力与魔性》，2023 年版）

的确，世界上大多数城市，都会与一条河流紧密地联系在一起。这条河流与河流两岸人们的生命、城市的兴衰也是联系在一起的。而这其中，港口有着无可替代的作用。港以城兴，城以港荣，上海就是一个最典型的港口城市，它因港口而兴起，兴起以后又发展了港口。文献上所说的"江海通津"，便是明清时期上海水路交通重要枢纽地位的写照，而"东南都会"则是上海港口发展带来的必然结果。

青龙塔现位于青浦区白鹤镇青龙村部西南侧，是上海最古老的砖塔（资料图片）

上海港位于中国"金三角"——长江三角洲的中心，地处长江东西运输通道与海上南北运输通道的交汇点，对内可以辐射到长江流域乃至全中国，对外接近世界环球航线，处在世界海上航线的边缘。可以说，没有上海港，就没有大上海。事实上，从唐宋以来，长江口附近就设有港口，供船舶停靠、装卸货物与贸易往来。由于各种自然和人为因素，长江口的主要港口也经历了数次重大的变迁。

早在上海设县以前，位于现在青浦区境内的青龙镇就是一个南北货物交流，内外贸易集中的港口。青龙镇，也即人们常说的"老青浦县""旧青浦县"。在唐天宝年间（742—756），江南地区的经济日益发展，并开始超过被"安史之乱"破坏的北方。此时，位于吴淞江边、沪渎海口的青龙镇，是中国南北海岸线的中点，也是海口进入内陆腹地的咽喉，兼具水路便利，从而成为了江南水乡最理想的贸易中心地带。倚凭其连通江海的优越地理位置，青龙镇遂成为吴郡地区最早的对外贸易港口。当然，它是先有港再成镇的，因港而兴。唐天宝五载（746），朝廷遂在这里设立了后来被号称为"上海第一镇"的青龙镇。

到了宋代，青龙镇已成为"富商巨贾、豪宗右姓之所会"。那时，每月每日都有自杭、苏、湖、常等州来到这里的船只，福建漳、泉、明、越、温、台等州的船只一年来此地两三次，而广南、日本、新罗等国的船只每年也都要来一次。"粤有巨镇，其名青龙。控而淮浙辐辏，连海而闽楚交通。"在明万历《青浦县志》中有着这样的描述。由于港口贸易的发展，以青龙镇为代表的上海地区经济更加繁荣，城镇规模也相应扩大。史称那时的青龙镇已是"海舶百货交集，梵宇亭台极其壮丽，龙舟嬉水冠松江南，论者比之杭州"。仅青龙镇内就有三十六坊、二十二座桥，还有三亭、七塔、十三寺，烟火万家。北宋朝廷在青龙镇设立了"市舶司"，检查进出船舶，管理对外贸易，并征收关税，类似于今天的海关。那时广州、泉州、温州、杭州等地设有"市舶司"，青龙镇属于后生晚辈，从船舶吨位和货运数量来看，还比不上其他港口，然而，由于经济的勃兴与文化的繁荣，使青龙镇脱颖而出，成长为名副其实的"江南第一贸易港"。所驻镇将，负责防守、缉私等任务，还兼管地方的财政。此外，镇上还设有官廨、镇学、税务、监狱、粮仓、茶场、酒坊等，城镇的繁荣达到了一个新的高峰。

北宋大书画家米芾，就曾担任过青龙镇的镇监。另如白居易、杜牧、苏轼、秦观、梅尧臣、杨维桢、赵孟頫等名人，都先后在此游历，居住过。范仲淹写过一首诗："江上往来人，但爱鲈鱼美。君看一叶舟，出没风波里。"说的就是吴淞江里的鲈鱼。而应熙的《青龙赋》，更生动形象地描绘了宋时青龙镇的繁华风茂，感叹："惟此人杰而地灵，诚非他方之可及"。南宋时，史载"人乐斯土，地无空闲"，可与京城临安相媲美，所以，它又赢得了一个雅号，谓之"小杭州"。

2017年3—5月期间，上海博物馆曾举办"千年古港——上海青龙镇遗址考古展"，以东南巨镇、盛世佛光、丝路遗珍三个板块，显现了考古专家在青龙镇遗址所发现的大量文物。当时，我和闵行区政协、闵行区马桥镇相关领导正好因"马桥文化"的宣传到博物馆请教。时任上海博物馆考古部主任陈杰（现为副馆长），热情地陪同我们参观了这次展览。据他介绍，青龙镇考古出土的大量贸易陶瓷及相关遗迹，证实了这里是海上陶瓷之路的始发地之一，也是海上丝绸之路重要的港口。根据出土的6000余件可复原瓷器与数十万片碎瓷片的窑口可以推测当时的贸易路径，它们大多数来自福建、浙江、江西、湖南等南方窑口。正如仲富兰教授在其所著的《上海小史》中所说的那样，青龙镇的发展曾经带动了周边华亭县的经济社会发展，加强了上海和江南地区对外交流，也加强了上海、江南、长江流域的经济交流。

兴也吴淞江，败也吴淞江。作为上海明代以前最主要的河道，吴淞江直通东海，也曾有"上海母亲河"之称。但在宋元以后，特别是南宋以来，吴淞江和它的一些支流河段淤塞加快，而且屡疏屡塞，难以根治，吴淞江入海口渐成平陆，导致溯江而上的海船无法到达青龙镇，只能停泊于离海更近的上海浦一带。于是，青龙镇原先的港口功能大大削弱，最终沦落为一个村镇，而上海浦则从此兴起，逐渐发挥出主要港口的作用，最终取代了青龙镇的龙头地位。

贰

在港口变迁的形势下，上海镇便应运而生。史载建镇时间为宋熙宁七年（1074）。

其实，在上海镇设立之前，上海浦周边因聚落迅速发展，朝廷便在现在的小东门十六铺岸设立酒务，名为"上海务"，管理附近地区的酒类买卖和酤酒榷税，日后上海县城即肇始于此。"上海务的出现，标志着上海从一个以农业和渔业为主的自然村落，向有商业活动和官方税务机构的集市转变，上海城市就此开始萌芽。"（仲富兰《上海小史》，2021 年版）

到南宋时期，上海镇已经是"海舶辐辏，商贩积聚"，青龙镇的繁荣景象在上海镇不仅得到延续，而且更加蓬勃，一个新的贸易港口日益成长。元代在上海设立市舶司，并把上海作为漕粮运输的一个中转地。那时的上海已有榷场、酒库、官署、儒塾、佛宫、仙馆、氓廛、贾肆，鳞次栉比，成为当时的一大巨镇。所以在元至二十九年（1292）上海正式设县，青龙镇划归上海县管辖。根据那时的一个户籍统计，在 14 世纪中叶，上海全县的户数为 7 万多户，但从事航运、商业的"海航舶商梢水"人员，就有 5600 多人，"地方之人，半是海洋贩易之辈"（嘉庆《上海县志》卷六）。可见，上海作为一个商业性港口已具有相当的规模。

但在元代末期，上海县也同样遇到了流经河道泥沙淤塞的问题。明永乐初年，朝廷迫于江南一带水患严重，万顷良田成为泽国，便开始实施吴淞江与黄浦江合流和黄浦江下游河道的疏浚工程，史称"黄浦夺淞""江浦合流"，从而使上海港口得以维系和发展，上海河道一改以往不畅局面。海船自吴淞口进入，"巨舰可直驶郭下"，为上海日后大发展创造了十分有利的条件。"黄浦自永乐疏荡以来，凌驾东南，不特可与江并称而且过之。"黄浦江由原来吴淞江的一条支流反客为主，而吴淞江却最终改以"苏州河"的名义，反而成了黄浦江的一条支流。这种因江河而孕育上海的情形可能是偶然的，但是它以江海航运而得以汇入世界经济的潮流，则体现了历史发展的必然趋势。上海比之青龙镇，正如它的称谓"上海"一样，在外部的地理位置上以及在顺应世界历史的脉动上，又向海洋迈进了一大步。

这个时候的黄浦江已经具有了建立一个优良港口的必备条件，如江面宽阔、水深流缓、四季不冻；江底泥土细软，便于船只抛锚停泊；两岸地势平坦，适合建造码头仓库等。凭借得天独厚的地理环境和自然优势，上海港的中心地位和枢纽作用日益凸显出来。据明朝弘治《上海县志》记载，那时的上海商人"乘潮汐上下浦，射贵贱购贸易疾驶数十里如反复掌，又多能客贩湖襄燕赵齐鲁之区"，说明上海港的航运贸易在黄浦江疏浚后一百多年，已经相当兴盛。不过，话说回来，从明到清初，因历朝皇帝历行"海禁"，片帆不得下海，在这种情况下，上海的发展空间就非常小。当时它主要靠内河航运和埠际贸易，靠太湖水系连通运河来维系港口的基本运营。虽有沿海航线，只是循南北伸展的海岸线，北达山东、辽宁，南

清末十六铺景象（资料图片）

位于十六铺滨江的老码头（汪思毅 摄）

抵福建、广东，严重缺乏国际间的贸易和交流。"上海"，原本意思是"到海上去"，结果却因"海禁"政策的笼罩下，出不得海，几乎关上了与世界沟通交流的大门，当然，不仅仅是上海，整个中国都是这种状态。

受传统的"君王"思想影响，我国的对外贸易以"朝贡"为主。明初，朱元璋在经历了短暂的开海后，出于对统治的考虑，又规定"片板不许下海"，同时在法律中规定海禁，并不许后世改变，朝贡成了对外贸易的唯一途径。但朝贡体系对交易双方都有许多的限制，不能实现贸易互通有无的目的。而朝贡活动本身"怀柔远人""厚往薄来"的思想内涵，使其根本不是真正意义上的商品交换行为，非常消耗国家财力，国家财政的经济负担因此加重。同时，国内社会经济的发展一再要求扩大商品交换的市场范围，民间开放贸易的需求愈加强烈。私人海上贸易就在国家法律明令禁止的情况下畸形发展，屡屡存在且日渐扩大。

明初起，倭寇便在我国东南沿海侵扰。明正德至嘉靖年间，更是变本

1876 年 7 月 3 日，吴淞铁路举行通车典礼，该铁路旨在联通上海市区到吴淞口（资料图片）

加厉。同时，葡萄牙和西班牙航海大发现后，也试图用武力来迫使中国打开国门。这一时期，明朝廷更是加大了对海禁的控制，致使刚刚有所发展的航运贸易，很快被压了下去。

随着明代后期商品经济的发展，海禁渐弛，海外贸易所带来的中外交流逐渐增多。对世界更多的认识让当时一些有识之士深刻体会到了经济规律的作用，开始从更高的层次思考我国海上对外贸易问题，其中的代表人物就是生为上海县人士的科学家、政治家徐光启。在他看来，海上对外贸易是一个国家交换有无的正常经济行为，它不仅仅是用来清除海盗、增加饷税的权宜之计，本质上更是一种不可阻挡的经济规律，这是一种以海外贸易富国强国的思想。

明朝后期的开放潮流是全民性的，不仅以徐光启为代表的先进知识分子打开眼界接受世界；自朝廷到百姓，无论是思想还是行为都已经开始突破传统束缚，接纳开放性海洋文明，反对闭关自守。

清康熙二十三年（1684），清朝廷宣布解除海禁，开放海上运输。那时，从中国开往日本的海舶每年都有近百艘，其中相当一部分是从上海港出入的。从上海开出的这种海舶，大的可载货五六十万斤，中等的也可装二三十万斤。运往日本的货物主要有生丝、绸缎、棉布、纸张、茶叶、瓷器、药材、文具和书籍等。载回的货物主要是银、铜、海产、漆器、珍珠等。而从上海开往东南亚一带的船舶比沙船更大，运出丝绸、棉布、陶瓷等物品去交换那里的砂糖、苏木、槟榔、樟脑、檀香等货物。

在清代乾隆年间，聚集在上海港的船舶多达三千多艘，其中沙船最多。说到沙船，这里多带几句。1990 年，经过广泛征求意见设计而成的上海市市标，除了一朵上海市民所熟知的白玉兰，还有就是一艘平底三桅的沙船，可见其在上海人心目中的地位。有学者说，沙船是最能代表上海文明精髓的，这可能有失偏颇，但我们不得不承认，它在上海古代航运史上的作用是功不可没的。沙船是我国古代的一种大型航海木帆船，其起源至少可以追溯到唐朝。在宋代时沙船称为"防沙平底船"，元称"平底船"，到了明代才称"沙船"，最早出现在上海的崇明岛。沙船的特点是平底、多桅、方头、方艄，吃水浅、航行轻捷，并能坐滩（即平搁在沙滩上）的优点，适宜于近海浅滩中航行，当时上海到营口的北洋航线上多为沙船。

除了沙船，上海港还有来自南方粤、闽、浙等地的估船、鸟船、疍船，北方山东、直隶一带的卫船。甚至还有来自日本、朝鲜和越南、暹罗等国的外国商船。至清代末年，随着海上漕粮运输线路的重新开辟，沙船运输业更加发展，港口也显得更加繁荣。在近上海县城的黄浦江边，自南至北五六里江面上船只停泊无间隙。上海港号称"闽、广、辽、沈之货，鳞萃羽集，远及西洋暹罗之舟，岁亦间至。地大物博，号称繁剧。诚江海之通津，东南之都会也"。

洋山港集装箱码头（摄图网）

鸦片战争前夕，上海港的年货物吞吐量达到 150 万—200 万吨，大部分为内贸吞吐量，遥遥领先于全国其他的港口。而港口的繁荣也带来了城镇的繁华，上海商业和手工业万商云集，百货荟萃，一片兴旺景象。

叁

1832 年 6 月 20 日，一艘来自澳门的英国帆船"阿美士德勋爵"号出现在吴淞口外的海面上，船长林德赛（Hugh Hamilton Lindsay，化名胡夏米）从望远镜中看到了前方一片广柔海岸。那里淤泥荒滩，飞鸟芦苇。他查了一下地图，眼光聚焦在北纬 31° 14′、东经 121° 29′ 的坐标点上。

他看了看天色，东方已经发亮，一轮红日将升腾而起，他命令停船，沉沉的铁锚滑入大海，他可能没有意识到这一停船后被写入了史册。

那片在望远镜中出现的淤泥荒滩后来成为东方世界一个伟大的地方。

——摘自谢国平《财富增长的试验：浦东样本》

林德赛发现的这个地方，叫上海县。当他停了大船，和船上的英国伦敦会传教士郭士立一起转驾小艇前往对岸时，被驻扎在吴淞口岸炮台上高度警惕的中国官兵发现了，立即向小艇发射了空炮。血管里天生就流着冒险血液的林德赛并没有停下，而是加快了速度，驶进上海港。

当天下午，林德赛他们的小艇在小东门外靠岸，第二天，这些人来到上海道台衙门，提出要求贸易。上海道台告诉对方，根据中国法律规定，上海不许外国船只进口，也不同外国通商，叫他们"仍回到准交易之广东地方"去交易。

18 天后，"阿美士德勋爵"号走了。当时几艘中国战舰尾随着它，相距 6 英里，鸣炮逐夷。但令上海道台没有想到的是，在林德赛他们逗留上海期间，竟然偷测航道，绘制海图，同时窜到炮台，深入要塞内部，搜集到了从防御工事的结构到枪支弹药的配备等方面的军事情报。

林德赛和郭士立特别注意搜集港口情报。他们曾经躲到芦苇丛中的小船上连续一星期查点进入吴淞口帆船的数目。最终得出一个结论，虽然上海县只是大清国一千三百多个县中一个普通县城，但从其江海贸易的地位来看，"上海事实上已成为长江入海口和东亚主要商业中心"，而上海港也已成为世界主要港口之一。

人们常常说上海曾经是个小渔村，直至现在持有这种说法的人还有不少，其实是对历史的误解。上海（县城）这个聚落，在北宋时已经设有酒税务，管理酒的交易，已然形成巨镇。明清时期更是大面积种植棉花和水稻，有着"衣被天下"美誉，手工制造业和航运贸易繁盛，至于村落中有人以捕鱼为生，这种可能性是存在的，但占比极其微小，形成不了主业趋势。事实上江南地区的许多村落、集镇位于河流边上，如果因其坐落在河边就是"小渔村"，未免牵强。正如有学者所指出的："不仅是上海，其实任何城镇都是由小到大的。"

更有人认为，上海作为一个小渔村变成一个大都市，是西方人到来后一手促成的，这种说法更是太夸张了，是不懂得上海历史的人之谬论。其实，对青龙镇遗址的发掘，表明上海在唐宋年间即为贸易、航运中心，令人们对上海在历史上的航运地位有了重新认识的可能性，而所谓"上海在开埠之前只是一个'小渔村'"的说法不攻自破。华东师范大学田兆元教授认为，上海地区位于长江之南，是典型的江南文化区，可以确定的是，"上海是在繁荣的、不断生长的市镇群落的基础上发展起来的。传统的市镇与兴起的市镇，持续支持着上海地区的繁荣发展。在一定程度上，上海地区

石版画《1840 年的上海》（选自 1924 年出版的《中国通商图》）

的古镇是江南古镇的引领者"。不过，从上海价值被重新发现，可以认为，上海不是由自己"发现"，而是被万里远来的洋人"发现"的，这是历史的真实。

毕竟到清代时，朝廷都没有意识到上海的地位和价值。一个上海道台，官职仅为正四品，放到现在就是一个厅局级别，且不论其视野、格局如何，在权力上除了管理地方，便也无法左右多少事务，尤其是对外方针政策。

林德赛和郭士立之后又在中国沿海进行间谍航行，并再一次来到上海，停留了十天。回国后大肆宣扬上海这个港口的优越性和有利条件，引起了英国国内殖民主义势力和西方其他资本主义国家商人的普遍注意，为之垂涎欲滴，点燃了他们侵略中国的野心。

1840 年 4 月 10 日，是一个普通的日子，却成了一个罪恶的开端。英国议会下院以 9 票之差最终批准了对华战争议案。这场战争导致清政府被迫与英国签订了中国近代史上第一个不平等条约——《南京条约》，割地赔款之余还被迫接受英国要求，开放上海等五地为通商口岸。中国人开始了饱受列强蹂躏的日子。

英国军队先后攻打广东、福建和浙江沿海各省，又派船到天津海口和长江口进行武力侦察。由于清政府实行妥协投降政策，不认真备战，以致英国侵略军得以乘虚而入，陆续攻占虎门、宁波、乍浦等地。1842 年 6 月，英国侵略军纠集了七十多艘船舰和一万多人的兵力向长江口进犯，企图由此侵入东南沿海各地，逼迫清政府投降，以便达到它的侵略目的。

上海是长江的门户，吴淞口又是上海的咽喉。想要进入长江，首先要占领上海，而占领上海，首先又必须进攻吴淞。

这里是长江、东海和黄浦江的交汇处，其地理位置之重要不言而喻。作为由黄浦江进入上海的水上大门，是从海上溯长江西进的门户，素为一

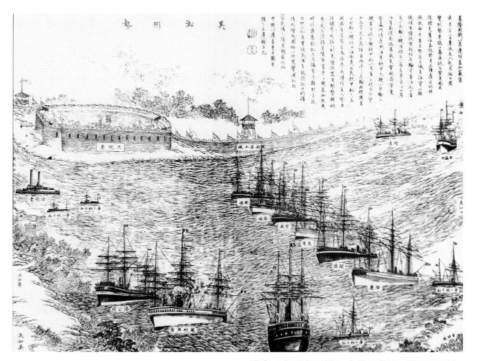

清末《点石斋画报》中的吴淞口（资料图片）

大军事要塞，历来为兵家必争之地，直到现在还是重要的海防基地。需要补充说明一下的，吴淞口南侧在唐宋时期原有一座名为"高桥"的海岛，就是现在的国家历史文化名镇高桥，当时远离浦东南面陆地，开阔的吴淞江从高桥岛南面流过。唐宋直到明清都以吴淞江为界划分行政区域，高桥因在江北面，所以千年以来行政区划一直归江北管辖。其实，界浜两岸，不仅县不同，且乡也不同：宋代时，北岸为临江乡，南岸为高昌乡。直到1927年7月上海设特别市，高桥地区第一次跨越界浜跻身"上海"，成为"上海特别市高桥区"。夏原吉治水之初，大黄浦在高桥附近汇入长江，经年累月的地质变化，高桥岛逐步和浦东陆地连在了一起，原先的浦口被堵，于是大黄浦改由今天的吴淞口入江出海。关于这些，我在《世上本无黄浦江？》篇章中也有提到，如今这里有着"万里长江口，千年高桥镇"的美誉。

在"三水"交汇处，高桥与吴淞口互为犄角。高桥在宋代是渔盐之乡，在元朝是沙船之乡，在明清时代已然为商贸兴盛的集镇，到民国时期成为营造之乡，拥有"三刀一针"（泥刀、菜刀、剪刀、绣花针）文化遗产。高桥也出过几位名人，最出名的莫过于李平书（1854—1927），他生在高桥，去世后也葬在家乡。曾参与光复上海，任沪军都督府民政总长兼江南制造总局总理，江苏都督府民政长，还做过中国通商银行总董。他在全国首创上海地方自治，第一个提出了建立上海特别市的设想，见证和参与了上海从一个小县城向国际大都市的演变，是民国史、上海发展史上不可忘记的一个重要人物。还有一个人对普通老百姓来说更是耳熟能详，他就是民国时期风云上海滩的青帮大佬杜月笙（1888—1951），14岁时从高桥流浪到上海县城，靠卖水果混迹滩上，加入青帮后以烟赌发迹，受其惠者多，受其害者也多，可以说是毁誉参半，有恩有怨。古镇高桥因为有了李、杜等人，也平添了几分声名。

那天，在游览过吴淞口后，我们穿过外环隧道特地到高桥古镇兜了一圈，总觉得平常了些。古镇所留存的旧风貌实在太少，老街不大也短，不用半个小时就走了个来回，而且可看的景点也不多。清溪府、绒绣馆平平常常，没有特别引人注目的。原本想去高桥人家陈列馆参观一下，不料大门紧闭。喜欢逛老街的人到那里不免会有些失落。

吴淞口最出名的莫过于一个叫做"炮台湾"的地方，原称杨家嘴，因沿江构筑炮台而得名。历史上这里多次为外国侵略者入侵之地，在硝烟弥漫中屹立不倒。明嘉靖三十二年（1553），倭寇侵略吴淞，参将俞大猷率军据此破敌。

1842 年 6 月 8 日，英国侵略军的舰队驶往长江口外的小岛鸡骨礁集合待命。又派了三艘军舰封锁长江口，侦察吴淞的防御工事，并袭击来往商船，抢劫金银财宝，掳掠民船，勘测航道，设置浮标。他们选择了吴淞和宝山之间以及吴淞炮台尽头处作为登陆的地点。在做好种种准备之后，开始进攻吴淞。守卫吴淞的清军将领是江南水师提督陈化成（1776—1842）。面对来势汹汹的英军，陈化成坚决主张打击侵略者。在战斗最激烈时，他"鹤立炮侧，手燃巨炮，挥刀御敌"。在陈的激励下，全体官兵奋勇杀战，誓死抵抗，但最终不敌。陈"手刃十余人，身中数创"，最后壮烈牺牲。随后，吴淞沦陷。英军侵略军分水陆两路进入上海县城。水路在南码头靠岸，陆路则从县城北门侵入。经过一番烧、杀、抢、掠后，离去之前还恬不知耻地勒索"赎城费"五十万银元。

吴淞口见证了太多的血与火。1932 和 1937 年侵华日军进攻上海，在吴淞口附近登陆，遭到了军民的坚决抵抗，"淞沪抗战""淞沪会战"就是从这里点燃战火。两次淞沪抗战，尤其是"八一三"淞沪会战，中国军队在吴淞口地区抗击日本军队的侵略，其时间之长、规模之大、战斗之烈、

吴淞炮台湾国家湿地公园内古炮台（徐晓彤 摄）

牺牲之重，都是淞沪战场上别的地区所不可比拟的。前事不忘后事之师。1949年5月，解放军在解放南京城，占领总统府后，发起上海战役，亦称"淞沪战役"。为贯彻中共中央关于既要全歼国民党守军，又要完整地保全上海的指导方针，夺城解放军采取了"钳击吴淞，解放上海"的战略决策，分别从浦西、浦东两翼迂回，进逼吴淞口，封锁黄浦江，切断国民党军队海上退路，诱其主力歼灭于市郊，然后围攻市区，解放上海全境。

为传承吴淞炮台湾悠远的历史文化，展示其丰富的人文景观，改善区域生态环境，当地政府在这里规划改造，把当年这块风起云涌之地建成了吴淞炮台湾国家湿地公园，于2007年正式落成。现在是5A级的风景区。

我在做行走黄浦江的计划时，把到吴淞口的探访放到了最后。从西南的闵行驱车到东北的宝山，路途还是有点远，所以我和徐老师一早就出发了，到吴淞炮台湾才8点多。偌大的公园里游人并不是很多，大多为附近的居民，散步、晨跑、打羽毛球……还有在练嗓唱京剧的。大概是学雷锋

日到了，公园进口处还设了便民服务摊，一群志愿者热热闹闹地忙着在理发、修电器、磨剪刀。

在公园里和江边兜了两个小时，游人便渐渐多了，中心的草坪一座座帐篷搭了起来，露营、放风筝、准备着野餐的。湖中游船往来穿梭，平添一份乐趣。这样的风景地带，徐老师自然想好好练练手，航拍一下的，之前去外滩、陆家嘴，因为那里禁飞，甚为抱憾。谁料这次徐老师粗心了，带着的三块无人机电池逐一检查，竟然都只剩下一格电。想不起之前用过后是不是充过，看来准备工作做得有点不充分。勉勉强强飞了几圈，怕落到树林中、江海里，只好急急忙忙地收手。回来看看所拍的，还好有几张挺不错，稍许弥补了一下遗憾。

站在吴淞口堤岸上，极目远眺，分不清哪里是长江，哪里是东海。有人说吴淞口是入海口，也有人说吴淞口是出海口，百川归一，黄浦江最终流向了大海，但从人文意义上说，也走向了更广阔的海洋和天地。

这有什么本质上的区别吗？入海口是指河流奔向大海的港口。而出海

蜿蜒的东海大桥，连接起临港新片区与洋山深水港（摄图网）

口则是指国内的海与外国的通道，或者是通向外海的，只有目光向外，形
成蔚然成风的海洋意识和世界观念，才能一往无前地走出去。

肆

无论是在吴淞口，还是乘游轮游览浦江时，我一直在回忆自己这么多
年来为数不多的乘船经黄浦江出海的情景。

十六铺码头就是我当年出海时上船的地方，而这个地名对上海人来说
再熟悉不过。清代乾隆以后，海禁逐步开放，上海港由于优越的地理位置，
成为当时中国南北洋航运贸易的联结点。当时有文献这样记载："凡远近
贸迁皆由吴淞口进泊黄浦"，而此时十六铺已然成为中国最大港口。地名
学上"十六铺"的首现，是在清咸丰、同治年间，距今约 150 余年。为了
防御太平军进攻，当时的上海县将城厢内外的商号建立了一种联保联防的
"铺"，由"铺"负责区域内治安，公事则由铺各个商号共同承担。最初计

划划分 27 个铺，因为各种原因实际只划分到 16 个铺（即从头铺到十六铺）。而其中十六铺是 16 个铺中区域最大的，包括了上海县城大东门外，西至城濠，东至黄浦江，北至小东门大街与法租界接壤，南至万裕码头街及王家码头街。1909 年，上海县实行地方自治，各铺随之取消。但是因为十六铺地处上海港最热闹的地方，客运货运集中，码头林立，来往旅客和上海居民口耳相传，都习惯将这里称作"十六铺"。作为一个地名，它存用至今。

20 世纪 70 年代，随着客运的迫切需要，原先的装卸区与客运站合并起来，以十六铺码头为基地，重新成立了上海港客运总站。那时，从船上下来的乘客都是挑扁担的、挑筐的，改革开放以后慢慢才有了拎皮箱、拎包的。由于设施陈旧跟不上时代发展需要，1982 年，把原来李鸿章创办的招商局仓库拆了，建造了十六铺新客运站。在 80 年代末期，十六铺码头已经发展到每年进港人数将近 700 万人次，出港人数也大体相当。这在当时的水陆客运中是规模最大的。

那时，家住上海或到过上海的人，大多会有一份关于码头的记忆。招呼声、叫卖声……各种方言乡音永不间歇地交织着。我第一次从十六铺码头乘船，是在 1985 年，那次是去厦门。虽然新码头改建才三年，印象中码头十分大，人头攒动，而且十分嘈杂，秩序也有点混乱，不时可见"注意保管财物，谨防小偷"之类的宣传提示。那时才十七八岁的我，面对这鱼龙混杂的场面，心中的胆怯可想而知，小心地跟着同行的人，就怕迷失了方向。船行驶在江面上，我依在船舷上，眼中的黄浦江一片浑浊，两岸是高高低低的建筑，但稀稀拉拉的，与田野相间。不多久，只听有人在叫嚷着："出吴淞口了。"天际顿时开阔起来，白茫茫的一片，望不到边。船是在深夜时路过台湾海峡的，风浪夹击，大部分人晕船了，天昏地暗般呕吐，

1985 年，上海十六铺码头，客轮准备靠岸（资料图片）

2004 年 12 月 2 日《文汇报》刊登的十六铺码头部分建筑爆破消息（资料图片）

我也是，吐得久久爬不起床。后来也坐过几次船，是去普陀山游玩，乘船先到舟山的沈家门，而后再搭游艇上岛。因为手头不宽裕，每次买的都是四等舱的大通铺，上百号人挤在船的底部，人声鼎沸，空气中满是烟油混杂的浓稠，还有汗臭，实在是颇为遭罪。但也许这些经历是我青少年时代看世界的开始，所以直到现在都念念不忘。青涩岁月走过的地方，都怀揣着一份美好和向往。

后来就少有乘船旅行的经历。最近的一次还是在 2018 年的 4 月，不过不是在十六铺码头上的船，而是在位于吴淞口的国际邮轮码头——早在 2003 年 9 月 24 日，十六铺码头送走了最后的航班，退役了，之后经过拆除改造转为游船码头。那次，我和朋友搭乘皇家加勒比"海洋量子号"邮轮去日本鹿儿岛。大部分时间都在邮轮上吃吃喝喝，一路上天并不怎么好，起初是细雨蒙蒙，雨歇后便是风高浪急，虽是大型豪华邮轮，但还是颠簸不已，虽不至于让人天旋地转，也是颇为不适，走在甲板上总是踉踉跄跄的。虽然我自小生活在黄浦江边，对水有种自然的亲近感，但对海却只剩一种敬畏了。

1843 年 11 月 17 日，根据《南京条约》和《五口通商章程》的规定，上海正式开埠，到 2023 年，正好是 180 年。开埠后，外国商品和外资纷纷涌进长江门户，在上海滩开设行栈、设立码头，划定租界，开办银行。从此，上海进入历史发展的转折点，从一个不起眼的海边县城开始朝着远东第一大都市前进。

从上海开埠之日起到这年年底的六个星期里，有七艘外国船开进了上海港，到 1858 年，进港口的外籍船只已达 754 艘。我后来在想，那些来自西方异域之地的商人、政客、冒险家们，在经历了数十日或更多长时间海上颠簸后，从吴淞口进入黄浦江，踏上上海滩这片土地时，心情是什么样的？是无限的商机，还是可以令他们肆意妄为的不法之地？事实上，他们如此迫不及待地开进上海港，目的就在于掠夺。在初期的掠夺活动中，以走私鸦片、贩运军火和掠卖人口最为突出。

一本研究中国关税沿革历史的外国著作曾这样描写过开埠初期进入上

海的西方商人：上海在前一世纪的 40 年代末和 50 年代初的时候，已经变成了无法无天的外国人的一个真正的黄金国……其中许多人都是属于这样一种类型：只要有利可图，那么走私和犯禁，一切都不顾忌，就是行凶杀人，也在所不惜。那时的西方商人也毫不掩饰地表示过，他们所关心的只是"如何不失丝毫的时机，发财致富"。他们说："我希望最近在二三年内发财而去，所以，以后上海给水淹没或给火烧掉，与我会有什么关系呢？"（《上海 700 年》，1991 年版）

伍

事物的另一面就是，随着上海开埠，商贸、科技日新月异，上海港中原来的一大批手摇渡船逐渐退出历史舞台，而由机动轮船取而代之，在这样的历史背景和物质基础上，上海港的航运业务迅猛发展。

对于海洋意识以及沟通海外世界，中国长期以来处于消极被动的状态。中国历史上也有过海上丝绸之路和郑和下西洋，但很显然，它们并不代表国家的政治战略，也不是出于社会生产力发展及其扩张的内在驱动。但是随着上海被迫开放，有识之士开始了主动调适、主动奋发的理性思考，并付诸实践。随着外国洋行络绎而来，上海开始与欧洲、美洲直接发生商务联系，对外贸易额快速增长，尤其是丝绸、茶叶等贸易额上升很快。上海在全国外贸中的地位直线上升。至清咸丰三年（1853），上海外贸总额已经超越了"老大哥"广州，成为全国最大的外贸口岸。到第二次鸦片战争以后，中国通商口岸增多，上海在对外贸易中的地位进一步提升，进出口总值平均占全国一半以上，其中通商通常占六成以上。在转口贸易、国内埠际贸易方面，上海起枢纽作用。

有人说，上海就是在码头工人的号子声中垒起来的。因为上海港航运高速发展，码头经济自然十分活跃。正如华东师范大学陈子善教授所认为的那样，码头不仅是人流和货物的集散地，往往也是一个城市或城镇发展的大门，变迁的缩影，是生活在这个城市的人们的情感寄存处之一。鸦片战争以前，上海港码头基本分布在大小东门和大小南门的沿江地带，即今天的南码头到十六铺这一段弧形圈，这里地处上海之南，所以也叫"南市"。进入南市，立刻能看到船来舶往，舟楫云集、人头攒动的场面。最热闹的时候，黄浦江上停泊着三千艘船，光是船的种类就令人眼花缭乱：如南洋的渔船、疍船，福建、北洋的沙船、三不像船；来自长江的帆船；内河的驳船、客货船；还有国外各种奇形怪状的远洋船……

到 1931 年，上海港已经发展为"远东航运中心"，从"江河时代"开始迈入了"海洋时代"，年货物吞吐量高达 1400 万吨，船舶进口 2100 万吨，仅次于纽约、伦敦、神户、洛杉矶、汉堡、大阪，位居世界第七。而 1936 年时，黄浦江两岸主要码头多达 77 座，危险品泊位 3 个。在这些码头中，大多是英、日等外商码头，中国人所有的除招商局和中华码头所属的码头外，其他只是一些小码头。

码头的泊位、仓库和堆场，是港口的主要设施，其中，深水泊位是列强争夺的"肥肉"。20 世纪 30 年代，英、日、美等国在上海拥有的码头，占全港总长度的 67.1%。庞大的规模、齐全的设备、雄厚的资金，加上享有各种特权，使这些外商码头一直处于垄断地位。

抗日战争爆发和三年解放战争，上海港遭到重创，迅速萧条萎缩，货物吞吐量急剧下降。1949 年，上海港的吞吐量仅为 194 万吨，只是 1931 年吞吐量的七分之一。

1949 年 5 月 27 日上海解放，上海港逐步恢复生机，并加大对老旧建

清末金利源码头（资料图片）

筑和设备的技术改造，新建了一批码头仓库。如利用日晖港的开平和北票码头扩建了上海港第一座水陆联运码头，使火车能够直接开上码头，节约了转驳过程中的装卸劳动，而靠近吴淞的张华浜，也从一片荒凉的沙滩变成了可停泊万吨级巨轮的张华浜水陆联运码头，并于 1961 年开办水陆联运业务。

1955 年秋和 1957 年夏，毛主席两次乘坐领航船，视察上海港。航行途中，他谈论黄浦江的历史，询问码头、仓库和企业的情况，关注上海港的发展。而周恩来总理曾于 1953 年初和 1964 年 4 月到过上海港视察。他指出，上海港是我国最大的对外贸易港，因此，不但要了解港口的今天，还要了解港口的昨天；不但要了解国内港口的情况，还要关心国际航运的发展变化。这样才能掌握主动权，建设好社会主义新海港。1973 年，周总理提出"三年改变港口面貌"，于是上海港掀起了大规模的基本建设，码头和泊位从质量到数量上，都有所提高与增长。改革开放以来，上海港在上海市政府和交通部的支持下，于黄浦江内新建张华浜、军工路、共青、朱家门、龙吴五个港区。此外，宝钢集团、石洞口电厂、外高桥电厂等大型企业，也拥有了一批专用码头。

1990 年，浦东开发开放。此时，上海港的发展面临着一系列的挑战，首先是对外贸易规模的不断扩大、货物运输量的迅猛增长，导致上海港长期面临货物吞吐能力不足的问题；其次，集装箱大型化趋势已经开始，那时的集装箱船已经达到 2000 至 3000 箱水平，后来更是出现了 4000 至 5000 箱的四代、五代船，大概是 4 万吨到 5 万吨，于是出现了 5 万吨的船要在长江口外减载候潮的问题；同时，上海港还面临着与中国台湾省、韩国釜山、日本大阪神户之间的激烈竞争。1994 年时上海的集装箱量只

洋山深水港集装箱码头（摄图网）

有 100 万箱，与这些港口相比还存在一个数量上的差距。所以，上海港如何规划、如何建设的问题迫在眉睫。

上海港一手牵着长江，一手牵着世界。1996 年 1 月，国家从战略层面决定加快推进上海为中心，以苏浙为两翼的上海国际航运中心建设。建设上海国际航运中心是直接影响长三角地区和长江经济带发展的重要环节，更是中国扩大对外开放、推动中国经济融入全球经济的重要举措。直到今天，人们都有了普遍认识，建设上海国际航运中心，既是国家战略，也是上海继续当好改革开放排头兵、创新发展先行者，加快建设国际经济、金融、贸易、航运和科创"五个中心"的重要支撑和突破口。

上海港最大的创新和突破，是 2002 年 6 月洋山深水港区的兴建，终于解决了上海没有深水港的问题。洋山深水港区位于杭州湾口外的崎岖列岛，面积 25 平方公里，是唯一建在外海岛屿上的离岸式集装箱码头，由小洋山岛屿、东海大桥、洋山保税港区组成。经过三年多的奋战，于 2005 年 12 月开港，到 2018 年时，洋山港已一跃成为全球最大的智能集装箱码头，成为了上海国际航运中心的新坐标。

2019 年 7 月 20 日凌晨 2 时 30 分，世界上最大的集装箱船"地中海古尔松"安全靠泊洋山深水港。这条船长 399.9 米，宽 61.5 米，载重量 22 万吨。它在洋山港卸下了 2000 多个集装箱。这意味着上海港又创造了新纪录。

上海推动航运服务业发展的另一项重要举措是发展邮轮产业，建设吴淞口国际邮轮港。吴淞口靠近长江主航道，在这里修建邮轮港，弥补了上海港没有大型邮轮专用码头的不足，与位于虹口的北外滩国际客运中心实现功能互补、错位发展，共同形成中国规模最大、功能最全的国际邮轮母港和邮轮产业中心。

2006 年 7 月 2 日,歌诗达邮轮"爱兰歌娜号"抵达北外滩国际客运中心,开启了首个国内母港邮轮的 6 天 5 晚日韩线路运营。

2008 年 12 月 20 日,上海吴淞口国际邮轮港开工建设,并于 2011 年 10 月 15 日开港。

陆

2023 年 11 月 4 日,国产首艘大型邮轮"爱达·魔都号"命名交付仪式在位于黄浦江出海口的上海外高桥造船有限公司举行。这标志着我国成为集齐造船业"三颗明珠",可同时建造航空母舰、大型液化天然气运输船、大型邮轮的国家。这艘总吨位为 13.55 万吨的邮轮,船身涂装的灵感源自敦煌壁画,以"丝绸之路"为主题,选取中式美学的敦煌飞天及天女散花,将经典的颜色与灵动的线条融为一体,创新演绎东方文化韵味。

2024 年 1 月 1 日,"爱达·魔都号"从吴淞口国际邮轮港出发,3000多名游客和近 1300 名船员开启 7 天 6 晚的首航秀,航线为上海—济州—长崎—福冈—上海。

看到这些新闻后,我才惊觉,我在写出海口,写上海港,但我遗漏或者说忽视了一个关键的内容,那就是上海的造船业。港和船是相互依存的。港的繁荣推动船舶制造业的兴盛,而造船业的水平如何,更与一个地区一个国家通江达海的能力密切相关。

毋庸置疑,上海是中国现代造船业的发源地,既承载了一个民族濒临绝境的富国强兵之梦,也开始扭转国人由内控天下到外向海洋的世界观。

清同治四年(1865),李鸿章等洋务派在上海虹口开设江南机器制造总局(江南造船厂的前身)。1867 年,江南机器制造总局迁至城南高昌庙。

新中国自行设计建造的第一艘万吨级远洋货轮"东风号"正式通过国家验收（资料图片）

江南机器制造总局（资料图片）

江南制造总局的诞生，拉开了中国近代工业的帷幕，是上海，乃至中国近代造船工业的开端。在徐寿父子及华蘅芳的主持下，这里诞生了中国自行建造的第一艘蒸汽推进的军舰"惠吉"号和第一艘铁甲军舰"金瓯"号。

继江南制造总局以后，上海创办了招商局浦东机器厂、张华浜修理厂等官办船厂；同时发昌、公茂、求新等几十家民办修造船厂也相继成立。

上海近代民族造船工业的悄然兴起和日益壮大，其实力和潜力也不断显现出来。1905年江南制造总局将造船业务划分出来，单独设厂，称"江南船坞"。北洋政府时期，又将该厂划归海军部管辖，并改名为"江南造船所"。1920至1922年江南造船所为美国建造的"官府"号等4艘远洋运输船的成功，更是蜚声海内外，被认为是中国工业史的新纪元。1927年大中华造船机器厂（中华造船厂前身）建造的"大达"号客货船和造船专家杨俊生等人设计的"天行"号破冰船的建造成功，也受到了社会的高度赞誉。关于杨俊生实业救国，艰辛的造船经历，我在《江中有座岛》篇章中有过具体描述。他的事迹也永远记录在中国船舶发展史上。

然而好景不长，1938年江南造船所被日军侵占，其后一直未能恢复。船厂几乎无船可造，一片萧条景象，解放前夕仅剩下9家船厂，职工不足6000人，靠修船维持生计。

新中国成立后，上海造船业再度蹒跚起步。20世纪50年代，江南造船所正式更名为"江南造船厂"，在摸索中开始了自己的现代化进程，走出了困境。1965年中国第一艘自行设计制造，材料和设备绝大部分立足于国内的万吨级远洋货船"东风"号便是在江南造船厂建成的，从而结束了万吨船舶的材料、设备依赖进口的历史。这艘船的材料和配套设备得到国务院18个部委，16个省和291家企业、科研院所、大专院校的支持，提供了2600多项器材和设备。同年，沪东造船厂试制成功中国第一台船用万匹机，这台船用低速柴油机作为"东风"号的主机，结束了船用万匹机依赖进口的历史，几代造船人多少年梦寐以求的造自己的万吨船，用自己的万匹机的愿望终于实现。

改革开放以后，上海造船业开启了全新发展阶段。坚持"军品第一"原则，竭力保障海军需要。上海的骨干船企还为海军提供了一批品质精良和先进的导弹护卫舰、大型登陆舰，并着手研制新型导弹驱逐舰。江南造船厂在第七〇八研究所等科研院所支持下，成功建造出中国第一代航天测量船"远望1"号、"远望2"号和首艘大型远洋调查船"向阳红10"号等，圆满地完成"718"工程"三型五船"的建造任务。这支船队建成后，九下太平洋，航行11万海里，出色地配合中国首次运载火箭发射、同步卫星发射、和平利用和开发南极等任务。同时，建造的民用船舶品牌船型也受到国际船舶检验机构和船东的肯定和赞许。代表船型有：出口联邦德国、获得国家金质奖的4400/6400吨多用途货船，被国际造船界称为"中国江南型"的6.4万吨散货船等。

2008年开始，上海造船业"由浦江入东海"。江南造船集团率先告别相伴140多年的黄浦江，整体迁入长兴基地。随后上海三大船厂之一、中船集团旗下沪东中华造船公司也从浦东整体搬迁至此。十多年来的不懈努

十六浦已改建为游轮码头（卓孝辉 摄）

力，长兴岛从一片荒芜滩涂，变成我国规模最大、设施最先进、最具国际竞争力的"造船岛"。

……

总有种自豪感从内心澎湃升腾：上海无疑是"以港兴市""港城共荣"的典范，经过百年的兴衰更替，上海港已然发展成了一个集综合性、多功能、现代化为一体的大型主枢纽港。而黄浦江带给这座城市的就是和世界的连接，通过黄浦江到长江，连接太平洋，和世界接轨，来自世界的最新文明，在这里汇聚。

随着国际航运数字化、智能化、绿色化转型不断加快，绿色、低碳、智慧航运正处于技术发展和规划形成期，这为上海国际航运中心建设，带来了"换道超车"的新机遇。但同时，更要遵照 2023 年 11 月习近平总书记考察上海所强调的那样，"要加快补充高端航运服务方面的短板，提升航运资源全球配置能力"。

大江汤汤，经百里乃成；大城泱泱，历千年而兴。黄浦江是面向世界开放的，吸纳着世界最新的成果，同时又主动融合，向世界热烈拥抱，其思想意识和文化性格相对于民族的历史，就具有了某种开创性和划时代的意义。眺望古青龙镇，以及余韵犹存的青龙塔和青龙寺，它们用一千多年的历史，见证着这个"离世界最近"的城市的潮起潮落，斗转星移，开启下一个百年辉煌。

附录 主要参考文献和资料

《上海市志·黄浦江分志（1978-2010）》，上海地方志编纂委员会编，上海古籍出版社 2021 年

《黄浦江志》，《黄浦江志》编辑委员会著，商务印书馆 2023 年

《上海水利志》，《上海水利志》编撰委员会编，上海社会科学院出版社 1997 年

《上海大辞典（上、中、下）》，王荣华主编，上海辞书出版社 2007 年

《车墩镇志》，车墩镇志编纂委员会编，上海辞书出版社 2011 年

《石湖荡镇志》，石湖荡镇志编纂委员会编，上海辞书出版社 2012 年

《上海世博会志》，上海世博会志编纂委员会编，上海人民出版社 2020 年

《上海西岸：徐汇滨江图志》，上海市徐汇区档案局（馆）等主编，中华书局 2021 年

《上海市沿革地理》，祝鹏著，学林出版社 1989 年

《上海史研究》，王鹏程等著，学林出版社 1984 年

《上海史》，唐振常主编，上海人民出版社 1989 年

《上海 700 年》，上海研究中心、上海人民出版社编，上海人民出版社 1991 年

《海纳百川：上海源》，葛剑雄著，上海人民出版社、学林出版社 2019 年

《上海六千年》，仲富兰著，上海人民出版社 2018 年

《上海小史》，仲富兰著，上海书店出版社 2020 年

《魔都上海的魔力与魔性》，熊月之著，上海世纪出版集团 2023 年

《上海港码头的变迁》，《上海港码头的变迁》编写组，上海人民出版社 1975 年

《上海港史话》，《上海港史话》编写组，上海人民出版社 1979 年

《上海港史（现代部分）》，金立成主编，人民交通出版社 1986 年

《上海港史（古、近代部分）》，茅伯科主编，人民交通出版社 1990 年

《战上海》，刘统著，学林出版社 2018 年

《樱桃河畔》，吴玉林编，上海书店出版社 2021 年

《春申邨望》，吴玉林著，上海书店出版社 2021 年

《本来闵行》，吴玉林著，上海书店出版社 2022 年

《陆家嘴与上海文化：上海陆氏家族文化研究》，朱丽霞、周庆贵、薛欣欣著，上海书店出版社 2021 年

《财富增长的试验：浦东样本（1990-2010）》，谢国平著，上海人民出版社 2010 年

《中国传奇：浦东开发史》，谢国平著，上海人民出版社 2017 年

《璀璨明珠陆家嘴》，邢建榕、施雯著，学林出版社 2020 年

《再造陆家嘴》，蔡永洁、许凯著，同济大学出版社 2021 年

《近代东外滩》，唐国良主编，上海社会科学院出版社 2013 年

《犹太难民与上海》（全五卷），王健主编，上海交通大学出版社 2015 年

《爱上北外滩·关于虹口的记忆》（全三册），李天纲、王启元主编，

上海人民出版社 2021 年

《杨浦百年史话》，上海市杨浦区文化局、上海市杨浦区档案局编，上海科学技术文献出版社 2006 年

《杨浦百年工业大转型》，卢冰、姜玉平主编，上海科学普及出版社 2017 年

《复兴岛》，熊月之主编，上海辞书出版社 2022 年

《太湖流域春申君治水传说研究》，（日）中村贵著，中国社会科学出版社 2020 年

《黄浦江上游水源林水文生态功能研究》，刘道平著，中国林业出版社 2012 年

《浪奔浪涌黄浦江》，傅林祥著，学林出版社 2019 年

《跟着档案看上海》，上海市档案局（馆）编，同济大学出版社 2021 年

《镜头中的国家地理：黄浦江》，王韧工作室著，上海科学技术文献出版社 2014 年

《黄浦江水岸旅游导览》，上海市旅游局著，北京时代华文书局 2017 年

《上海外滩源》，上海市黄浦区档案局编，新华出版社 2010 年

《上海·外滩》，上海人民美术出版社编，上海人民美术出版社 2013 年

《陆家嘴——城市前沿空间》，王骎远著，上海文化出版社 2003 年

《东岸漫步：黄浦江东岸公共空间贯通开放建设规划》，上海市黄浦江两岸综合开发浦东新区领导小组办公室、上海市城市规划设计研究院、上海东岸投资（集团）有限公司主编，同济大学出版社 2017 年

《虹口经典》，虹口区文化局、虹口区城市规划管理局、虹口区房屋土地管理局编，上海交通大学出版社 2006 年

《百年轮渡》，承载主编，上海社会科学院出版社 2010 年

《上海的桥》，张惠民、周渝生主编，华东师范大学出版社 2000 年

《上海的记忆——桥》，上海市城市建设档案馆编，上海教育出版社 2007 年

《虹口记忆：1938-1945 犹太难民的生活》，宋妍主编，学林出版社 2005 年

《虹口记忆：1906-1949 志士仁人的足迹》，宋妍主编，学林出版社 2007 年

《虹口记忆：1927-1936 鲁迅生活印记》，宋妍主编，学林出版社 2009 年

《把最好的资源留给人民：一江一河卷》，上海市住房和城乡建设管理委员会编著，中国建筑工业出版社 2021 年

《一江一河：上海城市滨水空间与建筑)》，上海市规划和自然资源局 ，上海文化出版社 2021 卷

《巨变：黄浦江大桥》，毕晓燕编著，中西书局 2011 年

《巨变：世博城》，胡廷楣编著，中西书局 2011 年

《巨变：新外滩》，李继成编著，上海文艺出版集团 2011 年

《成为和平饭店》，陈丹燕著，上海文艺出版社 2012 年

《公家花园的迷宫》，陈丹燕著，上海文艺出版社 2014 年

《外滩：影像与传奇》，陈丹燕著，上海文艺出版社 2014 年

《苏州河的故事》，齐铁偕主编，上海三联书店 2011 年

《一个人的河》，殷慧芬著，上海书店出版社 2018 年

《黄浦江畔的民俗与旅游》，徐华龙著，旅游教育出版社 1996 年

《老上海城记：河与桥的故事》，张姚俊著，上海锦绣文章出版社 2010 年

《上海港码头号子》，王卫国、王玺昌、奚德强主编，上海文化出版

社 2014 年

《乡土中国》，费孝通著，人民出版社 2015 年

《虹口历史文化研究资料汇编》，虹口区图书馆编，上海科学技术文献出版社 2017 年

《江南文化资源研究》，刘士林主编，百花洲文艺出版社 2019 年

《宋代以来江南的水利、环境与社会》，孙景超著，齐鲁书社 2020 年

《鲁迅在上海的居住与饮食》，施晓燕著，上海书店出版社 2021 年

后记 浪淘尽，人间事

一条黄浦江，半部上海史。

当我说想要写一本关于黄浦江的书时，很多朋友和同学是期待的。他们同我一样，从小生活在黄浦江畔，对周遭的一草一木、一景一物，都怀有特殊的情感。

黄浦江隐藏着上海这座城市的文明脉络和文化基因，上海人把它敬称为"母亲河"，或许在内心还有种视之为图腾一般的信仰和崇拜。而在我看来，黄浦江就是为上海"量身定做"的，如同上海一样，丰富、多元，而且立体，兼容并包，特别符合这座城市的气质，绵绵江水平稳舒缓，不急不躁，不慌不忙，无狂野之蛮，少咆哮之状，尽显温文尔雅、大气谦和的风范。两岸没有崇山峻岭、没有悬崖峭壁的黄浦江，可能少了那种气吞山河的磅礴声势，但这条几乎穿越了整个城市的大江，沿岸既有高楼林立、灯火璀璨的都市风光，又有阡陌交错，鸡犬相闻的小桥流水人家，水脉合着史脉，数百年来盛满了乡愁记忆和人文情怀，又注定说明它的与众不同。有学者说，黄浦江就是海派文化的原点，既带动了城市发展，也凝聚着城市文脉，但倘若深究一下，我们到底对黄浦江了解多少呢？许多人不一定能说得出个所以然来。于我而言，从出生便与这条江结下的情缘却是镌刻在内里的，与之有种融于血脉的亲近。故乡草木葳蕤，落日余晖红透了江面，滩涂上布满少年奔逐的足迹,梦想在芦花似雪中轻舞飞扬……于是一直以来就有种冲动,想着如果有时间有机会,是不是可以好好地书写这条江呢?或许可以以文史散记形式,在历史和现实中,寻找黄浦江;在行走和探访中,解读大上海。这个想法犹如一粒种子深深埋藏于我的心底,并悄然发芽。

如果单从松江石湖荡东夏村黄浦江零公里处算起,到吴淞口,黄浦江干流段长 89.91 公里,流经了松江、奉贤、闵行、徐汇、黄浦、虹口、杨浦、宝山和浦东新区等地。而其中地域横跨黄浦江的闵行,则坐拥着两岸 39 公里的绵长岸线。这是闵行人的骄傲。2014 年,我正巧担任着闵行人文杂志《城市季风》的执行总编,于是组织策划了一组特别报道《也许与未来无关》,副标题是"一座城市一条江的集体记忆",内容就是关于黄浦江的,江边的人、江边的事,以及江边的风物,但主要写的是闵行段。彼时正逢滨江开发启动,这是本区未来发展的重要资源,是未来转型的催化剂,更是改善市民生活的重要契机,公众对此十分期待,所以才有了这组报道,也为我之后创作《申江记》打下了基础。

受闵行区政协委托,这些年来我一直从事着"发现闵行之美"文史系列丛书的编撰工作。2022 年 8 月,还撰写出版了首部闵行简史《本来闵行》。也因为此,让我对地方文史的发掘可谓情有独钟。在做这些工作的同时,要为黄浦江立传的念头始终没有放弃。我陆陆续续收集到了 200 多本(种、篇)同黄浦江有关的图书资料,有学术研究类、有人文历史类,更有散文随笔,不乏名篇佳作。我一边研读着这些书籍和文章,做笔记心得,一边也利用节假日进行实地考察,用脚步丈量着黄浦江岸。2022 年 10 月开始,我从零公里处走起,一年内走完了计划中的点位,最终有了这本《申江记》。这是行走、学习、积累、思考的过程,是重新认识上海母亲河、认识上海的过程。

水之灵性与天地共存。一座城市如果没有可资咏叹的江河湖泊的话,便缺少了一种温润，一种灵动，一种气质……更重要的是少了生生不息、奔腾向前的力量。黄浦江，既是上海灿烂文化的象征，也是上海历史的见证。农耕文明的种子在浦江两岸落地发芽，水脉相连，孕育了江南文化的独有气质。也因为有了黄浦江，才成就了今日上海东方大港的地位，一手牵着长江，一手牵着世界。但人们把更多的目光关注在了黄浦江畔的外滩、陆家嘴，这里代表着上海这座国际大都市的现代、时尚和活力，散发着海派文化的熠熠之光；杨浦、虹口、徐汇的近现代工业文明有过堪为传奇的辉煌，如今虽然繁花落尽，但滔滔江水回荡着历史足音的同时，又赋予勃勃生机。黄浦江边的"工业文明""海派经典"和"文化体验"，已然让它成为了这座国际大都市的"世界会客厅"。而地处城郊的奉贤、松江、宝山等地，尽管都依江而伴，在人们眼里却是陌生的，大都存在于碎片化的印象之中。而这些恰恰是我们最不应该遗忘的。

我是一个作家，不是一个专业的文史学者，故而深感在学术理论方面的匮乏，许多的认知可能是肤浅的。于是我想，是否可以以一种普通人的视角来讲述我心目中的黄浦江？所以，《申江记》便是从我自小生活的黄浦江畔的一个 600 年前小村落写起，既有以江为轴，写一个个的点位，如零公里处、龙华、外滩、虹口北外滩、陆家嘴等；也有写综合性的历史变迁、社会发展成果的，如大桥、大厂、轮渡口等；更有写重大事件的，如世博会等。从黄浦江铺陈开来，有历史的陈述和解读，也有个人的生活经历和感悟。在阐述历史的同时，我努力把生命中遇到与黄浦江有关的人和事融入进去，这样做，或许就不会那么枯燥和乏味。浪淘尽，人间事，一种朴素的，或琐碎、或苦涩、或温暖的集体记忆，足以能成为引发共情和共鸣的燃点。我的目的很单纯，希望以一个记录者的身份尝试还原黄浦江的历史和风物，曾经的人，曾经的故事，以及当下的一种生活状况和发展面貌，为上海城市史提供另一种人文视野。

　　闵行区政协十分重视对地区文史的发掘工作，这本《申江记》在创作过程中同样得到了区政协的大力支持，并被列入 2024 年的工作计划中。祝学军主席十分关心创作情况，不仅给予明确指导，同时还推荐了不少关于黄浦江和江南水利的书籍让我学习参考。对书名也是几经斟酌，最后确定用《申江记》，以强化其地域标识度。申江，不仅是黄浦江的别名，也是上海的代称，以此作为书名，十分契合所述内容。在此谨表由衷的谢意。

　　特别感谢著名上海史专家、上海社会科学院原副院长熊月之先生，华东师范大学教授、《上海小史》作者仲富兰先生，著名作家、原上海报业集团《新民周刊》编委、高级记者沈嘉禄先生对本书给予的指导和推荐，同时感谢《辞海》编委、担任《新民周刊》审校工作 20 年之久的王瑞祥先生审读书稿，修正了不少谬误。无论从年龄阅历、学术成就、文学创作等方面，以上诸先生都是我的前辈、也是一方大家，都值得我虚心学习。

　　当然，要感谢的人很多：闵行区政协专委办领导、区政协学习和文史委员会的同仁，上海书店出版社的领导和编辑，还有为我提供采访条件、资料和照片的朋友，本书的责任编辑、书籍装帧设计团队等等。我想唯有把这本书做好，才是对他们最好的交代。

　　我从黄浦江畔走来，并深爱着这片土地。是黄浦江给了我灵感，成为我创作的源泉，但限于视野和格局，总觉得还没有将它写深写透，把心底的那份情写出来，留有不少遗憾。衷心希望各方专家和广大读者不吝赐教，我当虚心接受。

吴玉林

2024 年 5 月

图书在版编目（CIP）数据

申江记 / 吴玉林 著. —上海：上海书店出版社，
2024. 8. -- ISBN 978-7-5458-2394-3

Ⅰ.K928.42-53

中国国家版本馆CIP数据核字第2024U4E530号

特约编审　王瑞祥
特约编辑　翁沈君
选题策划　闵行区政协学习和文史委员会　明镜文化
责任编辑　顾　佳
装帧设计　裴琳琳
版式设计　周霭萍

申江记
吴玉林　著

出　　版　上海书店出版社
　　　　　　（201101　上海市闵行区号景路159弄C座）
发　　行　上海人民出版社发行中心
印　　刷　上海丽佳制版印刷有限公司
开　　本　710×1000　1/16
印　　张　29.75
版　　次　2024年8月第一版
印　　次　2024年8月第一次印刷
ISBN 978-7-5458-2394-3/K.502
定　　价　168.00元